高等职业教育土建类"互联网+"活页式创新教材

工　程　测　量

李　楠　主　编
尹　丽　刘丽妍　副主编
张　琨　于淑清　主　审

中国建筑工业出版社

图书在版编目（CIP）数据

工程测量 / 李楠主编；尹丽，刘丽妍副主编.
北京：中国建筑工业出版社，2024. 8. --（高等职业教
育土建类"互联网＋"活页式创新教材）. -- ISBN 978-7-
112-30325-0

Ⅰ. TB22
中国国家版本馆 CIP 数据核字第 2024GS8575 号

为便于教学，作者特别制作了配套课件，任课教师可以通过如下途径申请：
1. 邮箱：jckj@cabp.com.cn，12220278@qq.com
2. 电话：(010) 58337285
3. 建工书院 http://edu.cabplink.com

责任编辑：吕　娜　李　阳
责任校对：党　蕾

高等职业教育土建类"互联网＋"活页式创新教材
工程测量
李　楠　主　编

尹　丽　刘丽妍　副主编

张　琨　于淑清　主　审

＊

中国建筑工业出版社出版、发行（北京海淀三里河路 9 号）

各地新华书店、建筑书店经销

北京科地亚盟排版公司制版

北京市密东印刷有限公司印刷

＊

开本：787 毫米×1092 毫米　1/16　印张：17¾　字数：438 千字
2025 年 8 月第一版　2025 年 8 月第一次印刷
定价：50.00 元（赠教师课件）

ISBN 978-7-112-30325-0
（43676）

前　言

本教材是编者按照行动导向教学法的思路，以任务式教学为主，在总结了教学改革成功经验的基础上，结合实践教学中具体的应用，同时加入知识拓展、微课动画资源、全国职业院校技能大赛项目内容（简称：技能大赛）、1＋X职业技能等级证书知识点等内容，按照技术型、实用型的人才培养的特点进行编写的。

本教材在内容编排上，充分考虑工学结合、任务驱动、以工程测量的基本理论、基本知识作为学生自学或完成任务的理论参考，以任务或工程实际应用作为练习的主要内容。本书共分为初识测量、高程测量、角度测量、距离测量、全站仪测量、控制测量、地形图基本知识、施工测量、建筑施工测量、线路施工测量10个教学单元。

本教材每个教学单元的编写思路是首先在做每个任务前先把基础知识介绍清楚，为学生以后自学提供可查询的资料，然后让学生通过"实训"中的任务进行练习。每个任务包括任务描述、任务步骤分解、任务实施以及任务活动总结等内容。每个教学单元中还有课后习题可供学生进行练习。

本教材由黑龙江建筑职业技术学院李楠担任主编，黑龙江建筑职业技术学院张琨、于淑清主审，黑龙江建筑职业技术学院尹丽和黑龙江建筑职业技术学院刘丽妍为副主编。具体编写分工为：教学单元1由黑龙江建筑职业技术学院李楠、张欣、马洪涛、马伟文、徐晓娜、高凯共同编写；教学单元2、教学单元5、教学单元6由黑龙江建筑职业技术学院李楠编写；教学单元3、教学单元8、教学单元9由黑龙江建筑职业技术学院尹丽编写；教学单元4、教学单元7由黑龙江建筑职业技术学院刘丽妍编写；教学单元10由黑龙江建筑职业技术学院刘丽妍、沈义共同编写。

本教材可作为工程类院校、工程测量技术、建筑工程技术、工程监理、工程造价、工程管理、道路与桥梁、市政、给水排水、园林、城市规划等专业的辅导用书，并可供从事测量方面的技术人员使用。

本教材在编写过程中参考了大量文献资料，在此谨向这些文献的作者表示衷心感谢。此外，有部分作品的名称及作者无法详细核实，故没有在本教材的参考文献中注明，在此表示歉意。由于编者水平有限，在课程改革方面也处于摸索阶段，书中可能存在不妥之处，恳请读者批评指正。

目 录

教学单元1

初识测量

Chapter 01

项目描述

　　在测量工作开始之前，我们首先要了解工程项目涉及的测量工作内容，熟悉测量工作的基本原则。测量工作作业基准的选择是非常重要的内容，对于一些精密测量工作来说尤为重要，会直接影响到测量的精度。从事测量工作就一定要了解测量误差的概念，掌握估算和评定测量成果精度的方法。

知识目标

　　1. 了解测量工作的基本内容。
　　2. 了解测量工作的基本原则。
　　3. 掌握测量工作作业基准的基本规定和基本概念。
　　4. 了解测量误差的基本知识。

能力目标

　　1. 能够明确建设工程项目涉及的测量工作内容。
　　2. 能够确定测量工作应遵循的基本原则。
　　3. 能够确立测量工作的作业基准。

知识点 1　测量学任务及作用

1.1.1　测量学的基本内容

　　测绘是测量与绘图的总称。测绘学是研究与地球及近地天体有关的空间信息采集、处理、分析、显示、管理和利用的科学与技术。对于工程项目来说，测绘工作主要还是测量工作，包括测定和测设两个方面。测定是测量地面点的位置、高程及其变化、线段的距离和方位，形成文字、图、表、数据等形式的成果为工程建设提供地理信息服务的工作。测设是将宗地图、规划图、施工图等图纸中的界址点、红线、轴线、边线、标高等标定到实地，作为施工定位定线依据的工作。可见，测定与测设的工作过程是相反的。

测绘科学是人类各种活动及各类工程建设的"眼睛"和"指南针"。按研究范围和对象及采用技术的不同，测量学可以分为以下多个学科。

1. 大地测量学

大地测量学是研究和确定地球的形状、大小、重力场、整体与局部运动和地表面点的几何位置以及它们的变化的理论和技术的学科。

2. 摄影测量与遥感学

摄影测量与遥感学是研究利用电磁波传感器获取目标物的影像数据，从中提取语义和非语义信息，并用图形、图像和数字形式表达的一门学科。

3. 地图制图学

地图制图学是研究模拟和数字地图的基础理论、设计、编绘、复制的技术方法以及应用的学科。

4. 工程测量学

工程测量学是研究工程建设和自然资源开发中，在规划、勘测、设计、施工和运营管理各个阶段进行的控制测量、大比例尺地形测绘、地籍测绘、施工放样、设备安装、变形监测及分析与预报等的理论和技术的学科。

5. 海洋测绘学

海洋测绘学是以海洋水体和海底为对象，研究海洋定位、测定海洋大地水准面和平均海面、海底和海面地形、海洋重力、海洋磁力、海洋环境等自然和社会信息的地理分布，及编制各种海图的理论和技术的学科。

1.1.2 测量学的作用

测绘科学技术的应用范围非常广阔，测绘科学技术在国民经济建设、国防建设以及科学研究等领域，都占有重要的地位，对国家可持续发展发挥着越来越重要的作用。

测绘工作常被人们称为建设的尖兵，不论是国民经济建设还是国防建设，其勘测、设计、施工、竣工及运营等阶段都需要测绘工作，而且都要求测绘工作"先行"。

（1）在国民经济建设方面，测绘信息是国民经济和社会发展规划中最重要的基础信息之一。测绘工作为国土资源开发利用，工程设计和施工，城市建设、工业、农业、交通、水利、林业、通信、地矿等部门的规划和管理提供地形图和测绘资料。土地利用和土壤改良、地籍管理、环境保护、旅游开发等都需要应用测绘工作成果。

（2）在国防建设方面，测绘工作为打赢现代化战争提供测绘保障。各种国防工程的规划、设计和施工需要测绘工作，战略部署、战役指挥离不开地形图，现代测绘科学技术对保障远程导弹、人造卫星或航天器的发射及精确入轨起着非常重要的作用，现代军事科学技术与现代测绘科学技术已经紧密结合在一起。

（3）在科学研究方面，诸如航天技术、地壳形变、地震预报、气象预报、滑坡监测、灾害预测和防治、环境保护、资源调查以及其他科学研究中，都要应用测绘科学技术，需要测绘工作的配合。地理信息系统（GIS）、数字城市、数字中国、数字地球的建设，都需要现代测绘科学技术提供基础数据信息。

近十几年来，随着空间科学、信息科学的飞速发展，全球卫星定位技术（GNSS）、遥感（RS）、地理信息系统（GIS）技术已成为当前测绘工作的核心技术。计算机和网络通信技术的普遍采用，测绘领域早已从陆地扩展到海洋、空间，由地球表面延伸到地球内部；测绘技术体系从模拟转向数字、从地面转向空间、从静态转向动态，并进一步向网络化和智能化方向发展；测绘成果已从三维发展到四维、从静态发展到动态。随着新的理论、方法、仪器和技术手段不断涌现及国际测绘学术交流合作日益密切，我国的测绘事业必将取得更多更大的成就。每个测绘工作者有责任兢兢业业，不畏艰辛，努力当好国民经济建设的尖兵，为我国的经济建设和社会发展多做贡献。

知识拓展

《中华人民共和国测绘法》简介

"法律是治国之重器，良法是善治之前提。"《中华人民共和国测绘法》（简称《测绘法》）作为测绘地理信息工作基本法，于1992年12月28日，由第七届全国人大常委会第二十九次会议审议通过，于1993年7月1日起正式施行。2002年8月29日，第九届全国人大常委会第二十九次会议通过《测绘法》修订案，完成首次修订。2004年原国家测绘局将每年的8月29日确定为"全国测绘法宣传日"，这也是"8·29"测绘法宣传日的由来。2017年4月27日，第十二届全国人大常委会第二十七次会议通过再次修订的《测绘法》，自2017年7月1日起施行。现行《测绘法》共68条，分总则、测绘基准和测绘系统、基础测绘、界线测绘和其他测绘、测绘资质资格、测绘成果、测量标志保护、监督管理、法律责任、附则10章，为测绘地理信息产业的健康发展提供了根本保障。

《测绘资质管理办法》简介

2021年6月7日，自然资源部办公厅印发的《测绘资质管理办法》规定，在中华人民共和国领域和中华人民共和国管辖的其他海域从事测绘活动的单位，应当依照本办法的规定取得测绘资质证书，并在测绘资质等级许可的专业类别和作业限制范围内从事测绘活动。测绘资质分为甲、乙两个等级。测绘资质的专业类别分为大地测量、测绘航空摄影、摄影测量与遥感、工程测量、海洋测绘、界线与不动产测绘、地理信息系统工程、地图编制、导航电子地图制作、互联网地图服务。导航电子地图制作甲级测绘资质的审批和管理，由自然资源部负责。其他测绘资质的审批和管理，由省、自治区、直辖市人民政府自然资源主管部门负责。

知识点 2　地面点位的确定

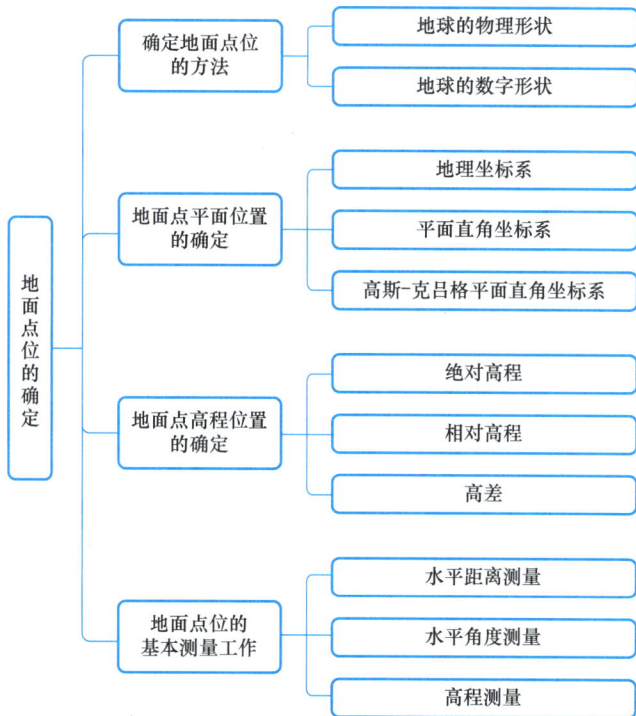

```
                              ┌─────────────────────┐
                   ┌──────────┤    地球的物理形状    │
         ┌─────────────────┐  └─────────────────────┘
         │  确定地面点位    │  ┌─────────────────────┐
     ┌───┤    的方法        ├──┤    地球的数字形状    │
     │   └─────────────────┘  └─────────────────────┘
     │                        ┌─────────────────────┐
     │                   ┌────┤      地理坐标系      │
     │   ┌─────────────┐ │    └─────────────────────┘
     │   │ 地面点平面位置│ │    ┌─────────────────────┐
     ├───┤   的确定      ├─┼────┤    平面直角坐标系    │
     │   └─────────────┘ │    └─────────────────────┘
 地                      │    ┌─────────────────────────┐
 面                      └────┤ 高斯-克吕格平面直角坐标系 │
 点                           └─────────────────────────┘
 位                           ┌─────────────────────┐
 的    ┌─────────────────┐┌───┤      绝对高程        │
 确────┤ 地面点高程位置   ││   └─────────────────────┘
 定    │   的确定         ├┼───┤      相对高程        │
       └─────────────────┘│   └─────────────────────┘
                          └───┤       高差           │
                              └─────────────────────┘
                              ┌─────────────────────┐
       ┌─────────────────┐┌───┤     水平距离测量     │
       │ 地面点位的       ││   └─────────────────────┘
       │ 基本测量工作     ├┼───┤     水平角度测量     │
       └─────────────────┘│   └─────────────────────┘
                          └───┤      高程测量        │
                              └─────────────────────┘
```

1-1微课
地面点位
的确定

1.2.1　确定地面点位的方法

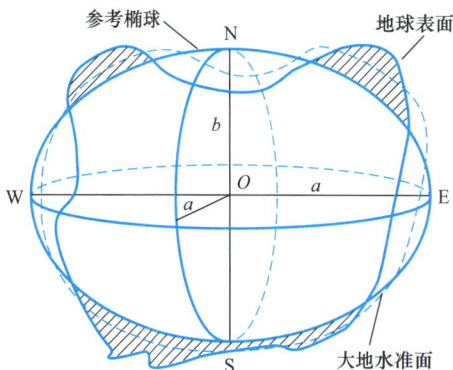

图 1-1　参考椭球面

1. 地球的物理形状

由于地球表面上陆地仅占 29%，而海洋却占 71%，所以我们可以将地球总的形状看作是一个被海水包围的球体。如图 1-1 所示，设想由静止的海水面延伸至大陆和岛屿后包围整个地球的连续表面，我们称其为水准面。由于海水面时高时低，故水准面有无数个，其中与静止的平均海水面重合的闭合曲面叫大地水准面。大地水准面只有一个，大地水准面是测量工作的基准面。与之正交的铅垂线（即重力线）是野外观测的基准线。大地水准面所包围的地球形体称为大地体。

因为大地水准面是不可能准确建立的，我们只能建立一个接近于它的替代品，这个替代品就是国家水准面。国家水准面是符合国家基本地理特征和需求的水准面，具有国家唯一性，它是一个国家统一的高程起算面。我国目前采用的高程基准是 1985 年国家高程基准，是利用青岛大港验潮站 1952—1979 年的观测资料所计算的黄海平均海水面，作为全国高程的统一起算面，水准原点的高程是 72.260m。

2. 地球的数学形状

　　长期测量数据表明，大地体近似于一个以赤道半径为长半轴，以地轴为短轴的椭圆，以短轴为旋转轴旋转形成的椭球体，所以测绘工作便取大小与大地体很接近的旋转椭球作为地球的参考形状和大小，如图 1-2 所示。

　　1954 年我国决定采用的国家大地坐标系，实质上是以苏联普尔科沃（现俄罗斯境内）为原点、以克拉索夫斯基参数为椭球参数的坐标系的延伸，称为 1954 年北京坐标系。1980 国家大地坐标系，

图 1-2　地球椭球体

是以 1975 年国际大地测量和地球物理学联合会（IUGG）推荐的参数为椭球参数，其坐标原点在陕西省泾阳县永乐镇，又简称西安大地原点，旋转椭球体的参数值为：

$$长半径\ a = 6378140m$$
$$短半径\ b = 6356755m$$

$$扁率\ \alpha = \frac{a-b}{a} = 1:298.257$$

　　由于旋转椭球的扁率很小，在地形测量技术的范围内半径 R 可按下式计算：

$$R = \frac{1}{3}(2a + b) \tag{1-1}$$

　　在测量精度要求不高时，其近似值为 6371km。

　　经国务院批准，根据《测绘法》，我国自 2008 年 7 月 1 日起启用 2000 国家大地坐标系（简称 2000 坐标系）。

1.2.2　地面点平面位置的确定

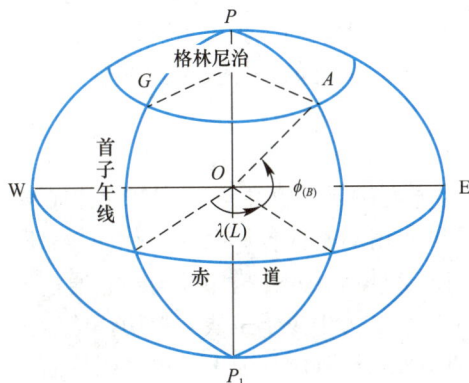

图 1-3　地理坐标

1. 地理坐标系

　　当我们研究大区域或者整个地球的时候，地面点在地球椭球体面上的投影位置通常是用地理坐标系中的经度和纬度来表示的。某点的经度和纬度称为该点地理坐标。在图 1-3 中，PP_1 为地球的自转轴，称为地轴；地球的中心 O 称为球心；地轴与地球表面的交点 P、P_1，分别称为北极与南极；垂直于地轴的平面与地球表面的交线称为赤道；通过地轴与地面上任意一点 A 的平面 PAP_1，称为 A 点的子午面，

该面与地球表面的交线称为子午线（又称经线）；国际上规定通过英国格林尼治天文台的子午面为首子午面，以首子午面作为计算经度的起始面。

A 点的经度是该点的子午面与首子午面所构成的二面角，以 λ 表示；经度由首子午面起向东、向西度量，由 0°至 180°，在首子午面以东称为东经，以西称为西经。A 点的纬度是通过该点的铅垂线与赤道面之间的夹角，以 ϕ 表示；纬度以赤道平面为基准向北、向南度量，由 0°至 90°，在赤道平面以北称为北纬，以南称为南纬。例如北京某点的地理坐标 (λ,ϕ) 为东经 116°23′，北纬 39°54′。

以上说的经纬度是用天文方法观测得到的，所以又称为天文经纬度或者天文地理坐标。另外，还有一种以地球椭球面为基准面，以通过地面点的地球椭球法线与赤道面的交角确定纬度的球面坐标，称为大地地理坐标，简称大地坐标。地面点的大地地理坐标用大地经度 L 和大地纬度 B 来表示。

大地经度和纬度是根据大地原点的起算数据，再按照大地测量得到的数据推算得到的。我国曾采用 1954 年北京坐标系，并于 1987 年废止，现以陕西省泾阳县永乐镇某点为国家大地原点，由此建立新的统一坐标系，称为 1980 年国家大地坐标系。

2. 平面直角坐标系

在小区域内进行测量时，用经纬度表示点的平面位置不方便，但如果把局部椭球面看作一个水平面，在这样的水平面上建立起平面直角坐标系，则点的平面位置就可用该点在平面直角坐标系中的直角坐标 (x,y) 来表示。

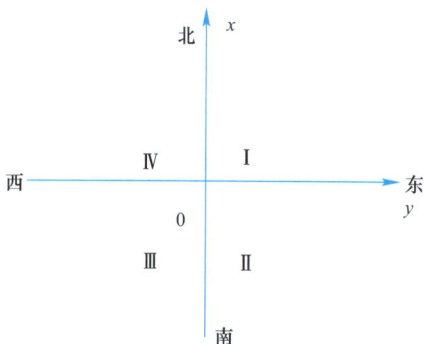

图 1-4　平面直角坐标系

在测量学中，平面直角坐标系的安排与数学中常用的笛卡尔坐标系不同，它以南北方向为 x 轴，向北为正；而以东西方向为 y 轴，向东为正。象限顺序按顺时针方向计，如图 1-4 所示。这种安排与笛卡尔坐标系的坐标轴和象限顺序正好相反。这是因为在测量中南北方向是最重要的基本方向，直线的方向也都是从正北方向开始按顺时针方向计量的，但这种改变并不影响三角函数的应用。

3. 高斯-克吕格平面直角坐标系

当测区的范围较大时，由于存在较大的差异，不能把水准面直接当作水平面。此时需要把地球椭球面上的图形绘到平面上，但这样必然会产生变形，而工程设计与计算一般是在平面上进行的，因此，应将地面点投影到椭球面上，再按一定的条件投影到平面上，形成统一的平面直角坐标系。

（1）高斯投影的概念。

我国现采用的是高斯-克吕格投影的方法。它是由德国测量学家高斯于 1825—1830 年首先提出来的，1912 年由德国测量学家克吕格推导出实用的坐标投影公式。如图 1-5 所示，将地球视为一个圆球，设想用一个横圆柱体套在地球外面，并使横圆柱的轴心通过地球的中心，让圆柱面与圆球面上的某一子午线（该子午线称为中央子午线）相切，然后按照一定的数学法则，将中央子午线东西两侧球面上的图形投影到圆柱面上，再将圆柱面沿其母线剪开，展成平面，这个平面称为高斯投影面，如图 1-6 所示。

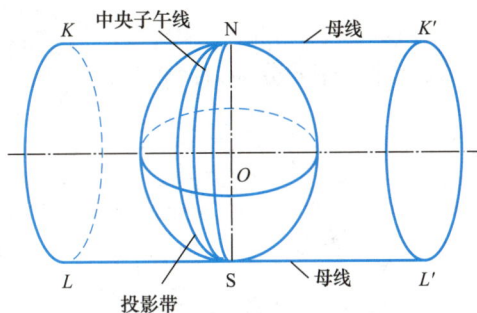

图 1-5　高斯投影原理

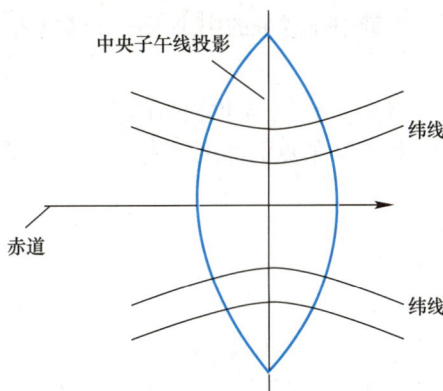

图 1-6　高斯投影面

高斯投影法的规律有以下 4 个特点。

① 中央子午线的投影为一条直线，且投影之后的长度无变形；其余子午线的投影均为凹向中央子午线的曲线，且以中央子午线为对称轴，离对称轴越远，其长度变形也就越大。

② 赤道的投影为直线，其余纬线的投影为凸向赤道的曲线，并以赤道为对称轴。

③ 经纬线投影后仍保持相互正交的关系，即投影后无角度变形。

④ 中央子午线和赤道的投影互相垂直。

（2）投影带的划分。

高斯投影中，除了中央子午线外，其他各点都发生了长度变形，离开中央子午线越远，其长度投影变形就越大。为了控制长度变形，将地球椭球面按一定的经度差分成若干个范围不大的瓜瓣形地带，称为投影带。如图 1-7 所示，投影带从首子午线起，每 6°经差划为一带，称为 6°带，自西向东将整个地球划分为经差相等的 60 带，带号依次为 1，2，3，4，……，60 带，位于各带中央的子午线称为各带的中央子午线（或称轴子午线），第一个 6°带的中央子午线是东经 3°。

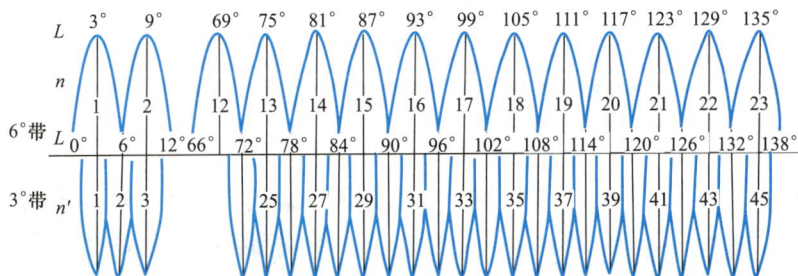

图 1-7　高斯投影分带

6°带中任意带的中央子午线经度 L 为

$$L = 6N - 3 \tag{1-2}$$

式中，N——6°投影带的带号。

3°带是在 6°带的基础上分成的，它是从东经 1.5°子午线起，每隔经差 3°自西向东将整个地球分成 120 个投影带，应 1~120 依次编号。

3°带中任意带的中央子午线经度 L' 为

$$L' = 3n \tag{1-3}$$

式中，n——3°投影带的带号。

如已知某点的经度，则该点所在6°带的带号以及3°带的带号分别为：

$$n = \text{int} \frac{L}{6°} + 1 \tag{1-4}$$

$$n = \text{int} \frac{L' - 1.5°}{3°} + 1 \tag{1-5}$$

式中，int——取整。

我国的经度范围是西起73°，东至135°，可分为6°带，位置最西的一带为13带，最东的一带为23带，共11带；3°带是从第24带到45带，共22带。

当然为了满足大比例尺测图的需要，也可划分任意带。

4. 坐标系的选取原则

因为信息共享和项目管理的需要，通常需要使用统一的坐标系。坐标系的选择会对测量成果的精度产生影响，测量之前必须首先明确。对于工程测量或城市测绘来说，在满足测区内投影长度变形不大于 25mm/km（即相对中误差为 1/40000）的要求下，平面坐标系统可按下列顺序选择：

（1）可采用 2000 坐标系和统一的高斯投影 3°带平面直角坐标系统。

（2）可采用高斯投影 3°带，投影面为测区抵偿高程面或测区平均高程面的平面直角坐标系统；或任意带，投影面为 1985 国家高程基准面或测区平均高程面的高斯投影平面直角坐标系统。

（3）小测区或有专项工程需求的控制网，可采用独立坐标系统。

（4）在已有平面控制网的区域，可沿用原有的坐标系统。

（5）厂区内可采用建筑坐标系统。

（6）对于有特殊精度要求的大型工程测量项目或新建城市平面控制网，坐标系统可进行专项设计。

1.2.3　地面点高程位置的确定

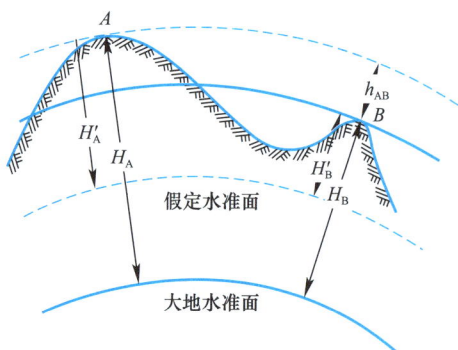

图 1-8　高程和高差

1. 绝对高程

地面上某点到大地水准面的铅垂距离，称为该点的绝对高程，又称海拔，用 H 表示，如图 1-8 所示。

A、B 两点的绝对高程为 H_A、H_B。受海潮、风浪等影响，海水面的高低时刻在变化，我国的高程是以青岛验潮站历年记录的黄海平均海水面为基准，并在青岛建立了国家水准原点。我国最初使用的是"1956 年黄海高程系"，其青岛国家水准原点高程为 72.289m，该点高程为 72.260m。在使用测量资料时，一定要注意新旧高程系以及系统间的正确换算。

2. 相对高程

地面上某点到任意水准面的铅垂距离，称为该点的假定高程或相对高程。如图 1-8 所示，A、B 两点的相对高程分别为 H'_A、H'_B。

3. 高差

两点的高程之差称为高差，用 h 表示。图 1-8 中 A、B 两点的高差为

$$h_{AB} = H_B - H_A = H'_B - H'_A \tag{1-6}$$

1.2.4　地面点位置的基本测量工作

1. 测量的基本工作

测量工作的基本目的是确定地面点的空间位置。地面点的空间位置通常用坐标和高程表示，而坐标和高程是通过测定待定点相对已知点之间的距离、角度和高程（高差），经过计算获得。距离、角度和高程称为确定地面点位的基本定位元素。因此，测量的基本工作包括水平距离测量、水平角度测量和高程测量。

2. 测量工作的基本原则

为保证测量成果满足精度要求，测量工作必须遵循一定的基本原则：由整体到局部，先控制后碎部，由高级到低级，步步有校核。这一原则是针对控制布局、工作次序、精度要求、测量过程而言的，可全面地指导整个测绘工作。

遵循测量工作的基本原则，既可以保证测区控制的整体精度，杜绝错误，又防止测量误差积累而保证碎部测量的精度。另外，在完成整体控制测量后，把整个测区划分成若干局部，各个局部可以同时展开测图工作，从而加速工作进度，提高作业效率。

知识拓展

我国的水准原点

我国永久性水准原点位于青岛观象山山顶处，由中国人民解放军总参谋部测绘导航局于 1956 年建成。作为中国的高程起点，全国各地的高程皆由此点起算。当时不仅青岛有原点，大连、吴淞等地还有几十个高程起算点，这些标准迫切需要统一起来。青岛所在的黄海海域水下地壳相对稳定，这个条件是其他沿海城市都不具备的。当时确定的观象山水准原点（图 1-9），实际海拔为 72.289m，以此建立的全国高程系统为 1956 年黄海高程系。

图 1-9　位于青岛观象山的水准原点

由于确定 1956 年黄海高程系高程基准所用的验潮资料是 1950—1956 年的，不具有代表性，1975 年，国家组织专门力量重新测量海平面以确定唯一的原点。原中国海洋大学物理海洋学教授陈宗镛就是该项目的带头人。为了完成这个项目，在 10 年的时间里，陈宗镛和其他 150 余名专家学者不仅精确测量了青岛的八个验潮站，还从丹东步行，沿海岸线 50m 一测，一直测到与越南交界处的白龙尾，行程近万里，收集了 42 个验潮站累计近 900 年的资料，所测及获得的数据资料甚至能装满几节火车！最后，测量组用青岛验潮站 1952—1979 年 10 组 18.61 年和 10 组 19 年每小时潮位资料，用包括后来被称为 "陈宗镛公式" 等在内的 5 种公式得出了海平面所在位置，确定了观象山水准原点，实际海拔为 72.260m。

1987 年 5 月 26 日，国务院下发文件，废除其他城市的零点，正式批准青岛观象山的水准原点为我国测量高度的唯一标准，以此建立了 1985 国家高程基准并沿用至今。图 1-10 为中华人民共和国水准零点。

图 1-10 中华人民共和国水准零点

1-2知识点
测量误差的
基本知识

课后习题

1. 测量的主要任务是（   ）和（   ）。
2. 绝对高程是指地面点到（   ）的铅垂距离。
3. 相对高程是指地面点到（   ）的铅垂距离。
4. 高差是指两点之间的（   ）之差。
5. 确定地面点位置的基本要素是（   ）、（   ）、（   ）。
6. 测量工作的基准面是（   ），基准线是（   ）。
7. 测量工作的基本原则是（   ）、（   ）、（   ）。

教学单元**2**

Chapter **02**

高 程 测 量

项目描述

在实际工程测量工作中，需要大量的高程测量工作，如何依据业主和测绘部门指定的控制点向施工现场内引测施工水准点（±0.000 的标高），同时根据水准测量基本原理，利用水准测量工具布设水准点，完成三种水准路线的水准测量外业工作，并求解出各水准点高程。

知识目标

1. 掌握水准测量原理。
2. 掌握水准仪的构造及使用方法。
3. 掌握水准测量的外业测量过程、技术要求、施测方法与内业成果处理方法。
4. 掌握水准仪的检校方法及水准测量的误差来源。

能力目标

1. 能够正确操作水准仪。
2. 能够独立使用水准仪进行等外水准测量及三、四等水准测量，完成水准仪的检验与校正。
3. 能够独立布设一条合理的水准路线，按照相应等级的水准测量标准完成水准路线的测量，正确计算出各水准点的高程。

知识点 1 水准测量原理

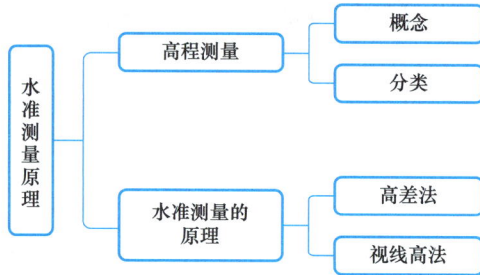

2.1.1 高程测量

测量工作的本质是地面点空间位置的确定，包括平面坐标和高程，这需要通过测定两点间水平距离、两个方向间的水平角度和两点间高差三个基本要素确定。高程是测量工作中三个基本量之一。测定地球表面上各点高程的工作称为高程测量。高程测量根据仪器和测量方法的不同，分为水准测量、三角高程测量、气压高程测量和 GPS 定位测量等。其中，水准测量的精度高，应用广泛。

2.1.2 水准测量的原理

水准测量的基本原理是利用水准仪提供的水平视线，观测两端地面点上垂直竖立的水准标尺，以测定两点间的高差，进而求得待定点的高程。如图 2-1 所示，若要测定 A—B 两点间的高差，则须在 A，B 两点上分别垂直竖立水准标尺，在 A—B 两点中间安置水准仪，用仪器的水平视线分别在 A，B 两点的标尺上读得分划数 a 和 b，则 A，B 两点间的高差为

$$h_{AB} = a - b \tag{2-1}$$

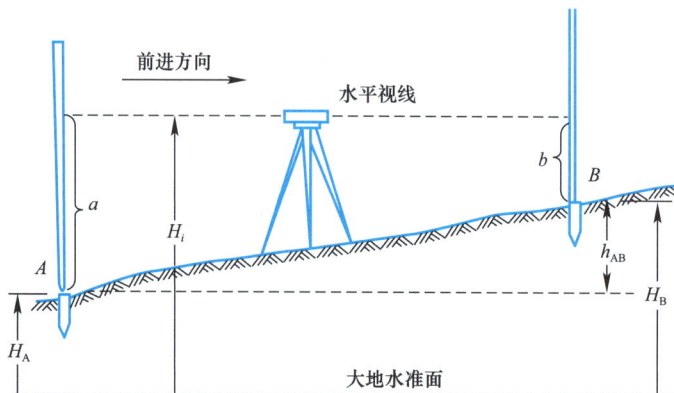

图 2-1 水准测量原理

若水准测量是沿 A 到 B 的方向前进，则 A 点称为后视点，其竖立的标尺称为后视标尺，读数值 a 称为后视读数；B 点称为前视点，竖立的标尺称为前视标尺，读数值 b 称为前视读数。因此，公式（2-1）若用文字表述，即两点间的高差等于后视读数减去前视读数。高差有正（＋）负（－）之分。当 B 点比 A 点高时，前视读数 b 比后视读数 a 要小，高差为正；当 B 点比 A 点低时，前视读数 b 比后视读数 a 要大，高差为负。因此，水准测量的高差 h 必须冠"＋"号或"－"号。另外，高差具有方向性。h_{AB} 表示 B 点相对于 A 点的高差；而 A 点相对于 B 点的高差则为 h_{BA}，它与 h_{AB} 的绝对值大小相等，符号相反，即：

$$h_{BA} = -h_{AB} \tag{2-2}$$

设 A 点高程 H_A 为已知，则 B 点高程 H_B 为

$$H_B = H_A + h_{AB} = H_A + (a - b) \tag{2-3}$$

以上计算未知点高程的方法叫高差法。

根据图 2-1，可知水准仪的视线高程 H_i 满足如下公式：

$$H_i = H_A + a$$

或

$$H_B = H_i - b \tag{2-4}$$

由此计算未知点高程的方法叫仪高法。

有时，需要测定较小范围内多个点的高程，可以将仪器安置于该范围的中央位置，当视线水平时，分别读取各立尺点的标尺读数，就可以得到各立尺点的高程。如图 2-2 所示，A 点标尺读数为 a，其中 i 为仪器高（望远镜光轴中心至地面 O 点的高度，可直接用小钢尺量取）。根据 O 点的高程，就可得到 A 点的高程。

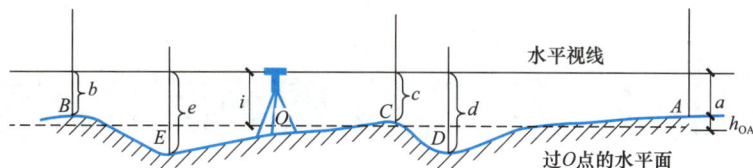

图 2-2　视线高法

同样，在 B，C，D，E 等点竖立标尺，读取标尺读数 b、c、d、e，按式（2-4）求得各个高差，进而可以计算出 B，C，D，E 各点的高程。

这种方法通过安置一次仪器可测得周围多个立尺点的高程。对于范围较小、精度要求不高的水准测量（如平整场地）来说，它是一种简单易行的方法，但是，由于视准轴与管水准轴不平行造成的误差以及由于地球弯曲带来的误差不能消除，这种简易方法得到的各立尺点高程的精度较低，通常不能用于控制测量中。

在实际工作中，A，B 两点常常相距较远，或者高差较大，当安置一次仪器不能直接测出两点间的高差时，必须在两点间加设若干个临时的立尺点，并安置若干次仪器。这些临时的立尺点称为转点只起到传递高程的作用，不需要测出高程。安置仪器的地方称为测站。如图 2-3 所示，通过各测站连续测定相邻标尺点间的高差，最后取其代数和即可求得 A、B 两点间的高差。

$$h_1 = a_1 - b_1$$

$$h_2 = a_2 - b_2$$

$$\cdots\cdots$$

$$h_n = a_n - b_n$$

$$h_{AB} = h_1 + h_2 + \cdots\cdots + h_n = \sum_{i=1}^{n} h_i \qquad (2\text{-}5)$$

或

$$h_{AB} = \sum_{i=1}^{n} a_i - \sum_{i=1}^{n} b_i \qquad (2\text{-}6)$$

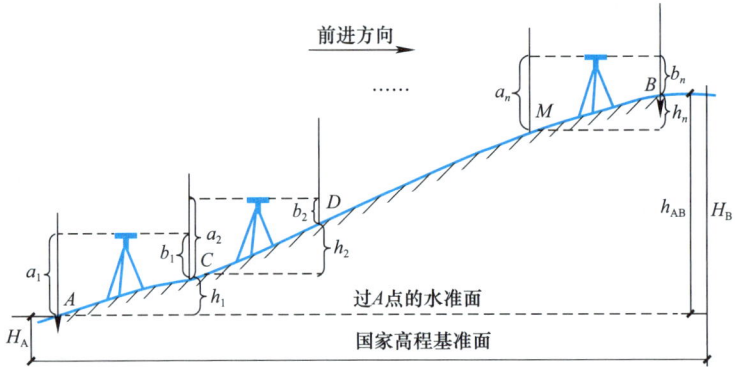

图 2-3 连续水准测量

由此可知：起点至终点的高差等于各测站高差的代数和，即各测站后视读数的代数和减去各测站前视读数的代数和。此规律在实际操作中，可以用来进行计算检核。

知识点 2 水准仪的构造和使用

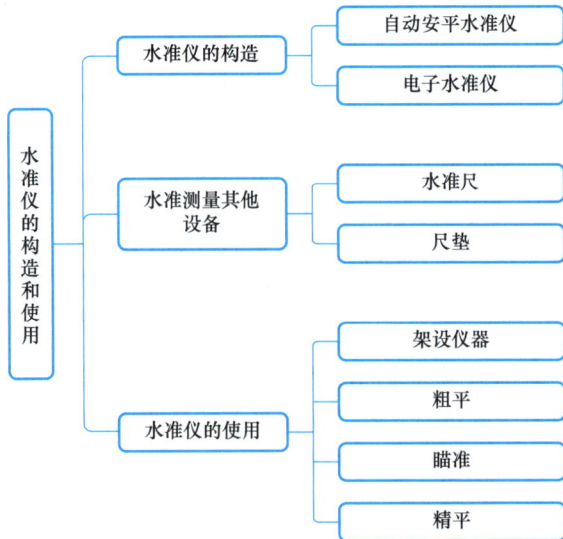

2.2.1　水准仪的构造

1. 水准仪的分类

（1）按精度分类。

水准仪按其精度等级分为 DS05、DS1、DS3、DS10 等几种型号。"D""S"分别为"大地测量""水准仪"的汉语拼音第一个字母，数字表示精度等级。如 DS3 型水准仪的"3"表示该仪器每千米往、返观测高差中误差为±3mm。根据 2009 年 12 月 1 日实施的国家标准《水准仪》GB/T 10156—2009 规定，我国水准仪按精度分为高精密水准仪（S0.2、S0.5）、精密水准仪（S1）与普通水准仪（S1.5）三种。精密水准仪在施工测量中，多用于沉降观测，而普通水准仪是施工测量常使用的。我国水准仪系列技术参数如表 2-1（SX-S 为水准仪代号，X 为往返观测高差平均值的中误差，单位 mm）所示。

水准仪系列技术参数　　　　　　　　　　　　　　　　表 2-1

水准仪系列型号		DS05	DS1	DS3	DS10
每千米往返测高差偶然间误差不大于（mm）		±0.5	±1	±3	±10
望远镜	物镜有效孔径不小于（mm）	55	47	38	28
	放大倍数	42	38	28	20
水准管分划值［(")/2mm］		10	10	20	20
主要用途		国家一等水准测量及大地测量监测	国家二等水准测量及其他精密水准测量	国家三、四等水准测量及一般工程水准测量	一般工程水准测量

（2）按构造分类。

水准仪按其构造情况分为微倾水准管水准仪、光学自动安平（补偿）水准仪与电子自动安平水准仪。微倾水准仪是 20 世纪 40—50 年代由长筒望远镜的定、活镜 Y 式水准仪改进而成的常用仪器，现已趋于淘汰；光学自动安平水准仪是 20 世纪 50 年代以来发展起来的，是目前施工测量中使用最多的仪器；电子水准仪是 20 世纪 90 年代以后在自动安平水准仪的基础上实现自动调焦、数字显示的近代新产品，属于精密仪器。

2. 水准仪的构造

（1）自动安平水准仪。

如图 2-4 所示，自动安平水准仪是在望远镜内安装一个自动补偿器以代替水准管。仪器经粗平后，由于补偿器的作用，无须精平即可通过中丝获得视线水平时的读数。该仪器简化了操作，提高了观测速度，同时还补偿了如温度、风力、震动等对测量成果一定限度的影响，从而提高了观测精度。使用自动安平水准仪时，首先将圆水准器气泡居中，然后瞄准水准尺，等待 2～4s 后，即可进行读数。有的自动安平水准仪配有一个补偿器检查按钮，每次读数前按一下该按钮，确认补偿器能正常使用再读数。

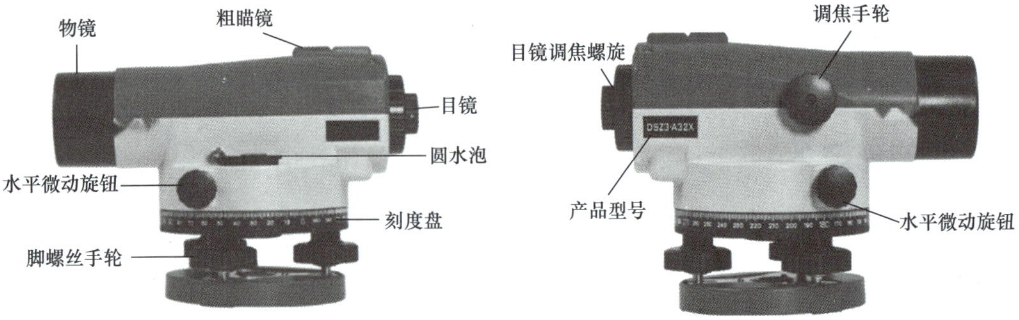

图 2-4　自动安平水准仪

水准仪各组成部分及其作用如下。

物镜：用来对准目标；

物镜调焦手轮：调节目标影像清晰；

十字线分划板：中丝截取水准尺的读数用来测高差，上、下丝截取水准尺的读数用来测水平距离，竖丝指示水准尺左、右是否竖立垂直；

目镜：眼睛通过目镜端观看十字丝与目标影像；

目镜调焦螺旋：调节十字丝清晰；

圆水泡：用来指示水准仪（视准轴）是否粗略水平，当圆水准器气泡居中时水准仪粗平；

脚螺旋：调节圆水准器气泡居中；

轴座：对下安置在粗平螺旋上，对上支撑水准器与望远镜，并保证水准仪竖轴在轴套里转动；

底板：用连接螺旋将仪器与三脚架连接在一起；

水平微动旋钮：在水平制动螺旋旋紧后，控制望远镜在水平方向上轻微转动；

粗瞄镜：粗略瞄准装置，视线在望远镜外瞄准目标使用。

（2）电子水准仪。

如图 2-5、图 2-6 所示，电子水准仪是集光学、图像处理、计算技术于一体的当代最先进的水准测量仪器。

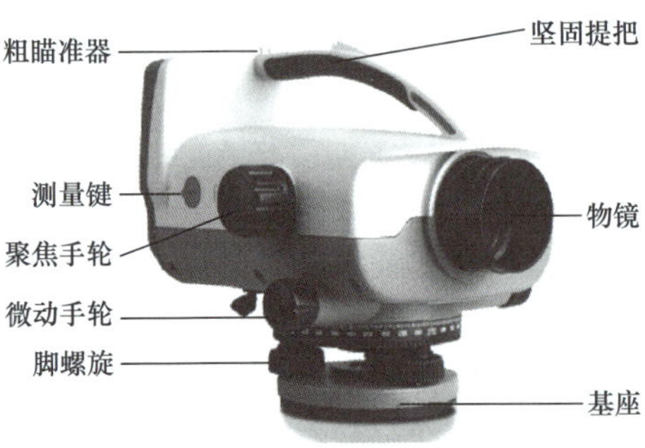

图 2-5　电子水准仪（正面）

图 2-6　电子水准仪（背面）

① 电子水准仪的主要优点是：操作简捷，可以自动观测和记录，并立即用数字显示

测量结果；整个观测过程在几秒钟内即可完成，大大减少观测错误和误差；仪器还附有数据处理器及与之配套的软件，从而可将观测结果输入计算机进入后处理，实现测量工作自动化和流水线作业，大大提高功效。

②电子水准仪测量原理：与电子水准仪配套使用的水准尺为条形编码尺，通常由玻璃纤维或钢钢制成。在电子水准仪中装有行阵传感器，它可识别水准标尺上的条形编码。电子水准仪摄入条形编码后，经处理器转变为相应的数字，再通过信号转换和数据化，在显示屏上直接显示中丝读数和视距。

③电子水准仪的使用：观测时，电子水准仪在人工完成安置与粗平、瞄准目标（条形编码水准尺）后，按下测量键后约 3～4s 即显示出测量结果。测量结果可贮存在电子水准仪内或通过电缆连接存入机内记录器中。

另外，观测中如水准标尺条形编码被局部遮挡的比例低于 30%，仍可进行观测。

2.2.2　水准测量其他设备

1. 水准尺

水准尺又称标尺，有双面尺和塔尺、条码尺三种，如图 2-7 所示。

（1）双面尺：双面尺一般用不易变形的干燥优质木材制成，全长 2m 或 3m。两根尺为一对。尺的双面均有刻画，一面为黑白相间，称为黑面尺（也称主尺）；另一面为红白相间，称为红面尺（也称辅尺）。两面的刻画均为 1cm，在分米处注有数字。两根尺的黑面尺尺底均从零开始，而红面尺尺底，一根从 4.687m 开始，另一根从 4.787m 开始。在视线高度不变的情况下，同一根水准尺的红面和黑面读数之差应等于常数 4.687m 或 4.787m，这个常数称为尺常数，用 K 来表示，以此可以检核读数是否正确。

（2）塔尺：塔尺一般用玻璃钢、铝合金或优质木材制成。塔尺一般由三节尺段套接而成，全长 3m 或 5m。尺面为 5mm 或 10mm 分划，每 10cm 加一注记，

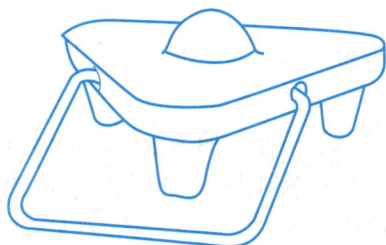

图 2-7　水准尺

超过 1m 就在注记上加红点表示米数，它携带方便，但尺段接头易损坏，对接易出差错，常用于精度要求不高的水准测量。

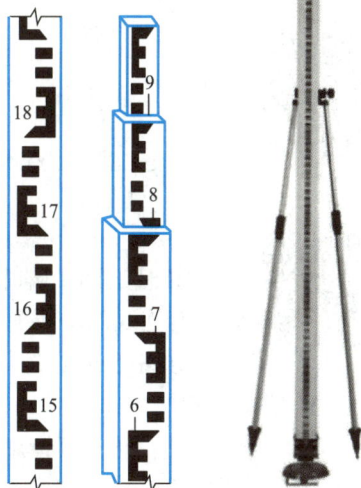

图 2-8　尺垫

（3）条码尺：通过数字编码水准仪的探测器来识别水准尺上的条形码，再经过数字影像处理，给出水准尺上的读数，取代了在水准尺上的目视读数。

2. 尺垫

尺垫由生铁铸成，如图 2-8 所示，呈三角形，下方有三个尖脚，以利于稳定地放置在地面上或插入土中。上方中央有一突出半球体，供立尺用，它用于高

程传递的转点上，防止水准尺下沉。

2.2.3 水准仪的使用

自动安平水准仪的操作步骤为：安置仪器→粗略整平→瞄准水准尺→读数。

电子水准仪的操作步骤为：安置仪器→粗略整平→设置参数→建立文件→瞄准水准尺→测量→数据传输。

1. 安置仪器

（1）在测站上松开三脚架架腿的固定螺旋，按需要的高度调整架腿长度，再拧紧固定螺旋，张开三脚架将架腿踩实，并使三脚架架头大致水平。

（2）从仪器箱中取出水准仪，用连接螺旋将水准仪固定在三脚架架头上，一手握住仪器，一手将中心连接螺旋与水准仪基座连接并拧紧。

2. 粗略整平

粗平时应调节脚螺旋，使圆水准器气泡居中。

（1）原则：左手大拇指指示气泡运动方向；左右手转动脚螺旋的方向（对称转动）。

（2）步骤：粗略整平的步骤如图 2-9 所示。

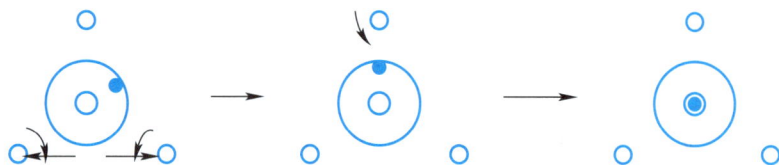

2-1动画
自动安平水
准仪的操作
步骤

2-2动画
仪器调平-
粗平

图 2-9　粗略整平

① 任选两个脚螺旋，双手相向等速转动这对脚螺旋，使气泡移动至这两个脚螺旋连线的垂线上。

② 左手按箭头方向转动另一个脚螺旋，使气泡位于分划圈中间。

3. 瞄准水准尺

（1）目镜调焦：转动目镜调焦螺旋，使十字丝成像清晰。

（2）初步瞄准：通过望远镜筒上方的照门和准星瞄准水准尺，旋紧制动螺旋。

（3）物镜调焦：转动物镜调焦螺旋，使水准尺的成像清晰，同时消除视差。

眼睛在目镜端上、下移动，若发现十字丝和尺像有相对移动，这种现象叫视差。消除视差的方法是：反复、仔细、认真地进行目镜、物镜对光，直到二者影像无相对运动为止。视差对瞄准、读数均有影响，务必加以消除。

（4）精确瞄准：转动微动螺旋，使十字丝的竖丝瞄准水准尺边缘或中央。

4. 读数

用十字丝的中丝读取水准尺的读数。从尺上可直接读出米、分米和厘米数，并估读出毫米数，所以每个读数必须有四位数。如果某一位数是零，也必须读出并记录，不可省略，如 1.002m、0.007m、2.100m 等。望远镜内读数时应由小数向大数读。读数前应先认清水准尺的分划特点，特别应注意与注字相对应的分米分划线的位置。为了保证得出正确的水平视线读数，在读数前和读数后都应该检查气泡是否符合。

如为电子水准仪与条码水准尺配合，则水准仪可进行电子读数，完成数据的获取。

知识点 3　水准测量施测

```
                    水准测量施测
    ┌───────┬────────┬──────────┬──────────────────┬──────────┐
  水准点    水准路线   水准测量实施   水准测量的检验与成果计算    四等水准测量
```

2.3.1　水准点

水准点是由国家测绘部门在全国各地埋设并测绘出的高程点，用符号 BM 表示，主要是为了统一全国高程系统和满足各种测量工作的需要。水准点有永久性水准点和临时性水准点之分。国家永久性水准点埋在冰冻线以下，一般用石块或钢筋混凝土做成，上面的标志点是用不易锈蚀的材料做成的。还有一些水准点埋在稳定的墙角，如图 2-10（a）。临时性水准点是在地面上埋石块或将大木桩打入地下，如图 2-10（b）。建筑工地永久性水准点用混凝土或钢筋混凝土做成，如图 2-10（c）。

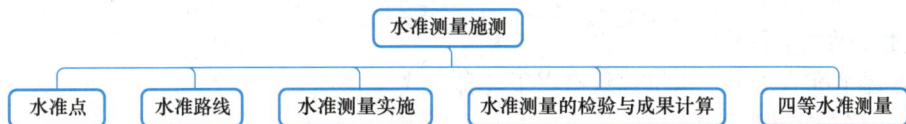

(a) 国家永久性水准点

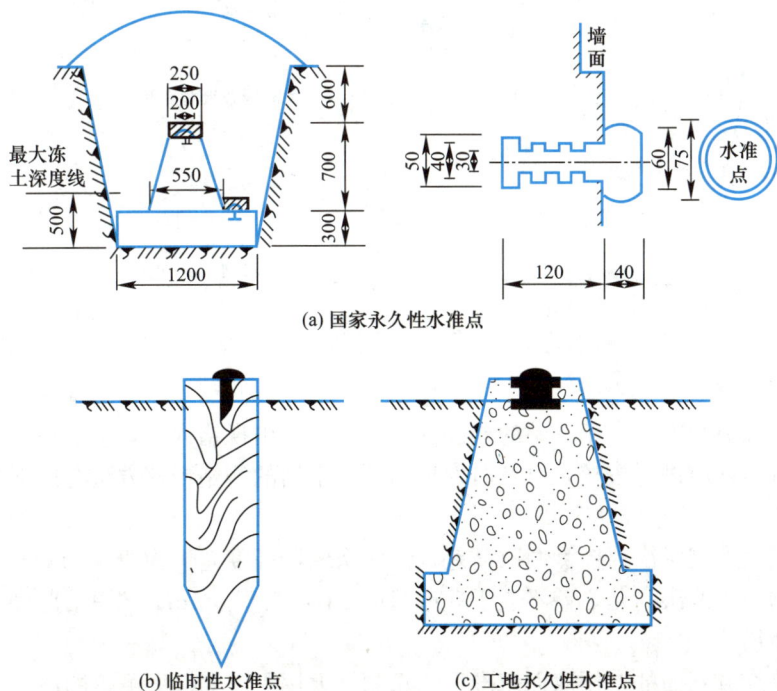

(b) 临时性水准点

(c) 工地永久性水准点

图 2-10　水准点

2.3.2 水准路线

在实际测量工作中，往往需要由已知高程点测定若干个待定点的高程。为了进一步检核在观测、记录及计算中是否存在错误，避免测量误差的积累，保证测量成果的精度，必须将已知点和待定点组成某种形式的水准路线，利用一定的检核条件来检核测量成果的准确性。

1. 水准路线的形式

在普通水准测量中，水准路线有以下 3 种形式。

（1）闭合水准路线。

如图 2-11（a）所示，从一已知水准点 BM_A 出发，沿待定点 B、C、D、E 进行水准测量，最后测回到 BM_A，这种路线称为闭合水准路线。

（2）附合水准路线。

如图 2-11（b）所示，从一已知水准点 BM_A 出发，沿待定点 1、2、3 进行水准测量，最后测到另一个已知水准点 BM_B，这种路线称为附合水准路线。

（3）支水准路线。

如图 2-11（c）所示，从一已知水准点 BM_A 出发，沿待定点进行水准测量，这样既不闭合又不附合的水准路线，称为支水准路线。支水准路线必须进行往返测量。

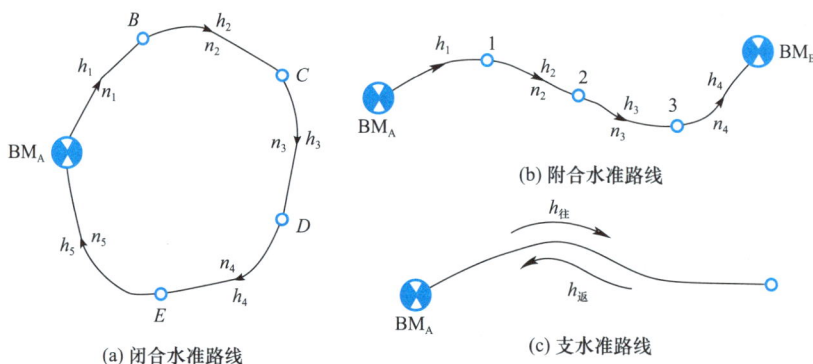

(a) 闭合水准路线   (b) 附合水准路线   (c) 支水准路线

图 2-11　水准路线

2. 水准测量的测站校核

在水准高程引测中，由于各站的连续性，任何一站出现错误，均会使整个成果返工重测。因此，每站均应进行校核，以及时发现问题。常用的测站校核方法有以下三种。

（1）双仪高法。

在每一测站上安两次仪器测两次高差（但两次仪器高度差应大于 10cm），或同时使用两架仪器观测，当两次高差之差不大于 5mm 时取中，大于 5mm 时要重测。

（2）双面尺法。

使用有黑红分划面的专用双面水准尺，每测站上用黑红面尺所测得的高差进行校核。

（3）双转点法。

双转点法也叫高低转点法，即每一转点处设置两个高差大于 10cm 的转点，从第二站起，由高低两个转点求得该站的两个视线高，以做校核。

在上述三种测法中，为抵消仪器下沉误差，均应采取"后—前—前—后"的观测次序，即测第一次高差时，先后视、再前视；但测第二次高差时，要先前视、再后视，这样，取两次高差中数时，即可减少仪器下沉的影响。

2.3.3　水准测量的实施

工程水准测量等级、技术要求主要包括与等级对应的精度、路线长度、仪器装备、观测次数、闭合差、限差等。在水准测量项目的设计和实施中，应认真分析研究，以满足技术要求。

《工程测量标准》GB 50026—2020 图根水准测量的主要技术要求应符合表 2-2 所示内容。

图根水准测量的主要技术要求　　　　　　　　　表 2-2

每千米高差全中误差（mm）	附合路线长度（km）	水准仪级别	视线长度（m）	观测次数		往返较差、附合或环线闭合差（mm）	
				附合或闭合路线	支水准路线	平地	山地
20	≤5	DS10	≤100	往一次	往返各一次	$40\sqrt{L}$	$12\sqrt{n}$

《工程测量标准》GB 50026—2020 对二、三、四、五等工程水准测量的技术要求如表 2-3 所示。

水准测量主要技术要求　　　　　　　　　表 2-3

等级	每千米高差全中误差（mm）	路线长度（km）	水准仪级别	水准尺	观测次数		往返较差、附合或环线闭合差	
					与已知点联测	附合或环线	平地（mm）	山地（mm）
二等	2	—	DS1、DSZ1	条码因瓦、线条式因瓦	往返各一次	往返各一次	$4\sqrt{L}$	—
三等	6	≤50	DS3、DSZ3	条码式玻璃钢、双面	往返各一次	往返各一次	$\pm12\sqrt{L}$	$\pm4\sqrt{n}$
四等	10	≤16	DS3、DSZ3	条码式玻璃钢、双面	往返各一次	往一次	$\pm20\sqrt{L}$	$\pm6\sqrt{n}$
五等	15	—	DS3、DSZ3	条码式玻璃钢、单面	往返各一次	往一次	$\pm30\sqrt{L}$	

注：①表中 L 为测段往返路线或附（闭）合路线长度，以 km 计；②n 为路线对应的测站数；③水准网节点间或节点与高级点间的路线长度不应大于表中规定的 70%。

1. 一个测站的观测

测量工作应遵循"前一项工作检核无误，再进行下一项工作"的原则。为了保证观测的准确，我们采用双仪高法或双面尺法进行一个测站的观测及检核。满足精度要求后，再进行下一个测站的观测。

采用双仪高法进行一个测站的观测的过程如下。

如图 2-12 所示，按照高差法公式第一次计算 A、B 两点的高差，即：

$$h'_{AB} = a' - b' = 1.432 - 1.389 = 0.043(\text{m})$$

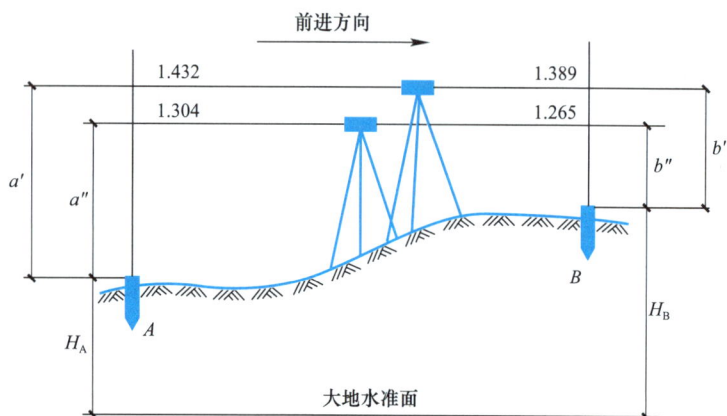

图 2-12　采用双仪高法观测

一次高差观测完成后，改变仪器视线高度，将视线高度升高或降低超过 10cm，再重新安置水准仪，粗平，瞄准 B 点所立水准尺，精平后读数，记录 $b'' = 1.265$（m）。松开水平制动螺旋，瞄准 A 点水准尺，精平，读数，记录 $a'' = 1.342$（m）。第二次计算 A、B 两点的高差，即：

$$h''_{AB} = a'' - b'' = 1.304 - 1.265 = 0.039(\text{m})$$

两次高差之差为 $|\Delta h| = |h'_{AB} - h''_{AB}| = 0.043 - 0.039 = 0.004(\text{m}) = 4(\text{mm})$

当 $|\Delta h| \leqslant 5\text{mm}$ 时，满足精度要求，取两次高差的平均值作为最后结果，即：

$$h_{AB} = (h'_{AB} + h''_{AB}) \div 2 = (0.043 + 0.039) \div 2 = 0.041(\text{m})$$

若两次高差之差大于 5mm，应重新观测。观测、记录、计算结果列于表 2-4。

两点高差水准测量记录计算手簿　　　　　　　　　　　　　　表 2-4

日期：　　　　　　年　　月　　日　天气：　　　　　　　地点：
仪器：　　　　　　组别：　　　观测：　　　　　　　　　　记录：

| 测站 | 测点 | 水准尺读数（m） | | 高差（m） | 平均高差（m） | 高程（m） | 备注 |
		后视读数 a 第一次 第二次	前视读数 b 第一次 第二次				
1	A	1.432 1.304		0.043	0.041	58.767	满足精度要求
	B		1.389 1.265	0.039		58.808	

2. 一个测段的观测

如图 2-13 所示，由 BM_1（已知高程 43.714m）向施工现场 A 点与 B 点引测高程后，

又至 BM_2（已知高程 44.332m）附合校测，填写记录表格，进行计算校核与成果校核，若误差在允许范围内，应求出调整后的 A 点与 B 点高程，写在该点的备注中。

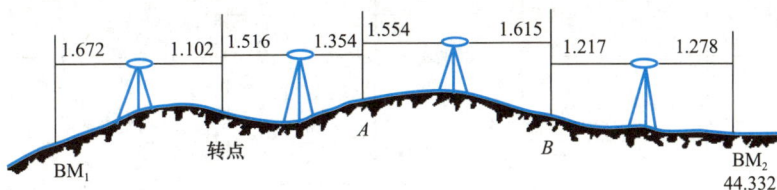

图 2-13　附合水准路线

① 视线高法。

在表 2-5 之中，使用视线高法按照公式（2-4）计算，即：

视线高＝已知点高程＋后视读数

待测点高程＝视线高－前视读数

② 高差法。

在表 2-6 中，使用高差法按照公式（2-1）计算，即：

高差＝后视读数－前视读数

待测点高程＝已知点高程＋高差

视线高法水准记录表　　　　　　　　　　　　　　　　　　　　表 2-5

测点	后视读数 a(m)	视线高 H_i(m)	前视读数 b(m)	高程 H(m)	备注
BM_1	1.672	45.386	—	43.714	已知高程
转点	1.516	45.800	1.102	+2 44.284	—
A	1.554	46.000	1.354	+4 44.446	44.450
B	1.217	45.602	1.615	+6 44.385	44.391
BM_2	—	—	1.278	+8 44.324	已知高程 44.332
计算校核	$\sum a=5.959$（m） $\sum b=5.349$（m） $\sum h=44.324-43.714=0.61$（m）				
成果校核	实测闭合差＝44.324－44.332＝－0.008（m）＝－8（mm） 允许闭合差＝$\pm6mm\sqrt{n}=\pm6mm\sqrt{4}=\pm12mm$ 精度合格，每站改正数＝$\dfrac{-8mm}{4}=+2mm$（逐站累积）				

高差法水准记录表

表 2-6

测点	后视读数 a(m)	前视读数 b(m)	高差 h(m)		高程 H(m)	备注
			+	−		
BM$_1$	1.672	—			43.714	已知高程
			0.570	—		
转点	1.516	1.102			+2 44.284	—
			0.162			
A	1.554	1.354			+4 44.446	44.450
			—	0.061		
B	1.217	1.615			+6 44.385	44.391
			—	0.061		
BM$_2$	—	1.278			+8 44.324	已知高程 44.332
			—	—		
计算 检核	$\sum a=5.959$（m） $\sum b=5.349$（m） $\sum h=0.732-0.122=0.610$（m）					
成果 校核	实测闭合差$=44.324-44.332=-0.008$（m）$=-8$（mm） 允许闭合差$=\pm6mm\sqrt{n}=\pm6mm\sqrt{4}=\pm12mm$ 精度合格，每站改正数$=\dfrac{-8mm}{4}=+2mm$（逐站累积）					

3. 成果检核

计算检核只能发现计算是否有误，测站检核只能检核每一个测站上是否有错误，不能发现立尺点变动的错误，更不能评定测量成果的精度，同时由于观测条件的影响，随着测站数的增多，误差积累越大，有时会超过规定的限差，因此，应对其成果进行检核，即进行高差闭合差的检核。一般情况下，沿着水准路线测得的起终点的高差值与起终点实际的高差值之差称为高差闭合差，用 f_h 表示。根据不同的地形和已知水准点的分布情况，测量时应选择最优的水准路线。

（1）闭合水准路线：因为它开始和结束于同一个点，所以理论上全线各测站高差之和应等于零，即：

$$\sum h_{理}=0 \tag{2-7}$$

如果高差之和不等于零，则其差值即$\sum h$ 就是闭合水准路线的高程闭合差，即：

$$f_h=\sum h_{测}-\sum h_{理}=(h_1+h_2+h_3+\cdots+h_n)-0=\sum h_{测} \tag{2-8}$$

（2）附合水准路线：对于附合水准路线，理论上高差之和应为

$$\sum h_{理}=H_B-H_A \tag{2-9}$$

其高差闭合差是实测值与理论值的差值，也就是将两个已知水准点间实测高差与已知高差进行比较，即：

$$f_h=\sum h_{测}-\sum h_{理}=(h_1+h_2+h_3+\cdots+h_n)-(H_{BM_B}-H_{BM_A})=\sum h_{测}-(H_B-H_A)$$

$$\tag{2-10}$$

（3）支水准路线：为了检核，这种水准路线必须在起点和终点间进行往返测量。理论上往返测量所得高差的绝对值应相等，但符号相反，或者是往返测高差的代数和应等于

2-3微课
水准测量
成果计算

零。如果往返测高差的代数和不等于零，其值即为水准支线的高程闭合差，即：

$$f_h = h_{往} + h_{返} \tag{2-11}$$

有时也可以用两组并测来代替一组的往返测以加快工作进度。两组所得高差应相等，若不等，其差值即为水准支线的高程闭合差，即：

$$f_h = \sum h_1 - \sum h_2 \tag{2-12}$$

闭合差的大小反映了测量成果的精度。在各种不同性质的水准测量中，都规定了高程闭合差的限值，即容许高程闭合差，用 F_h 表示。当 $f_h < F_h$ 时，表示观测精度满足要求，否则应对外业资料进行检查，甚至返工重测。

普通水准测量（等外水准测量）高差闭合差一般规定为

平地：

$$f_{h容} = \pm 40\sqrt{L} \, (\text{mm}) \tag{2-13}$$

山地：

$$f_{h容} = \pm 12\sqrt{n} \, (\text{mm}) \tag{2-14}$$

式中，L 为水准路线的长度（km）；n 为总测站数。

4. 成果计算

（1）附合水准路线成果计算。

【例 2-1】 图 2-14 为一附合水准路线的检核和分配以及高程计算的实例。在 A、B 水准点之间进行附合水准测量，各测段的实测高差及测段路线长度如图所示。

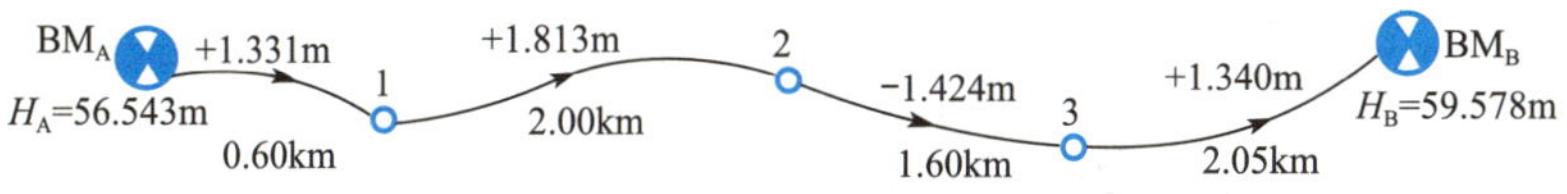

图 2-14 附合水准路线示意图

① 填写观测数据和已知数据。将点号、测段长度、测站数、观测高差及已知水准点 A、B 的高程填入表 2-7。

水准测量成果计算表　　　　　　　　　　　　　　　表 2-7

点号	距离（km）	高差（m）	改正数（mm）	改正后高差（m）	高程（m）
BM_A					56.543
	0.60	+1.331	−2	+1.329	
1					57.872
	2.00	+1.813	−8	+1.805	
2					59.677
	1.60	−1.424	−7	−1.431	
3					58.246
	2.05	+1.340	−8	+1.332	
BM_B					59.578
$\sum$	6.25	+3.060	−25	+3.035	

$f_h = \sum h_{测} - (H_B - H_A) = +25 \ (\text{mm})$

$f_{h容} = \pm 40\text{mm}\sqrt{L} = \pm 100 \ (\text{mm})$

因为 $f_h < f_{h容}$，所以符合精度要求

② 计算高差闭合差。

$$f_h = \sum h_测 - \sum h_理 = \sum h_测 - (H_B - H_A) = 3.060 - (59.578 - 56.543) = +0.025(\text{m})$$

闭合差容许值 $f_{h容} = \pm 40\sqrt{6.25}(\text{mm}) = \pm 100\text{mm}$

因 $f_h < F_{h容}$，说明观测成果精度符合要求，可对高差闭合差进行调整。否则，说明观测成果不符合要求，必须重新测量。

③ 调整高差闭合差。高差闭合差调整的原则和方法，是按与测站数或测段长度成正比例的原则，将高差闭合差反号分配到各相应测段的高差上，得改正后高差，即：

$$v_i = -\frac{f_h}{\sum n} \times n_i \tag{2-15}$$

或

$$v_i = -\frac{f_h}{\sum l} \times l_i \tag{2-16}$$

式中，v_i 为第 i 测段的高差改正数（mm）；$\sum n$、$\sum l$ 为水准路线总测站数与总长度；n_i、l_i 为第 i 测段的测站数与测段长度。

本例中，各测段改正数为

$$v_1 = -\frac{f_h}{\sum l} \times l_i = -\frac{0.025}{6.25} \times 0.6 \approx -0.002(\text{m})$$

$$v_2 = -\frac{f_h}{\sum l} \times l_i = -\frac{0.025}{6.25} \times 2 = -0.008(\text{m})$$

计算检核：

$$\sum v_i = -f_h = -0.025 \tag{2-17}$$

将各测段高差改正数填入表 2-7 第 4 列。

④ 计算各测段改正后高差。各测段改正后高差等于各测段观测高差加上相应的改正数，即：

$$h_i' = h_i + v_i \tag{2-18}$$

式中，h_i' 为第 i 段的改正后高差（m）。

本例中，各测段改正后高差为

$$h_1' = h_1 + v_1 = +1.331 - 0.002 = +1.329(\text{m})$$

$$h_2' = h_2 + v_2 = +1.813 - 0.008 = +1.805(\text{m})$$

计算检核：

$$\sum h_i' = H_B - H_A = +3.035(\text{m}) \tag{2-19}$$

将各测段改正后高差填入表 2-7 第 5 列。

⑤ 计算待定点高程。根据已知水准点 A 的高程和各测段改正后高差，即可依次推算出各待定点的高程，即：

$$H_1 = H_A + h_1' = 56.543 + 1.329 = 57.872(\text{m})$$

$$H_2 = H_1 + h_2' = 57.872 + 1.805 = 59.677(\text{m})$$

将推算出各待定点的高程填入表 2-7 第 6 列。

最后推算出的 B 点高程应与已知的 B 点高程相等，以此作为计算检核。

即：

$$H_{B(计算)} = H_{B(已知)} = 59.578(\text{m})\tag{2-20}$$

（2）闭合水准路线成果计算。

闭合水准路线成果计算的步骤与附合水准路线相同，高差闭合差计算公式见公式（2-8）。

（3）支水准路线的计算。

因支水准路线只求一个点的高程，其高差闭合差计算公式见公式（2-11），故只取往返高差的平均值即可，平均高差的符号与往返测高差值的符号相同。即：

$$h = (h_{往} + h_{返})/2\tag{2-21}$$

2.3.4　四等水准测量

1. 四等水准测量的技术要求

三、四等水准测量常作为小地区测绘地形图和施工测量的高程基本控制。《工程测量标准》GB 50026—2020 对三、四、五等工程水准测量的技术要求见表 2-3。

工程水准测量的测站观测技术要求主要包括与等级对应的水准仪等级、视距长度、视线高度、前后视距差、视距差累积、基辅读数差和基辅高差之差的限差。《工程测量标准》GB 50026—2020 对三、四、五等工程水准测量的测站观测技术要求见表 2-8。

光学水准仪观测的主要技术要求　　　　表 2-8

等级	水准仪级别	视线长度（m）	前后视距差（m）	任一测站上前后视距差累积（m）	视线离地面最低高度（m）	基、辅分划或黑、红面读数较差（mm）	基、辅分划或黑、红面所测高差较差（mm）
三等	DS3、DSZ3	75	3	6	0.3	2	3
四等	DS3、DSZ3	100	5	10	0.2	3	5
五等	DS3、DSZ3	100	近似相等				

注：①二等水准路线长度小于20m时，其视线高度应不低于0.3m；②三、四等水准采用变动仪器高度观测单面水准尺时所测得两次高差较差，应与黑面、红面所测高差之差的要求相同。

2. 三、四等水准测量的实施

（1）三等水准测量。

视线长度不超过75m。观测顺序应为后—前—前—后。安置水准仪，粗平后，按下列顺序观测：

① 后视水准尺的黑面，读下丝、上丝和中丝读数；

② 前视水准尺的黑面，读下丝、上丝和中丝读数；

③ 前视水准尺的红面，读中丝读数；

④ 后视水准尺的红面，读中丝读数。

（2）四等水准测量。

视线长度不超过100m。每一测站上，按下列顺序进行观测（括号内数字为读数顺序）：

① 后视水准尺的黑面，读下丝、上丝和中丝读数（1）、（2）、（3）；

② 后视水准尺的红面，读中丝读数（4）；

③ 前视水准尺的黑面，读下丝、上丝和中丝读数（5）、（6）（7）；

④ 前视水准尺的红面，读中丝读数（8）。

以上的观测顺序称为后—后—前—前，在后视和前视读数时，均先读黑面再读红面，读黑面时读三丝读数，读红面时只读中丝读数。记录和计算格式见表2-9，括号内数字表示观测和计算的顺序，同时也说明有关数字在表格内应填写的位置。

三、四等水准测量记录

表 2-9

测站	点号	后尺点 / 下丝读数 / 上丝读数 / 后视距（m）=（上丝读数−下丝读数）×100 / 视距差 d（m）	前尺点 / 下丝读数 / 上丝读数 / 前视距（m）=（上丝读数−下丝读数）×100 / ∑d（m）	方向及尺号	水准尺读数（m） 黑面	水准尺读数（m） 红面	K+黑−红（mm）	平均高差（m）	备注
		（1）	（5）	后	（3）	（4）	（14）		
		（2）	（6）	前	（7）	（8）	（13）		
		（9）	（10）	后−前	（15）	（16）	（17）	（18）	
		（11）	（12）						
1	BM$_1$—ZD$_1$	1.536	1.030	后5	1.242	6.030	−1		水准尺No.5 K$_5$=4.787 水准尺No.6 K$_6$=4.687（K为尺常数）
		0.947	0.442	前6	0.736	5.422	+1		
		58.9	58.8	后−前	+0.506	+0.608	−2	+0.507	
		+0.1	+0.1						
2	ZD$_1$—ZD$_2$	1.954	1.277	后5	1.664	6.450	+1		
		1.373	0.694	前6	0.985	5.673	−1		
		58.1	58.3	后−前	+0.679	+0.777	+2	+0.678	
		−0.2	−0.1						
3	ZD$_2$—ZD$_3$	1.146	1.744	后5	1.024	5.811	0		
		0.903	1.499	前6	1.622	6.308	+1		
		24.3	24.5	后−前	−0.598	−0.497	−1	−0.5975	
		−0.2	−0.3						
4	ZD$_3$—A	1.479	0.982	后5	1.171	5.958	0		
		0.864	0.373	前6	0.678	5.365	0		
		61.5	60.9	后−前	+0.493	+0.593	0	+0.493	
		+0.6	+0.3						
每页校核									

（3）计算与检核。

计算与检核的内容如下。

1）测站上的计算与检核。

① 视距计算。

后视距(9)=[(1)−(2)]×100

前视距(10)＝[(5)－(6)]×100

前、后视距在表内均以米为单位，即（下丝－上丝)×100。同一水准尺上、下丝读数差值称为尺间隔。

前后视距差（11)＝(9)－(10)。对于四等水准测量，前后视距差不得超过 5m；对于三等水准测量，不得超过 3m。

前后视距累积差（12)＝本站的（11)＋上站的（12)。对四等水准测量，前后视距累积差不得超过 10m；对于三等水准测量，不得超过 6m。

以上计算的（9)、(10)、(11)、(12)均不得超过对应技术指标，以满足中间法的要求。因此，每站安置仪器时，应尽可能使前后视距相等。

② 同一水准尺红、黑面读数差的检核。同一水准尺红、黑面读数差为

(13)＝[(3)＋K_6－(4)]×10^3

(14)＝[(7)＋K_5－(8)]×10^3

K 为水准尺红、黑面常数差，一对水准尺的常数差分别为 4.687 和 4.787。对于四等水准测量，红、黑面读数的较差不得超过 3mm；对于三等水准测量，不得超过 2mm。

③ 高差的计算与检核。按黑面读数和红面读数所得的高差分别为

(15)＝(3)－(7)

(16)＝(4)－(8)

黑面和红面所得高差之差（17)可按下式计算，并可用（14)－(13)来检查。式中±100 为两水准尺常数 K 之差。

(17)＝[(15)－(16)]×10^3±100＝(14)－(13)

对于四等水准测量，黑、红面高差的较差不得超过 5mm；对于三等水准测量，不得超过 3mm。

④ 计算平均高差。

2）总的计算与检核。

在手簿每页末或每一测段完成后，应作下列检核。

① 视距的计算与检核。

末站的 (12)＝∑(9)－∑(10)

总视距＝∑(9)＋∑(10)

② 高差的计算与检核。

当测站数为偶数时，

$$总高差＝\sum(18)＝\frac{1}{2}\{\sum[(15)＋(16)]\}＝\frac{1}{2}\{\sum[(3)＋(4)]－\sum[(7)＋(8)]\}$$

当测站数为奇数时，

$$总高差＝\sum(18)＝\frac{1}{2}[\sum(15)＋\sum(16)±0－1]$$

(4）观测成果的处理。

三、四等水准测量的观测成果的计算与普通水准测量成果处理方法相同，水准路线高差闭合差的容许值见表 2-3。

知识点 4　水准仪测量误差及注意事项

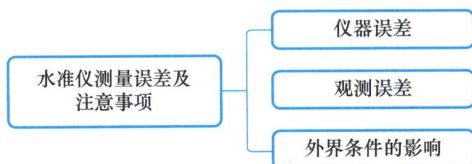

```
                                    ┌─ 仪器误差
       水准仪测量误差及   ─────────┼─ 观测误差
       注意事项                     └─ 外界条件的影响
```

2.4.1　仪器误差

1. 视准轴与水准管轴不平行引起的误差

仪器虽经过校正，但仍会有残余误差，如微小的 i 角误差。在测量时如能保持前视和后视的距离相等，并限制视线长，这种误差就能消除。当因某种原因某一测站的前视（或后视）距离较大时，下一测站上的后视（或前视）距离较大，使误差得到补偿。

2. 调焦引起的误差

当调焦时，调焦透镜光心移动的轨迹和望远镜光轴不重合，改变调焦就会引起视准轴的改变，从而改变了视准轴与水准管轴的关系。如果在测量中保持前视后视距相等，就可在前视和后视读数过程中不改变调焦，避免因调焦而引起的误差。

3. 水准尺的误差

水准尺的误差包括尺长误差、分划不精确、尺底磨损、零点差、尺身弯曲，这些都会给读数造成误差，所以使用前应对水准尺进行检验。水准尺的主要误差是每米真长的误差，它具有累积性质，高差越大，误差也越大。对于误差过大的，应在成果中加入尺长改正。

2.4.2　观测误差

1. 水准管气泡居中误差

视线水平是以气泡居中或符合为根据的，但气泡的居中或符合都是凭肉眼判断，不是绝对准确。气泡居中的精度也就是水准管的灵敏度，它主要取决于水准管的分划值。一般认为水准管居中的误差约为 0.1 分划值，它对水准尺读数产生的误差为

$$m = \frac{0.1\tau''}{\rho}s \tag{2-22}$$

式中，τ'' 为水准管的分划值；ρ 为常数，值为 $206265''$；s 为视线长。为了减小气泡居中误差的影响，应限制视线长，观测时应使气泡严格居中或符合。

2. 估读水准尺分划的误差

水准尺上的毫米数都是估读的，估读的误差取决于视场中十字丝和厘米分划的宽度，

所以估读误差与望远镜的放大率及视线的长度有关。通常在望远镜中十字丝的宽度为厘米分划宽度的 1/10 时，能准确估读出毫米数。所以在各种等级的水准测量中，对望远镜的放大率和视线长的限制都有一定的要求。此外，在观测中还应注意消除视差，并避免在成像不清晰时进行观测。

3. 水准尺倾斜的误差

水准尺没有扶直，无论向哪一侧倾斜都会使读数偏大。这种误差随尺的倾斜角和读数的增大而增大。例如尺有 3° 的倾斜，读数为 1.5m 时，可产生 2mm 的误差。为使尺能扶直，水准尺上最好装有水准器。没有水准器时，可采用摇尺法，即读数时把尺的上端在视线方向前后来回缓慢摆动，当视线水平时，观测到的最小读数就是尺扶直时的读数（图 2-15）。这种误差在前后视读数中均可产生，所以在计算高差时可以抵消一部分。

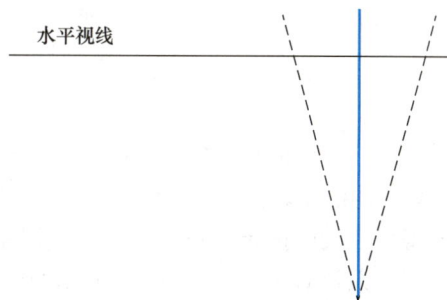
图 2-15　水准尺倾斜误差

2.4.3　外界条件的影响

1. 仪器下沉和水准尺下沉的误差

（1）仪器下沉的误差。在读取后视读数和前视读数之间、若仪器下沉，由于前视读数减少从而使高差增大（图 2-16）。在松软的土地上，每一测站都可能产生这种误差。当采用双面尺或两次仪器高时，第二次观测可先读前视点 B，然后读后视点 A，可使所得高差偏小，两次高差的平均值可消除一部分仪器下沉的误差。进行往测、返测时，亦因同样的原因可消除部分误差。

（2）水准尺下沉的误差。在仪器从一个测站迁到下一个测站的过程中，若转点下沉，则下一测站的后视读数偏大，使高差也增大（图 2-17）。在同样情况下返测，高差的绝对值会减小。所以取往返测的平均高差可以减弱水准尺下沉的影响。

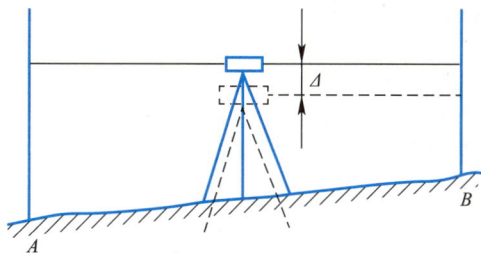
图 2-16　仪器下沉图

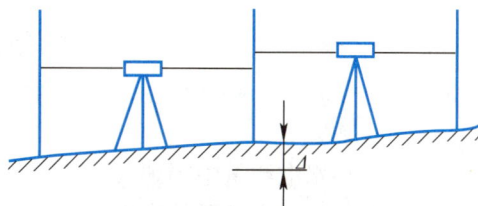
图 2-17　水准尺下沉

当然，在进行水准测量时，必须选择坚实的地点安置仪器和转点，避免仪器和水准尺的下沉。

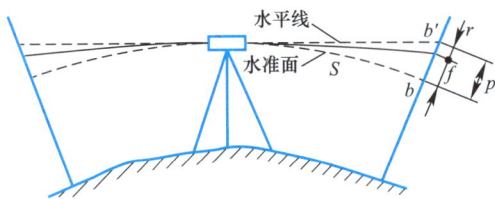

图 2-18　地球曲率与大气折光的影响

2. 地球曲率和大气折光的误差

（1）地球曲率引起的误差。理论上水准测量应根据水准面来求出两点的高差（图 2-18），但视准轴是一条直线，因此使读数中含有由地球曲率引起的误差 p，可按下式计算：

$$p = \frac{S^2}{2} \tag{2-23}$$

（2）大气折光引起的误差。水平视线经过密度不同的空气层被折射，一般情况下形成向下弯曲的曲线，它与理论水平线所得读数之差，就是由大气折光引起的误差 r（图 2-18）。实验得出：大气折光误差比地球曲率误差要小，是地球曲率误差的 K 倍，在一般的大气情况下，系数 K 的大小在某个范围之内，一般可以取值 1/7，故有下式：

$$r = K \frac{S^2}{2R} = \frac{S^2}{14R} \tag{2-24}$$

式中，S 为视线长；R 为地球的半径。

所以，水平视线在水准尺上的实际读数与由水准面得出的读数 b 之差，就是地球曲率和大气折光总的影响值 f 即：

$$f = p - r = 0.43 \frac{S^2}{R} \tag{2-25}$$

当前后视距相等时，这种误差在计算高差时可自行消除。但是离近地面的大气折光变化十分复杂，在同一测站的前视和后视距离上就可能不同，所以即使保持前后视距相等，大气折光误差也不能完全消除。由于值与距离的平方成正比，所以限制视线的长可以使这种误差大为减小，此外使视线离地面尽可能高于 0.3m，也可减弱折光变化的影响。

3. 气候的影响

除了上述各种误差来源外，气候的影响也给水准测量带来误差，例如风吹、日晒、温度的变化和地面水分的蒸发等。所以，观测时应注意气候带来的影响。为了防止日光暴晒，晴天观测时应给仪器撑伞保护。无风的阴天是最理想的观测天气。

课后习题

一、填空题

1. 转点在水准测量中起到（　　　）作用。

2. 水准仪的圆水准器的作用是（　　　），管水准器的作用是（　　　）。

二、计算题

1. 图 2-19 是一条附合水准路线，其观测数值标于图上，已知 BM$_1$ 点高程为 H_1=122.662m，BM$_2$ 点高程为 H_2=128.379m。试进行观测成果的内业检核及 A、B、C、D 四点高程的计算。

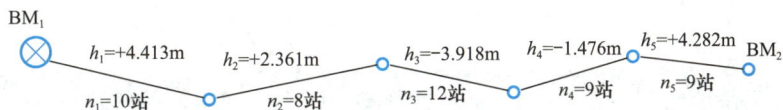

图 2-19　附合水准路线

2. 图 2-20 是一条闭合水准路线，其观测数值标于图上，已知 1 点高程 $H_1 = 122.662\text{m}$。试列出表格进行观测成果的内业检核及 A、B、C 三点高程的计算。

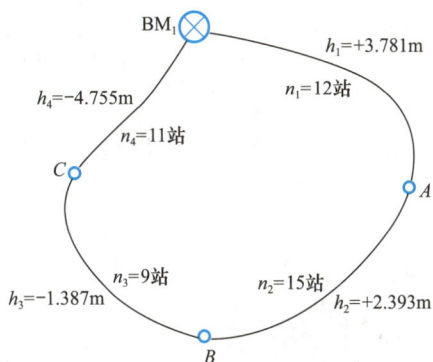

图 2-20　闭合水准路线

3. 三、四等水准测量是如何进行观测、记录、计算的？填写表 2-10。

观测表　　　　　　　　　　　　　　　　　　　　　　　　　　表 2-10

测站	测点	后尺 下丝 上丝	前尺 下丝 上丝	方向及尺号	水准尺读数（m）		K+黑一红（m）	平均高差（m）	备注
		后视距	前视距		黑面	红面			
		视距差 D(m)	累积差 ∑d(m)						
		(1) (2) (9) (11)	(4) (5) (10) (12)	后 前 后—前	(3) (6) (15)	(8) (7) (16)	(14) (13) (17)	(18)	
1	$\text{BM}_A - \text{TP}_1$	1.596 1.034	1.689 1.120	后 1 前 2 后—前	1.315 1.402	6.001 6.191			$K_1 = 4.687$ $K_2 = 4.787$
2	$\text{TP}_1 - \text{TP}_2$	1.569 1.027	1.715 1.160	后 2 前 1 后—前	1.298 1.438	6.083 6.127			
3	$\text{TP}_2 - \text{TP}_3$	1.889 1.280	1.448 0.819	后 1 前 2 后—前	1.586 1.132	6.272 5.919			
4	$\text{TP}_3 - \text{BM}_1$	1.459 0.893	1.503 0.954	后 2 前 1 后—前	1.178 1.230	5.965 5.916			
每页检核	$\sum[(3)+(4)]-\sum[(7)+(8)]=\sum[(15)+(16)]=\sum(18)=$ $2\sum(18)=\sum(9)-\sum(10)=$ 总视距 $=\sum(9)+\sum(10)=$								

实训

任务 1 安置水准仪

❖ **任务描述**

架设调平水准仪，并对水准点上设立的水准尺进行瞄准和读数。

❖ **任务步骤分解**

☞ 步骤 1：认识水准仪各部分名称，并了解其用途

1. 填写水准仪各部分名称（图 2-21）。

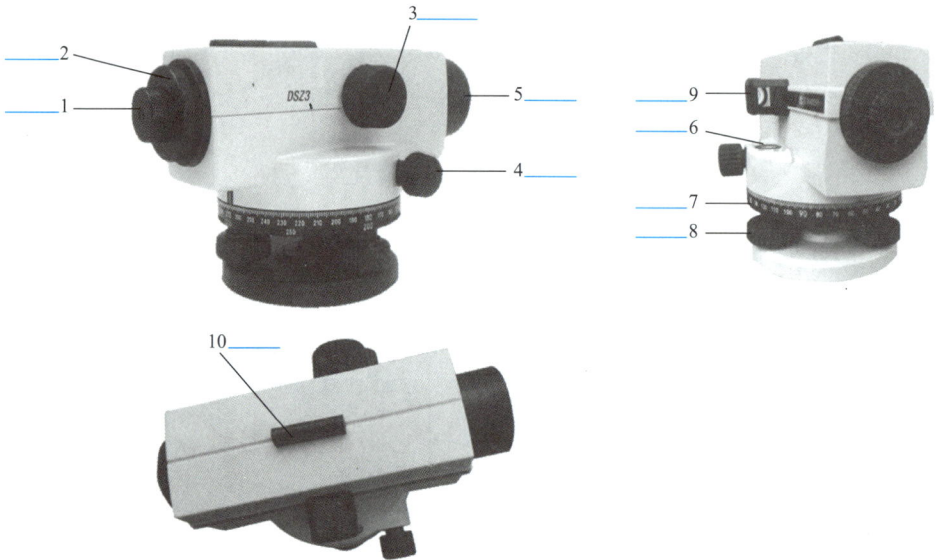

图 2-21　水准仪部件

2. 望远镜由（　　）（　　）（　　）三个主要部分组成。

☞ 步骤 2：认识水准测量其他工具（图 2-22）

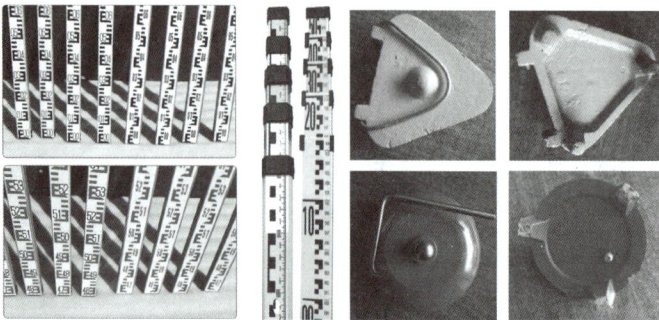

图 2-22　水准测量工具

1. 常见的水准尺有（　　）和（　　）两种。

2. 双面水准尺的分划，一面是黑白相间的主尺，黑面分划尺底为（　　）；另一面是红白相间的辅尺，最小分划均为（　　），红面刻画尺底为一常数：（　　）或（　　），尺常数相差（　　）的两把水准尺称为一对水准尺。

3. 图 2-23 中 1 号尺的尺根部读数为（　　），2 号尺的尺根部读数为（　　）。

图 2-23　水准尺

4. （　　）是供支承水准尺和传递高程所用的工具。

5. 尺垫用在（　　）处。（填"转点"或"水准点"）

6. 填写三脚架的各部位名称（图 2-24）。

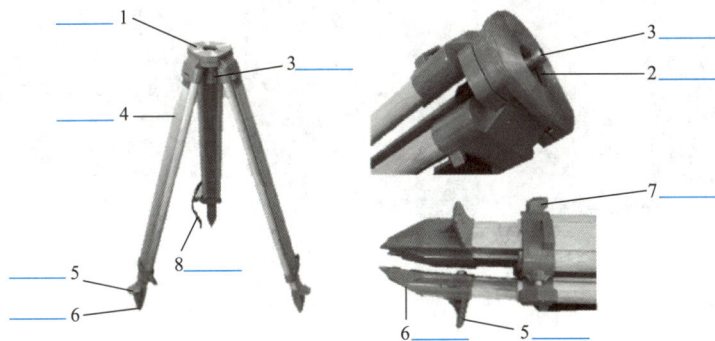

图 2-24　三脚架

☞ 步骤 3：使用水准仪

1. 自动安平水准仪的操作步骤是（　　）。

A. 安置仪器—照准水准尺—粗略整平—消除视差—读数和记录

B. 安置仪器—粗略整平—照准水准尺—消除视差—读数和记录

C. 安置仪器—粗略整平—消除视差—照准水准尺—读数和记录

D. 安置仪器—照准水准尺—粗略整平—读数和记录—消除视差

2. 三脚架架设时三个架腿与地面的夹角为（　　）为宜（图 2-25）。

图 2-25　三脚架夹角

3. 粗平时调节脚螺旋，气泡移动的方向与（　　）手大拇指旋转方向一致。

4. 读数的顺序为（　　）（　　）（　　）估读至（　　）。

5. 标出这三幅图水准尺的读数（图 2-26）。

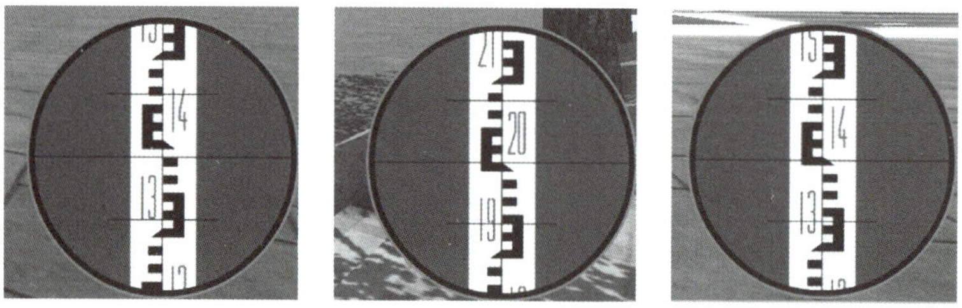

图 2-26　水准尺

❖ **任务实施**（表 2-11、表 2-12）

仪器检查记录表　　　　　　　　　　　　　　　　表 2-11

序号	检查内容	检查结果		备注
		是	否	
1	仪器部件及附件是否齐全			
2	仪器各轴转动是否灵活，无杂声			
3	各螺旋是否正常工作			
4	物镜、目镜有无裂纹或是否清晰			
5	脚架和仪器的连接螺旋是否配套			
6	仪器箱锁、提手是否牢固			
7	标尺无弯曲			
8	标尺刻度是否清晰			

自动安平水准仪安置情况表　　　　　　　　　　　表 2-12

项目	要求	完成情况			备注
		顺利	有些困难	很难	
脚架架设	高度适中，牢固稳定				
仪器粗平	各方向圆水准器居中				
照准	目标清晰无视差				
读数	读数准确清晰				
水准尺扶尺	尺身要铅直，防止左右倾斜，更要防止前后倾斜				

❖ **任务活动总结（表 2-13）**

水准仪安置任务完成清单　　　　　　　　　　　　表 2-13

序号	实施步骤（简写）	是否完成	是否存在疑问	是否解决
1	认识水准仪			
2	认识水准测量其他工具			
3	水准仪的使用			

学生签名：

任务完成情况自评：（A、B、C、D、E）

注：等级评价为 A、B、C、D、E 五级，在评价的等级符号上画圈。

任务 2　测两点间高差

❖ **任务描述**

测量地面上两点之间的高差（图 2-27）。

图 2-27　测两点之间高差

❖ **任务步骤分解**

☞ 步骤 1：确定水准点

水准点有（　　）水准点和（　　）水准点两种。一般缩写为（　　），用"⊗"符号表示。

转点的作用是什么？

☞ 步骤 2：架设仪器

仪器架设在两水准尺间等距离处可消除哪些误差？

☞ 步骤 3：水准仪的检验

1. 旋转脚螺旋使圆水准器气泡居中，然后将仪器绕竖轴旋转（　　），如果气泡仍居中，则表示圆水准器轴 $L'L'$ 平行于仪器的竖轴 VV，如果气泡偏出分划圈外，则需要校正。

2. 水准仪视准轴不平行于水准管轴的误差称为（　　）。

☞ 步骤 4：测站验核

1. 在每个测站上一次测得两转点间的高差后，改变水准仪的高度，一般应大于（　　）cm，再次测量两转点间的高差，此核验方法称为变仪器高法。

2. 对于普通水准测量，当两次所得高差之差不超过允许值时可认为合格，否则应重测。符合精度要求时取其（　　）作为该测站高差成果。

3. 仪器高度（　　），利用双面水准尺分别由黑面和红面读数得出的高差，此核验方法称为双面尺法。

4. 采用双面尺法测高差（图 2-28），观测下图后，将观测数据填入表 2-14 中。

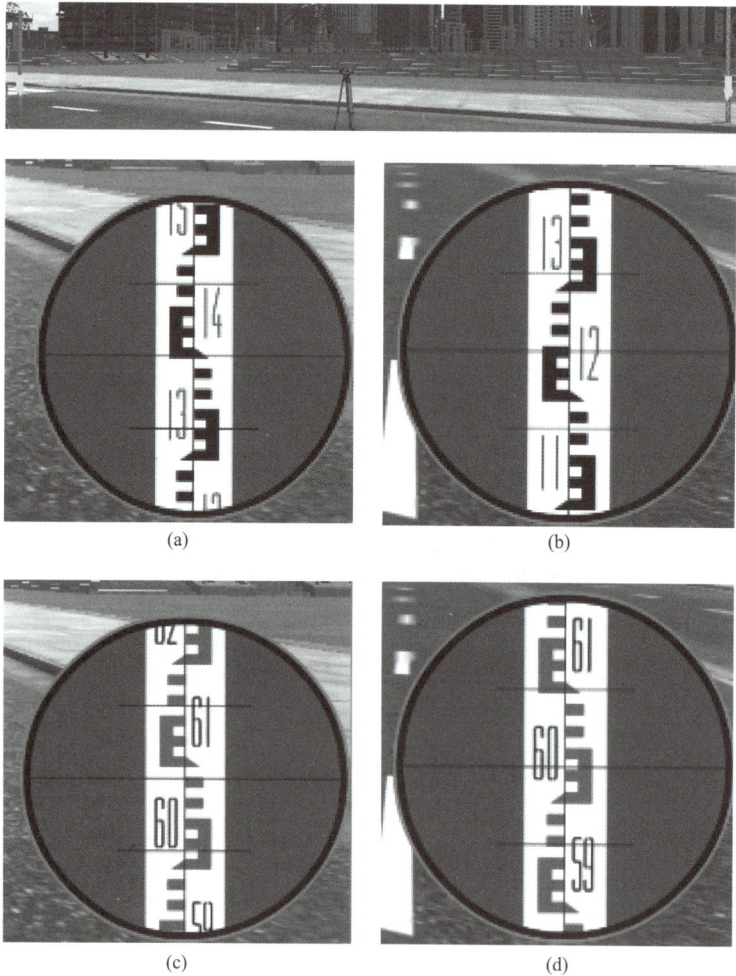

(a)　　　　　　　　　　　(b)

(c)　　　　　　　　　　　(d)

图 2-28　双面尺法测高差

(a) 黑尺后视；(b) 黑尺前视；(c) 红尺后视；(d) 红尺前视

观测数据表

表 2-14

测站	点号	水准尺读数		平均高差
		黑尺	红尺	
1	后视点 A			
	前视点 B			
	高差			

5. 如图 2-29 所示，变仪器高法进行测站检核后，是否能计算出高差？如能，写出计算结果；如不能，请说明原因。

(a)

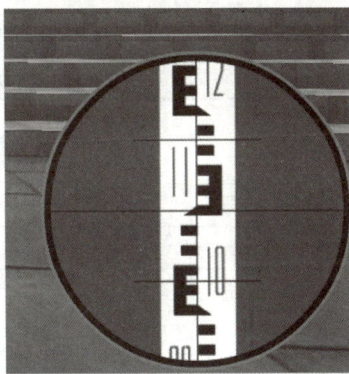
(b)

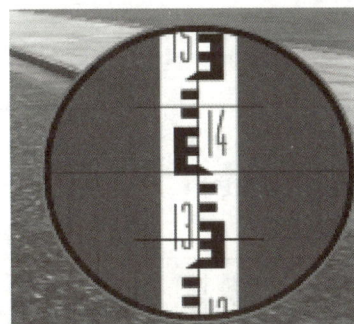
(c)

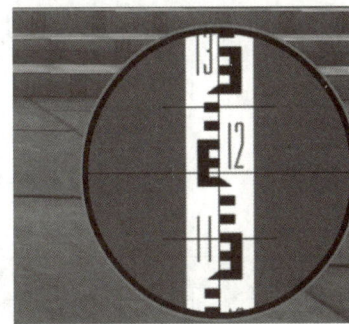
(d)

图 2-29　变仪器高法进行测站检核

（a）后尺读数；（b）前尺读数；（c）变仪器高后的后尺读数；（d）变仪器高后的前尺读数

❖ 任务实施（表 2-15～表 2-17）

仪器检查记录表 　　　　　　　　　　　　　　　表 2-15

序号	检查内容	检查结果		备注
		是	否	
1	仪器部件及附件是否齐全			
2	仪器各轴转动是否灵活，无杂声			
3	各螺旋是否正常工作			
4	物镜、目镜有无裂纹或是否清晰			
5	脚架和仪器的连接螺旋是否配套			
6	仪器箱锁、提手是否牢固			
7	标尺无弯曲			
8	标尺刻度是否清晰			
9	圆水准器轴是否平行于纵轴			
10	十字丝横丝是否垂直纵轴			

等外水准测量手簿（双面尺法） 　　　　　　　　　　　表 2-16

测站	点号	水准尺读数		平均高差	备注
		黑尺	红尺		
1	后视点 A				
	前视点 TP_1				
	高差				
2	后视点 TP_1				
	前视点 B				
	高差				
成果整理	$H_A = $ _____ m（已知） $h_{均1} = $ $h_{均2} = $ $\sum h = h_{均1} + h_{均2}$ $H_B = H_A + \sum h$				

等外水准测量手簿（变仪器高法） 　　　　　　　　　表 2-17
（1＋X 证书考核项目）

测站	点号	水准尺读数		平均高差	备注
		第一次	第二次		
1	后视点 A				
	前视点 TP_1				
	高差				

测站	点号	水准尺读数		平均高差	备注
		第一次	第二次		
2	后视点 TP_1				
	前视点 B				
	高差				
成果整理	$H_A=$ _____ m（已知） $h_{均1}=$ $h_{均2}=$ $\sum h=h_{均1}+h_{均2}$ $H_B=H_A+\sum h$				

❖ **任务活动总结（表 2-18）**

测两点间高差任务完成清单　　　　　　　　　　表 2-18

序号	实施步骤（简写）	是否完成	是否存在疑问	是否解决
1	确定水准点			
2	架设仪器			
3	水准仪检验			
4	测站检核			

学生签名：

任务完成情况自评：（A、B、C、D、E）

　　注：等级评价为 A、B、C、D、E 五级，在评价的等级符号上画圈。

任务 3　闭合水准路线测量及成果处理

❖ **任务描述**

　　布设闭合水准路线，确定水准点，利用水准仪和水准尺测量各水准点之间的高差 h_{AB}、h_{BC}、h_{CD}、h_{DA}，并进行平差计算，由已知水准点高程，求解三个待求水准点高程，测量精度按五等水准测量执行。

❖ **任务步骤分解**

☞ 步骤 1：布设水准路线

　　1. 水准路线依据工程的性质和测区的情况，可布设成（　　　）（　　　）（　　　）三种形式。

　　2. 从一已知高程点 BM_A 出发，沿线测定待定高程点的高程后，最后闭合在 BM_A 上，这种水准测量路线称为（　　　）。

☞ 步骤 2：外业观测

　　1. 五等水准测量要求视距小于（　　　）。

　　2. 五等水准测量前后视距差要求（　　　）。

　　3. 如何测出各测段长度？

4. 在每个测站观测时，观测员和记录员要（　　）（A. 配合默契 B. 各干各的），边观测、边读数、边记录、边回诵、边计算、边检核。记录员要在现场完成本测站的所有计算和检核，将计算结果与技术要求的限差相比较，（　　）（A. 超限时 B. 不超限时）才可搬站前行。

☞ 步骤3：平差及高程计算

1. 闭合水准路线闭合差理论值（　　）。

2. 闭合水准路线闭合差公式（　　）。

3. 闭合水准路线闭合差允许值公式（　　）。

4. 闭合差在允许值范围之外则需要（　　）。

5. 观测高差改正数公式为（　　）。

6. 高差闭合差调整的原则和方法，是按与测站数或测段长度成正比例的原则，将高差闭合差（　　）分配到各相应测段的高差上。

7. 改正数总和与高差闭合差大小相等、符号（　　）。

8. 对于闭合水准路线，改正后高差之和等于（　　）。

☞ 步骤4：误差分析

1. 仪器虽经过校正，但仍会有残余误差，如微小的 i 角误差。在测量时如能保持前视和后视的距离（　　），并限制视线长，这种误差就能消除。

2. 水准尺的误差包括（　　）、（　　）、（　　）、（　　）、（　　），它们都会给读数造成误差，所以使用前应对水准尺进行检验。

3. 观测误差包括（　　）、（　　）、（　　）。

4. 采用什么方法可以消除一部分仪器下沉的误差？

5. 采用什么方法可以减弱水准尺下沉的影响？

6. 气候的影响也给水准测量带来误差，为了防止日光暴晒，晴天观测时应给仪器撑伞保护。（　　）是最理想的观测天气。

❖ **任务实施**（表2-19～表2-21）

仪器检查记录表　　　　　　　　　　　　　　　表2-19

序号	检查内容	检查结果		备注
		是	否	
1	仪器部件及附件是否齐全			
2	仪器各轴转动是否灵活，无杂声			
3	各螺旋是否正常工作			
4	物镜、目镜有无裂纹或是否清晰			
5	脚架和仪器的连接螺旋是否配套			
6	仪器箱锁、提手是否牢固			
7	标尺无弯曲			
8	标尺刻度是否清晰			
9	圆水准器轴是否平行于纵轴			
10	十字丝横丝是否垂直纵轴			

五等水准测量记录表　　　　　　　　　　　　表 2-20

测站	点号	水准尺读数		测站高差	备注
		后视读数	前视读数		
1					
2					
3					
4					
检核	测段 $A{\rightarrow}B$	$\sum a_i =$	$\sum b_i =$	$\sum h_i =$	
1					
2					
3					
4					
检核	测段 $B{\rightarrow}C$	$\sum a_i =$	$\sum b_i =$	$\sum h_i =$	
1					
2					
3					
4					
检核	测段 $C{\rightarrow}D$	$\sum a_i =$	$\sum b_i =$	$\sum h_i =$	
1					
2					
3					
4					
检核	测段 $D{\rightarrow}A$	$\sum a_i =$	$\sum b_i =$	$\sum h_i =$	

闭合水准路线平差及高程计算表　　　　　　　　　　　　表 2-21

点号	测段长（km）	实测高差（m）	改正数（mm）	改正后高差（m）	高程（m）
辅助计算					

❖ **任务活动总结（表 2-22）**

闭合水准路线测量及成果处理　　　　　　　　　　　　表 2-22

序号	实施步骤	是否完成	是否存在疑问	是否解决
1	布设水准路线			
2	外业观测			
3	平差及高程计算			
4	误差分析			

学生签名：

任务完成情况自评：（A、B、C、D、E）

注：等级评价为 A、B、C、D、E 五级，在评价的等级符号上画圈。

任务4　附合水准路线测量及成果处理

❖ **任务描述**

在完成附合水准路线外业测量的基础上，进行内业平差计算，由已知水准点高程，求解另两个待求水准点高程，测量精度按五等水准测量执行，完成表 2-23～表 2-24。

❖ **任务步骤分解**

☞ 步骤1：整理外业测量数据

外业测量完成后，能够填写的数据为（　　　）

A. 点名　　　　　　　B. 测段长度　　　　　　C. 改正数　　　　　　D. 观测高差

E. 已知点高程　　　F. 未知点高程　　　G. 绘制线路图

☞ 步骤2：计算高差闭合差

1. 附合水准路线高差闭合差公式是（　　　）。

2. 水准路线闭合差允许值公式是（　　　）。

3. 闭合差在允许值范围之外需要（　　　）。

☞ 步骤3：计算高差改正数

1. 观测高差改正数公式为（　　　）。

2. 高差闭合差调整的原则和方法，是按与测站数或测段长度成正比例的原则，将高差闭合差（　　）分配到各相应测段的高差上。

3. 改正数总和等于（　　）。

☞ 步骤4：计算改正后高差

对于附合水准路线，改正后高差之和等于（　　）。

☞ 步骤5：计算待求点高程

高程计算公式是（　　）。

❖ 任务实施

附合水准路线平差及高程计算表　　　　　　　表 2-23

点号	测段长（km）	实测高差（m）	改正数（mm）	改正后高差（m）	高程（m）
辅助计算					

❖ 任务活动总结

附合水准路线成果处理　　　　　　　表 2-24

序号	实施步骤	是否完成	是否存在疑问	是否解决
1	整理外业测量数据			
2	计算高差闭合差			
3	计算高差改正数			
4	计算改正后高差			
5	计算待求点高程			

学生签名：

任务完成情况自评：（A、B、C、D、E）

注：等级评价为 A、B、C、D、E 五级，在评价的等级符号上画圈。

任务 5　四等水准测量（全国职业院校技能大赛工程测量赛项）

❖ 任务描述

（竞赛试题）在某闭合水准路线中，已知 A 点高程，测算 B、C 和 D 点的高程，技术要求按《国家三、四等水准测量规范》GB/T 12898—2009、《工程测量标准》GB 50026—2020 执行。

上交成果：包括观测手簿、高程误差配赋表和高程点成果表。

❖ 任务步骤分解

☞ 步骤1：第1测站

1. 视距小于或等于（　　　　）。

2. 前后视距差小于（　　　　）。

3. 每个测段的测站数须为（　　　　）

A. 奇数　　　　　　　　　B. 偶数　　　　　　　　　C. 无要求

4. 四等水准测量的观测顺序为（　　　　）。

5. 观测员读取后视黑尺上（　　　　）读数，诵读给记录员。

A. 上丝　　　　　　　　　B. 下丝　　　　　　　　　C. 中丝

6. 后视距＝（　　　　）。

7. 观测员读取后视红尺上（　　　　）读数，诵读给记录员。

A. 上丝　　　　　　　　　B. 下丝　　　　　　　　　C. 中丝

☞ 步骤 2：第 2 测站及以后各测站

1. 上一测站的前视点处的尺垫，在转站后（　　　　）移动。

A. 能　　　　　　　　　　B. 不能

2. 前一测站的后尺是下一测站的前尺，两个水准尺（　　　　）交换。

A. 能　　　　　　　　　　B. 不能

3. 四等水准测量视距累积差不超过（　　　　）。

☞ 步骤 3：测站计算与检核

1. 黑红（　　　　）面高差较差不超过（　　　　）。

2. 高差中数的计算公式是（　　　　）。（用任务实施中四等水准测量观测手簿的数字符号表示）

☞ 步骤 4：计算测段高差与测段长度

1. 测段高差＝（　　　　）。（用任务实施中四等水准测量观测手簿的数字符号表示）

2. 测段长度＝（　　　　）。（用任务实施中四等水准测量观测手簿的数字符号表示）

❖ **任务实施**（表 2-25、表 2-26）

四等水准测量观测手簿　　　　　　　　　　　　　　表 2-25

测站编号	后尺	下丝	前尺	下丝	方向及尺号	标尺读数		$K+$黑－红	高差中数	备注
		上丝		上丝		后视	前视			
	后距		前距			黑面	红面			
	视距差 d		$\sum d$							
1					后 K_1					
					前 K_2					
					后－前					$K_1=$
2					后 K_2					$K_2=$
					前 K_1					
					后－前					

测站编号	后尺	下丝	前尺	下丝	方向及尺号	标尺读数		$K+$黑$-$红	高差中数	备注
		上丝		上丝		后视	前视			
	后距		前距			黑面	红面			
	视距差 d		$\sum d$							
3					后 K_1					
					前 K_2					
					后一前					
4					后 K_2					
					前 K_1					
					后一前					
检查计算										

高差误差配赋表　　　　　　　　　　　　　　　　表 2-26

点号	测段长（km）	实测高差（m）	改正数（mm）	改正后高差（m）	高程（m）
辅助计算					

❖ **任务活动总结（表2-27、表2-28）**

四等水准测量外业实施　　　　　　　　　　　　　表 2-27

序号	实施步骤	是否完成	是否存在疑问	是否解决
1	第1测站			
2	第2测站及以后各测站			
3	测站计算与检核			
4	计算测段高差与测段长度			

学生签名：

任务完成情况自评：（A、B、C、D、E）

注：等级评价为 A、B、C、D、E 五级，在评价的等级符号上画圈。

学号_____　姓名_____　分数_____

试题名称：安置水准仪并读出塔尺读数　　　　　　　　　　考核时间：5min

序号	考核内容	评分要素	配分	评分标准	检测结果	扣分	得分	备注
1	准备工作	检查设备、工具	2	未检查不得分				
2	选择位置	在目标附近选择平整坚实的地面，仪器架设在安全适宜的地方	8	随意架设仪器不得分； 地面不坚实扣 4 分； 仪器未放置在安全适宜的地方扣 4 分				
3	支架	根据风力或身高确定架设高度，安置时注意架头大致水平，用脚踩实架腿，将仪器放到架头上，拧紧固定螺旋	29	架设高度不合适扣 5 分； 安置时未注意架头大致水平扣 7 分； 架腿未踩实扣 7 分； 未将仪器放到架头上扣 5 分； 未拧紧固定螺旋扣 5 分				
4	整平	调整脚螺旋使仪器水准气泡居中，旋转仪器照准部，直至确定仪器无论旋转到什么位置气泡都居中为止	30	未调节脚螺旋使仪器水准气泡居中扣 10 分； 未旋转照准部进行检查扣 10 分； 调节后水准气泡仍未居中扣 10 分				
5	读数	调整目镜，读出塔尺读数，并记录	16	未要求塔尺立直扣 7 分； 读数错误扣 7 分； 未记录或记录错误扣 2 分				
6	仪器装盒收仪器架	操作结束后，应把仪器装盒并收好仪器架	15	未把镜头拧下即装盒扣 7 分； 未把架腿收好扣 5 分； 摆放不整齐扣 3 分				
7	安全文明操作	按国家或企业颁发有关规定执行操作		每违反一项规定从总分中扣 5 分； 严重违规取消考核				
8	考核时限	在规定时间内完成		到时停止操作考核				
	合计		100					

Chapter 03

教学单元3

角度测量

项目描述

在实际工程中，需要进行平面控制测量或根据地面两个已知控制点来测量某一桩基础中心与控制线之间的水平角度的工作。角度是施工测量及点位测设的基本指标。

通过本项目的学习可以完成使用电子经纬仪进行水平角、竖直角的观测，并判断其角度测量的误差来源与消减办法。

知识目标

1. 理解水平角、竖直角的测量原理。
2. 掌握电子经纬仪的使用方法。
3. 掌握水平角的测量方法和计算。
4. 掌握竖直角的测量方法和计算。
5. 了解经纬仪的检验与校正的基本方法。
6. 了解角度测量的误差来源与消减办法。

能力目标

1. 能够正确操作电子经纬仪。
2. 能够独立使用电子经纬仪进行水平角观测，完成计算并满足精度要求。
3. 能够独立使用电子经纬仪进行竖直角观测，完成计算并满足精度要求。

知识点 1 电子经纬仪的认识与使用

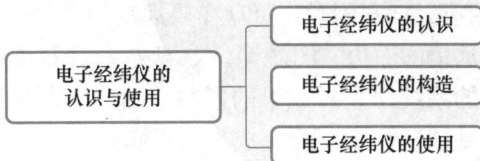

电子经纬仪的认识与使用 ── 电子经纬仪的认识

电子经纬仪的构造

电子经纬仪的使用

3.1.1 电子经纬仪的认识

世界上第一台电子经纬仪于 1968 年研制成功，但直到 20 世纪 80 年代才生产出商品化的电子经纬仪。电子经纬仪是在光学电子经纬仪的基础上研制开发的新一代测角仪器。它的整体结构与光学电子经纬仪有许多相似之处。主要区别在于在度盘上读取信号不同，读数系统不同。

电子经纬仪测角是观测者从度盘上取得电信号（光栅度盘测角），被接收器接收。利用转换器把电信号再转换成角度并自动以数字的方式输出，直接显示在显示屏上，自动计算、储存。

电子经纬仪测角根据度盘取得电信号的方式不同，可分为光栅度盘测角系统、编码度盘测角系统和电栅度盘测角系统等。其特点之一在于采用电子测角将角度的电信号直接输入存储器，自动显示测量结果，实现了测角自动化、数字化，避免了读数误差，提高了工作效率。另外，它拥有测距仪接口（与该电子经纬仪的生产厂家生产的测距仪联机），可以组成全站型电子测速仪，将测距仪的测距显示在显示屏上。其电子手簿接口可以将外业观测数据输入计算机，实现数据处理和绘图自动化。

3.1.2 电子经纬仪的构造

电子经纬仪的种类很多，各种型号的基本结构大致相同。现以 DT 系列激光电子经纬仪为例进行介绍，有一点需说明，仅在仪器型号后面缀有字母 L 的 DT00 系列电子经纬仪，如 DT302L 才具有激光下对点器，如图 3-1、图 3-2 所示。

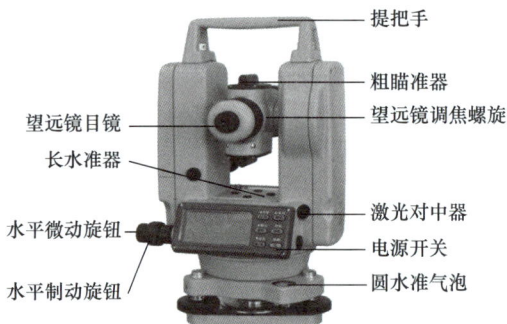

图 3-1　电子经纬仪器正面

提把手
粗瞄准器
望远镜目镜
望远镜调焦螺旋
长水准器
水平微动旋钮
水平制动旋钮
激光对中器
电源开关
圆水准气泡

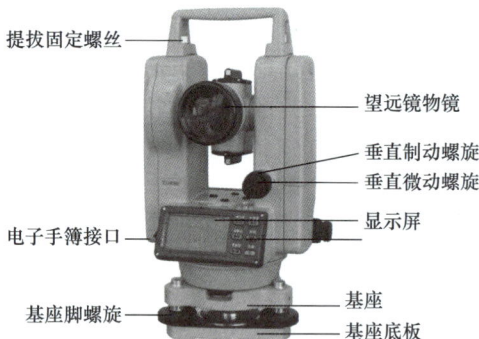

图 3-2　电子经纬仪背面

提拔固定螺丝
望远镜物镜
垂直制动螺旋
垂直微动螺旋
电子手簿接口
显示屏
基座脚螺旋
基座
基座底板

DT 系列激光电子经纬仪采用光栅增量式数字角度测量系统，使用微型计算机技术进行测量、计算、显示、存储等，可以同时显示水平角、垂直角测量结果，还可以进行角度、坡度等多种模式的测量。该仪器水平、竖直角度显示的读数分辨率为 $1''$。

"盘左"是指观测者用望远镜观测时，竖盘在望远镜的左边；"盘右"指的是观测者用望远镜观测时，竖盘在望远镜的右边（图 3-3）。取盘左和盘右读数的平均数作为观测值，可以有效地消除仪器相应的系统误差对成果的影响。因此，在进行水平和竖直角观测时，要在完成盘左观测之后转动望远镜 180°再完成盘右观测。

(a) (b)

图 3-3　盘左盘右示意图

(a) 盘左观测；(b) 盘右观测

3.1.3　电子经纬仪的使用

1. 电池

（1）电池装卸。

取下电池盒时，按下电池盒顶部的按钮，顶部朝外、向上将电池盒取出。安装电池盒时，先将电池盒底部凸起插入仪器上的凹槽中，按压电池盒顶部按钮，使其卡入仪器中固定归位。

（2）电池信息。

新电池充满电时可供仪器使用 8～10 小时。显示屏右下角的符号$\blacktriangleleft$电量显示电池电量的消耗信息，电池电量的消耗情况如下。

$\blacktriangleleft$电量 $\blacktriangleleft$电量：电量充足，可操作使用。

$\blacktriangleleft$电量：刚出现此信息时，表示尚有少量电源，应准备随时更换电池或充电后再使用。

$\blacktriangleleft$电量闪烁到消失：从闪烁到缺电关机大约可持续几分钟，应立即结束操作更换电池并充电。

（3）电池充电。

本机使用的是 10A，NiMH 高能可充电电池，请用 10A 专用充电器充电。

充电时先将充电器接好 220V 的电源，电源红灯亮，从仪器上取下电池盒，将充电器插头插入电池盒的充电插孔，充电器上的充电灯为红色，则表示正在充电，充电 6 小时或充电灯转为绿色时表示充电结束，拔出插头。

2. 键盘符号与功能

如图 3-4 所示，本仪器键盘具有一键双重功能，一般情况下仪器执行按键上所标示的第一（基本）功能，当按下切换键后再按其余各键，则执行按键上方面板上所标示的第二（扩展）功能。

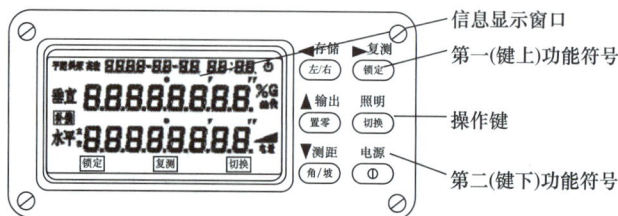

图 3-4　键盘符号

左旋/右旋水平角选择键：连续按此键，两种角值交替显示。长按（3s）后，此时有激光对中器功能的仪器激光点亮起，再长按（3s）后光熄灭。存储键：切换模式下按此键，当前角度闪烁两次，当前角度数据将存储到内存中。在特种功能模式中按此键，显示屏中的光标左移。

水平角锁定键：按此键两次，水平角锁定；再按一次则解除。长按（3s）后，此时是激光经纬仪的仪器，激光指向功能亮起。再长按（3s）后熄灭。切换模式下按此键进入复测状态。在特种功能模式中按此键，显示屏中的光标右移。

水平角置零键：按此键两次，水平角置零。输出键：切换模式下按此键，输出当前角度到串口，也可以令电子手簿执行记录。减量键：在特种功能模式中按此键，显示屏中的光标可向上移动或数字向下减少。增量键：在特种功能模式中按此键，显示屏中的光标可向上移动或数字向上增加。

角/坡：竖直角和斜率百分比显示转换键。连续按此键交替显示。测距键：在切换模式下，按此键每秒跟踪测距一次，精度至 0.01m（连接测距仪有效）。连续按此键则交替显示斜距、平距、高差、角度。减量键：在特种功能模式中按此键，显示屏中的光标可向下移动或数字向下减小。

模式转换键：连续按键，仪器交替进入一种模式，分别执行键上或面板标示功能。在特种功能模式中按此键，可以退出或者确定。照明键：望远镜十字丝和显示屏照明键。长按（3s）切换开灯照明；再长按（3s）则关。

电源开关键：按键开机；按键大于 2s 则关机。

3. 操作键

按键	功能1	功能2
◀存储 (左/右)	水平角右旋增量或左旋增量	测量数据存储
▶复测 (锁定)	水平角锁定	重复测角测量
▲输出 (置零)	水平角清零	测量数据串口输出
照明 (切换)	第二功能选择	显示器照明和分划板照明
▼测距 (角/坡)	垂直角/坡度角百分比	斜/平/高 距离测量
电源 (①)	电源开关	

图 3-5　操作键

4. 测量准备

电子经纬仪的使用包括安置电子经纬仪、瞄准和读数等工作。角度测量时，首先要在测站上安置电子经纬仪，即进行对中和整平。对中的目的是使仪器中心（或水平度盘中心）与测站点的标志中心位于同一铅垂线上，整平是为了使水平度盘处于水平位置。由于电子经纬仪的对中设备不同，对中和整平的方法步骤也不一样，现分述如下。

3-1动画
对中整平

电子经纬仪的操作步骤为：对中→整平→精确对中整平→瞄准→读数。

（1）对中。

① 架设三脚架。将三脚架伸到适当高度，确保三条腿等长、打开，并使三脚架顶面近似水平，且位于测站点的正上方。将三脚架腿支撑在地面上，使其中一条腿固定。

② 安置仪器和对点。将仪器小心地安置到三脚架上，拧紧中心连接螺旋，打开激光对点器。双手握住另外两条未固定的架腿，通过对激光对点器光斑的观察调节两条腿的位置。当激光对点器光斑大致对准测站点时，使三脚架三条腿均固定在地面上。调节电子经纬仪的三个脚螺旋，使激光对点器光斑精确对准测站点。

（2）整平。

① 利用圆水准器粗平仪器。调整三脚架三条腿的高度，使电子经纬仪圆水准气泡居中。原则上气泡在哪方说明哪方偏高，应向下落架腿，反之则升架腿。

② 利用管水准器精平仪器。松开水平制动螺旋，转动仪器，使管水准器平行于某一对角螺旋 1、2 的连线；通过旋转角螺旋 1、2，使管水准气泡居中。将仪器旋转 90°，使其垂直于角螺旋 1、2 的连线；旋转角螺旋 3，使管水准气泡居中，如图 3-6 所示。

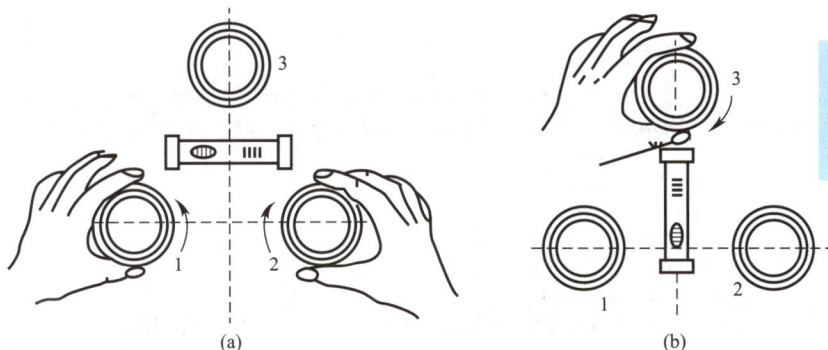

3-2动画
仪器调平-
精平

图 3-6　精平

（3）精确对中整平。

通过对激光对点器光斑的观察，轻微松开中心连接螺旋，平移仪器（不可旋转仪器），使仪器精确对准测站点。再拧紧中心连接螺旋，再次精平仪器。重复此项操作，直至仪器精确整平对中为止。

关闭激光对点器。

（4）瞄准。

① 取下望远镜镜盖。

② 将望远镜对准天空，通过望远镜观察，调整目镜旋钮，使分划板十字丝最清晰。

• 观察目镜时，眼睛应放松，以免产生视差和眼睛疲劳。当光亮度不足难以看清十字丝时，长按切换键照明。

③ 用粗瞄准器的准星对准目标。

④ 调整望远镜调焦旋钮，直至看清目标。

⑤ 旋紧水平与垂直制动旋钮，微调两微动旋钮，将十字丝中心精确照准目标，此时眼睛左右上下轻微移动观察，若目标与十字丝两影像间有相对移位现象，则应该再微调望远镜调焦旋钮，直至两影像清晰且相对静止。

（5）读数。

根据测量的要求选择相对应的角度值。仪器操作步骤如图 3-7 所示。

按住[电源]键至显示屏显示全部符号，电源打开。	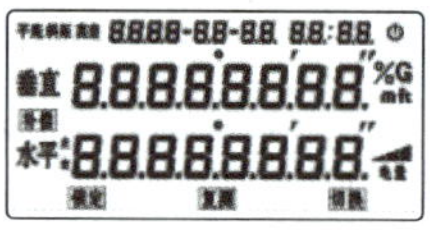
2秒后显示出水平角值，即可开始测量水平角。	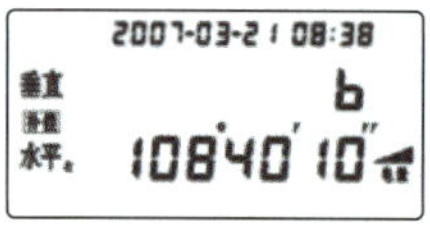
按[电源]键大于2秒至显示屏显示OFF符号后松开，显示内容消失，电源关闭。	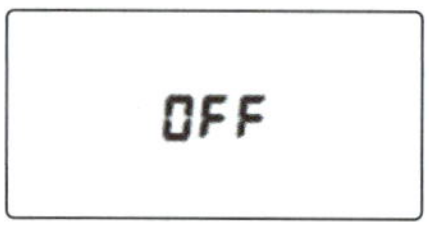

• 开启电源显示的水平角为仪器内存的原角值，若不需要此值时，可用“水平角置零”
• 若设置了“自动断电”功能，30或10分钟内不进行任何操作，仪器会自动关闭电源并将水平角自动存储起来。

操作	显示
开启电源后如果显示“b”，提示仪器的竖轴不垂直，将仪器精确置平后“b”消失。 仪器精确置平后开启电源，直接显示竖盘角值。 当望远镜通过水平视线时将指示竖盘指标归零，显示出竖盘角值。仪器可以进行水平角及竖直角测量。	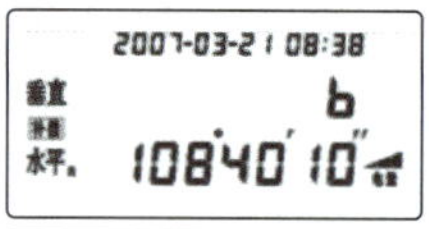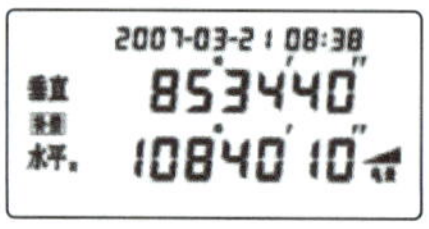

• 采用了竖盘指标自动补偿归零装置的仪器，当竖轴不垂直度超出设计规定时，竖盘指标将不能自动补偿归零，仪器显示“b”，将仪器重新精确置平待“b”消失后，仪器方恢复正常。
• 若设置了“自动断电”功能，30或10分钟内不进行任何操作，仪器会自动关闭电源并将水平角自动存储起来。

图 3-7 仪器操作步骤

知识点 2　水平角测量

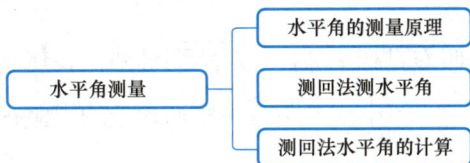

3.2.1　水平角的测量原理

地面上一点到两个目标点的方向线垂直投影到水平面上所形成的角称为水平角，用 β 表示。

如图 3-8 所示，若 A、B、C 为地面上任意三点，B_1A_1、B_1C_1 分别为空间直线 BA、BC 在水平面上的投影，$\angle A_1B_1C_1=\beta$，则 β 就是由 BA、BC 两方向线构成的水平角。也就是说，地面上任意两方向间的水平角是通过这两个方向的竖直面之间的二面角。水平角的取值范围为 $0°\sim360°$。

为了测定水平角 β，可以设想在 B 点上方安置一个水平的带有顺时针刻画、注记的圆盘，即水平度盘，并使其圆心 O 在过 B 点的铅垂线上，直线 BC、BA 在水平度盘上的投影分别为 Om、On。此时，若能读出 Om、On 在水平度盘上的读数 m 和 n，水平角 β 就等于 m 减 n，用公式表示为

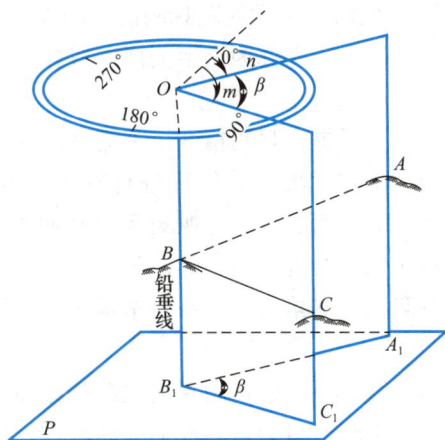

图 3-8　水平角的测量原理

$\beta=$ 右目标读数 $m-$ 左目标读数 n

当 β 小于 $0°$时，应加 $360°$，得到最终的水平角数值。

由此可知，用于测量水平角的仪器，必须有一个能水平安置且能使其中心处于过测站点铅垂线上的水平度盘、一套能精确读取度盘读数的装置、一套不仅能上下转动成竖直面，还能绕铅垂线水平转动的照准设备——望远镜。

3.2.2　测回法测水平角

1. 安置仪器

将仪器在测站点上安置好，仪器开机，长按（超过 3 秒）复测锁定键，激光被点亮；再长按锁定键（超过 3 秒），激光被关掉。

开启激光对中后，对仪器进行整平。

！注意安全。

> • 激光对人眼有伤害！切勿用眼睛直接观看激光光源！

仪器初始化后，显示角度测量模式。（显示屏水平角度值显示为水平右 XXX°XX′XX″）。

2. 水平角置"0"（置零）

将望远镜十字丝中心照准目标 A 后，按 置零 键两次，使水平角读数为"0°00′00″"。如：照准目标 A，水平角显示为 50°10′20″ →按两次 置零 键→显示目标 A 的水平角为 0°00′00″。

3. 盘左观测

用望远镜十字丝交点照准目标点 A 后，旋紧水平制动螺旋，按 置零 键，使水平度盘读数为水平左 0°00′00″，即表示目标点 $A_左$ 方向读数为 0°00′00″，$a_左 = 0°00′00″$；转动水平制动螺旋，顺时针方向转动照准部，用十字丝交点照准目标点 B，读取水平度盘读数为 $b_左$，此时显示为盘左观测的 $\angle AOB$ 的角值。

以上步骤称为上半测回（或盘左半测回），测得角值为

$$\beta_左 = b_左 - a_左$$

为了提高观测精度，常需观测多个测回；为了减弱度盘分划误差的影响，各测回应均匀分配在度盘不同位置进行观测。若要观测 n 个测回，则每测回起始方向读数应递增 $180°/n$。例如当需要观测 3 个测回时，每测回应递增 $180°/3 = 60°$，即每测回起始方向读数应依次配置在 00°00′、60°00′、120°00′或稍大的读数处。当测回差满足限差要求时，取各测回平均角值作为本测站水平角观测成果。

4. 盘右观测

倒转望远镜，用望远镜精确瞄准 B 点，旋紧水平制动螺旋，读取水平度盘读数 $b_右$，记入观测手簿。转动水平制动螺旋，逆时针方向转动照准部，精确照准目标点 A，读取水平度盘读数为 $a_右$，记入观测手簿。

以上步骤称为下半测回（或盘右半测回），测得角值为

$$\beta_右 = b_右 - a_右$$

成果检核方法与光学经纬仪观测水平角的成果检核方法相同。

水平角的观测方法一般应根据照准目标的多少而定，常用的有测回法和方向观测法。

3-3微课
水平角测量

上、下两个半测回称为一个测回，当两个"半测回"角值之差不超过限差要求时，取其平均值作为一测回观测成果，即：

$$\beta = \frac{1}{2}(\beta_左 + \beta_右)$$

3.2.3 测回法水平角的计算

【例 3-1】 测回法测两个测回的记录如表 3-1 所示，请计算相应角度。

水平角观测手簿（测回法）　　　　　　　表 3-1

测站	测回	竖盘位置	目标	水平度盘读数 (° ′ ″)	半测回角值 (° ′ ″)	一测回角值 (° ′ ″)	各测回平均角值 (° ′ ″)	备注
O	1	左	A	0 02 18	79 22 24	79 22 18	79 22 23	
			B	79 24 42				
		右	A	180 02 24	79 22 12			
			B	259 24 36				
O	2	左	A	90 02 24	79 22 36	79 22 27		
			B	169 25 00				
		右	A	270 02 30	79 22 18			
			B	349 24 48				

注：表中两个半测回角值差及各测回角值之差均不超过限值。

解题过程如下：

第一测回：

上半测回角值 $\beta_1 = 79°24'42'' - 0°02'18'' = 79°22'24''$

下半测回角值 $\beta_2 = 259°24'36'' - 180°02'24'' = 79°22'12''$

$|\beta_1 - \beta_2| \leqslant$ 限差，则第一测回 $\beta = 79°22'18''$

第二测回：

上半测回角值 $\beta_1 = 169°25'00'' - 90°02'24'' = 79°22'36''$

下半测回角值 $\beta_2 = 349°24'48'' - 270°02'30'' = 79°22'18''$

$|\beta_1 - \beta_2| \leqslant$ 限差，则第二测回 $\beta = 79°22'27''$

若第一测回与第二测回差值满足限差要求，则两个测回平均角值为（$79°22'18'' +$ $79°22'27''$）/2 ≈ $79°22'23''$

知识点 3　竖直角测量

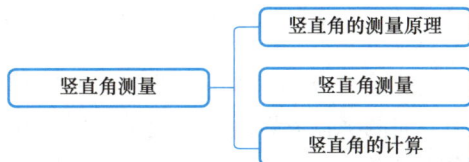

3.3.1　竖直角的测量原理

竖直角就是测站点到目标点的视线与水平线间的夹角，用 α 表示。如图 3-9 所示，视线 AB 与水平线 AB' 的夹角 α，为 AB 方向线的竖直角。其角值从水平线算起，向上为正，称为仰角；向下为负，称为俯角，范围为 $0° \sim \pm 90°$。

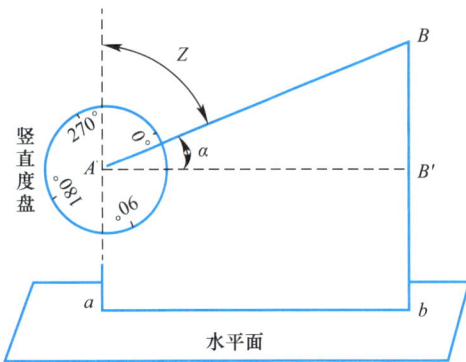

图 3-9 竖直角的测量原理

视线与测站点天顶方向之间的夹角称为天顶距。图 3-9 中以 Z 表示，其数值为 $0°\sim180°$，均为正值。它与竖直角存在如下关系：

$$\alpha = 90° - Z \qquad (3\text{-}1)$$

为了观测天顶距或竖直角，电子经纬仪上必须装置一个带有刻划注记的竖直圆盘，即竖直度盘，该度盘中心在望远镜旋转轴上，并随望远镜一起上下转动；竖直度盘的读数指标线与竖盘标准水准管相连，当该水准管气泡居中时，指标线处于某一固定位置。显然，照准轴水平时的度盘读数与照准目标时度盘读数之差，即为所求的竖直角。

3.3.2 竖直角测量

1. 安置仪器

将仪器在测站点上安置好，仪器开机后长按（超过 3s）复测锁定键，激光被点亮，开启激光对中后，整平仪器。仪器初始化后，显示角度测量模式。竖直角测量模式自动显示为天顶距模式，天顶为 0°。

目前生产的电子经纬仪都采用了竖盘指标自动补偿归零装置，多为天顶距式顺时针注记的竖盘，一般情况下，选择右旋，使之顺时针注记。

3-4微课
竖直角测量

2. 盘左观测

用盘左（正镜）位置瞄准目标点 A，使十字丝中横丝精确对准目标的指定位置，读取竖盘的盘左读数 L 并记入手簿，即为上半测回。

3. 盘右观测

纵转望远镜，在盘右（倒镜）位置瞄准目标点的相同位置，读取盘右读数 R。

3.3.3 竖直角的计算

1. 竖直角计算

竖直角是测站点到目标点的倾斜视线和水平视线之间的夹角，因此，与水平角计算原理一样，竖直角也应是两个方向的竖盘读数之差；但是，由于视线水平时的竖盘读数为一个常数（90°的整倍数），故进行竖直角测量时，只需读取目标方向的竖盘读数，作为一个常数（90°的整倍数），便可根据不同度盘注记形式相对应的计算公式计算出所测目标的竖直角。

竖盘注记形式很多，设望远镜视线水平时，其竖盘盘左为 L_0，盘右时的读数为 R_0；望远镜照准目标时、盘左、盘右竖盘读数分别为 L 和 R。图 3-10 的上半部分为盘左时的三种情况，如果指标线的位置正确，当视线水平且竖盘指标水准管气泡居中时，读数 $L_0 =$ 90°。当视线向上倾斜时，竖直角为仰角，读数减小；当视线向下倾斜时，竖直角为俯角，

读数增大。因此，盘左时竖直角应为视线水平时的读数减照准目标时的读数，即：

$$\alpha_{左} = L_0 - L = 90° - L \tag{3-2}$$

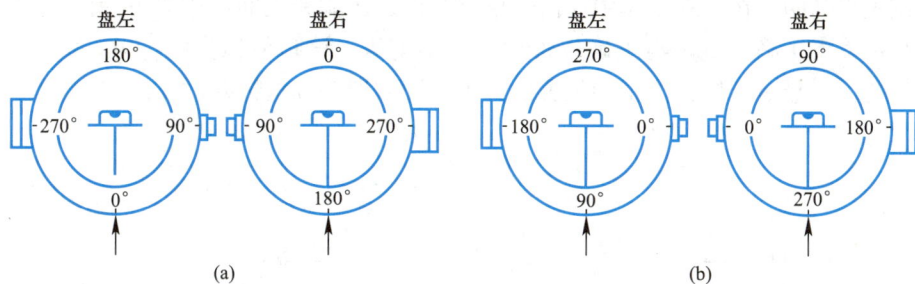

图 3-10　竖盘注记形式

如图 3-11 所示，下半部分是盘右时的三种情况，视线水平时读数 $R_0 = 270°$，当竖直角为仰角时，读数增大；当竖直角为俯角时，读数减小。因此，盘右时竖直角应为照准目标时的读数减视线水平时的读数，即：

$$\alpha_{右} = R - R_0 = R - 270° \tag{3-3}$$

图 3-11　竖直角读数

为了提高精度，盘左、盘右取中数，则竖直角计算公式为

$$\alpha = \frac{1}{2}(\alpha_{左} + \alpha_{右}) = \frac{1}{2}(R - L - 180°)$$

计算结果为"＋"时，α 为仰角；计算结果为"－"时，α 为俯角。

根据上述公式的推导，可得竖直角计算公式的通用判别法如下：

① 仪器在盘左位置，使望远镜大致水平，确定视线水平时的读数 L_0；

② 将望远镜缓慢上扬，观察读数变化情况，若读数减小，则 $\alpha_{左} = L_0 - L$；若读数增大，则 $\alpha_{左} = L - L_0$；

③ 同理，确定盘右读数和竖盘角的关系；

④ 取盘左、盘右的平均值即可得出竖直角计算公式。

2. 竖盘指标差

上述竖直角计算公式的推导条件，是假定视线水平，竖盘指标水准管气泡居中，读数指标线位置正确的。在实际工作中，由于仪器制作、运输和长期使用等方面的原因，读数指标线往往偏离正确位置，与正确位置相差一小角值，该角值称为指标差，如图 3-12 所示。也就是说，竖盘指标偏离正确位置而产生的读数误差称指标差。

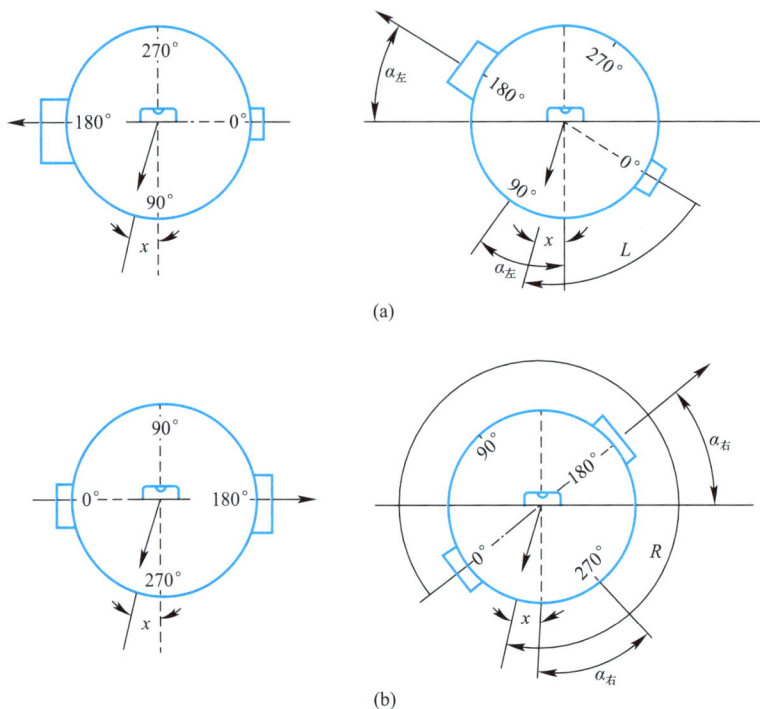

图 3-12　读数、竖直角和指标差的关系
（a）盘左；（b）盘右

指标差 x 对竖直角的影响从图 3-12 中可以看出。

盘左时，角值为：

$$\alpha_{左} = (90° + x) - L$$

盘右时，角值为：

$$\alpha_{右} = R - (x + 270°)$$

两式相加取平均值得：

$$\alpha = \frac{1}{2}(R - L - 180°)$$

两式相减得：

$$x = \frac{1}{2}(R + L - 360°) \tag{3-4}$$

式（3-4）即为竖盘指标差的计算公式。

通过上述分析可得到如下结论：

（1）从式可以看出，用盘左、盘右观测取平均值可抵消指标差的影响。

（2）当只用盘左或盘右观测时，应在计算竖直角时加入指标差改正，即按式（3-4）求得 x 后，再按式（3-2）或式（3-3）计算竖直角。计算时 x 应带有正负号。

（3）指数差 x 的值有"＋"有"－"，当指标线沿度盘注记方向偏移时，则 x 为"＋"，反之为"－"。

【例 3-2】　观测一高处目标的竖直角，盘左时读数为 $81°47'36''$，盘右时读数为 $278°11'30''$，根据公式可得：

$$\alpha = \frac{1}{2}(\alpha_左 + \alpha_右) = \frac{1}{2}(R - L - 180°)$$

$$= \frac{1}{2} \times (278°11'30'' - 81°47'36'' - 180°)$$

$$= +8°11'57''$$

其指标差为：

$$x = \frac{1}{2}(R + L - 360°)$$

$$= \frac{1}{2}(81°47'36'' + 278°11'30'' - 360°)$$

$$= -0°00'27''$$

【例 3-3】　观测一低处目标的竖直角，盘左时读数为 $96°26'42''$，盘右时读数为 $263°34'06''$，根据公式可得：

$$\alpha = \frac{1}{2}(\alpha_左 + \alpha_右) = \frac{1}{2}(R - L - 180°)$$

$$= \frac{1}{2} \times (263°34'06'' - 96°26'42'' - 180°)$$

$$= -6°26'18''$$

以下为竖直角记录，计算各式见表 3-2。

竖直角观测手簿

表 3-2

仪器：　　　　　　测站：O　　　　　　日　　期：20　年　月　日

天气：晴　　　　　观测者：

成像：清晰　　　　记录者：

测站	目标	竖盘位置	竖盘读数 (° ′ ″)	半测回竖直角 (° ′ ″)	指标差 (″)	一测回竖直角	仪器高 (m)	觇标高 (m)	照准部位
O	A	左	81 47 36	+8 12 24	−27	+8 11 57	1.53	1.78	花杆顶部
		右	278 11 30	+8 11 30					
	C	左	96 26 42	−6 26 42	+24	−6 26 18	1.53	2.22	旗杆顶部
		右	263 34 06	−6 25 54					

在一个测站的观测过程中，其指标值应该是固定值，但受外界条件和观测误差的影响，各方向的指标差值往往不相等，为了保证观测精度，需要规定指标变化的限差，对 DJ6 型经纬仪一般有以下规定：

同一测回中，各方向指标差互差不超过 24″；同一方向各测回竖直角互差不超过 24″。

若指标差互差和竖直角互差符合要求，则取各测回同一方向竖直角的平均值作为各方向竖直角的最后结果。

3. 竖直角观测

竖直角观测一测回的操作步骤如下：

（1）将经纬仪安置在测站点上，经对中整平后，量取仪器高（测站点标志仪器竖盘中心的高度）。

（2）用盘左（正镜）位置瞄准目标点，使十字丝中横丝精确瞄准目标的指定位置，调节竖盘指标水准管微动螺旋，使竖盘指标水准管气泡严格居中，读取盘左读数 L 并记入手簿，即为上半测回。

（3）纵转望远镜，在盘右（倒镜）位置瞄准目标点相同位置，调节竖盘指标水准管微动螺旋，使竖盘指标水管气泡居中，读取盘右读数 R。

在一个测站的观测过程中，其指标值应该是固定值，但受外界条件和观测误差的影响，各方向的指标差值往往不相等，为了保证观测精度，需要规定指标变化的限差，对 DJ6 型经纬仪一般有以下规定：

同一测回中，各方向指标差互差不超过 24″；同一方向各测回竖直角互差不超过 24″。

若指标差互差和竖直角互差符合要求，则取各测回同一方向竖直角的平均值作为各方向竖直角的最后结果。

3.3.4　电子经纬仪注意事项

（1）阳光下测量应避免将物镜直接瞄准太阳。若在太阳下作业，应安装滤光器。

（2）避免在高温和低温下存放和使用仪器，亦应避免温度骤变（使用时气温变化除外）。

（3）仪器不使用时，应将其装入箱内，置于干燥处，注意防振、防尘和防潮。

（4）若仪器工作处的温度与存放处的温度差异太大，应先将仪器留在箱内，直到它适应环境温度后再使用仪器。

（5）仪器长期不使用时，应将仪器上的电池卸下分开存放。电池应每月充电一次。

（6）仪器运输应将仪器装于箱内进行，运输时应小心避免挤压、碰撞和剧烈振动，长途运输最好在箱子周围使用软垫。

（7）仪器安装至三脚架或拆卸时，要一只手先握住仪器，以防仪器跌落。

（8）外露光学件需要清洁时，应用脱脂棉或镜头纸轻轻擦净，切不可用其他物品擦拭。

（9）不可用化学试剂擦拭塑料部件及有机玻璃表面，可用浸水的软布擦拭。

（10）仪器使用完毕后，用绒布或毛刷清除仪器表面灰尘，仪器被雨水淋湿后，切勿通电开机，应及时用干净软布擦干并在通风处放一段时间。

（11）作业前应仔细全面检查仪器，确定仪器各项指标、功能、电源、初始设置和改正参数均符合要求时再进行作业。

（12）即使发现仪器功能异常，非专业维修人员不可擅自拆开仪器，以免发生不必要的损坏。

（13）当激光亮起时，不要用眼睛直视激光光源，以免伤害人的眼睛。

知识拓展

3-5 光学经纬仪　　　3-6 方向观测法　　　3-7 仪器误差

课后习题

1. 操作使用经纬仪进行水平角观测的程序是（　　）。

A. 对中、整平、瞄准、读数　　　　B. 整平、对中、读数、瞄准

C. 对中、瞄准、整平、读数　　　　D. 整平、瞄准、对中、读数

2. 水平角测量时，使圆水准器气泡居中用（　　）。

A. 制动螺旋　　　　　　　　　　　B. 微动螺旋

C. 脚螺旋　　　　　　　　　　　　D. 伸缩三脚架腿

3. 使用经纬仪时，使十字丝清晰应该调节（　　）。

A. 制动螺旋　　　　　　　　　　　B. 微动螺旋

C. 伸缩架腿或脚螺旋　　　　　　　D. 目镜调焦螺旋

4. 使用经纬仪时，使目标清晰应该调节（　　）。

A. 制动螺旋　　　　　　　　　　　B. 微动螺旋

C. 物镜调焦螺旋　　　　　　　　　D. 目镜调焦螺旋

5. 水平角是指：（　　）。

A. 两目标方向线的夹角

B. 一点到两目标的方向线垂直投影在水平面上的夹角

C. 两目标方向线间的夹角在竖直面内的投影

D. 两目标方向线间的夹角在水平面上的投影

6. 完成表 3-3 中的测回法观测水平角记录

水平角读数观测记录（测回法）　　　　　　　　　　　　　　表 3-3

测站	盘位	目标	水平度盘读数（°′″）	半测回角值（°′″）	一测回角值（°′″）	备注
O	左	A	0 01 12			
		B	196 16 12			
	右	A	180 01 30			
		B	16 16 24			

7. 完成表 3-4 中的测回法观测竖直角记录

竖直角读数观测记录（测回法）　　　　　　　　　表 3-4

测站	目标	竖盘位置	竖盘读数（°′″）	半测回竖直角（°′″）	指标差（″）	一测回竖直角（°′″）
A	B	左	75 36 24			
		右	284 23 26			
	C	左	84 12 36			
		右	275 47 48			

实训

任务 1　电子经纬仪认识与使用

❖ **任务描述**

架设、对中、整平电子经纬仪，并认识各部件名称以及作用。

❖ **任务步骤分解**

☞ 步骤 1：如图 3-13、图 3-14 所示，认识电子经纬仪各部分名称，并了解其用途

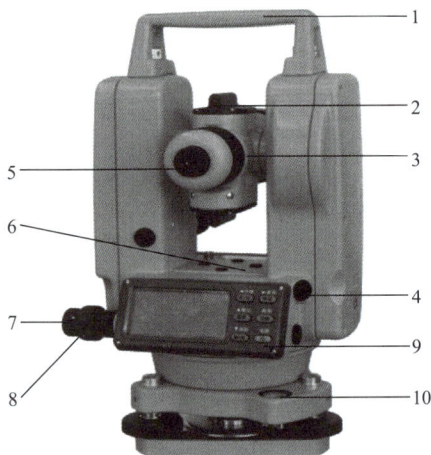

图 3-13　电子经纬仪正面

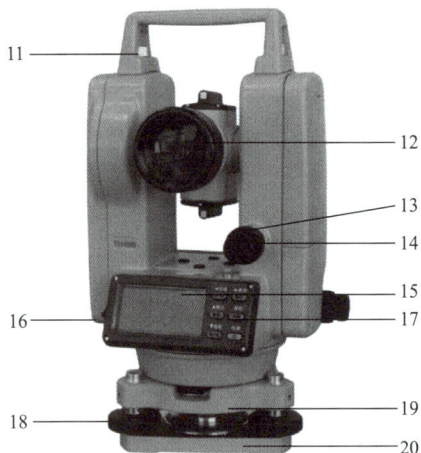

图 3-14　电子经纬仪背面

电子经纬仪主要由（　　）、（　　）和（　　）三部分组成。

☞ 步骤 2：指出电子经纬仪主要轴线

1. 电子经纬仪有哪些轴线？各轴线之间应满足什么几何条件？

2. 竖直角的取值范围是（　　），水平角的取值范围是（　　）。

3. 测回法测水平角时，适用于（　　）方向的观测。

4. 视准轴是指（　　）与（　　）的连线。转动目镜对光螺旋的目的是（　　）。

☞ 步骤 3：使用电子经纬仪（图 3-15）

图 3-15 　使用电子经纬仪

经纬仪的安置包括（　　）和（　　）两项工作。

❖ **任务实施**（表 3-5、表 3-6）

仪器检查记录表　　　　　　　　　　　　表 3-5

序号	检查内容	检查结果		备注
		是	否	
1	仪器部件及附件是否齐全			
2	仪器各轴转动是否灵活，无杂声			
3	各螺旋是否正常工作			
4	物镜、目镜有无裂纹或是否清晰			
5	脚架和仪器的连接螺旋是否配套			
6	仪器箱锁、提手是否牢固			
7	电子经纬仪显示屏是否破损			

电子经纬仪认识与使用情况表　　　　　　表 3-6

项目	要求	完成情况			备注
		顺利	有些困难	很难	
测前准备	检查电子经纬仪各项指标正常、电源电量充足				
安置仪器	进行对中、整平				
基本设置	基本参数设置正确				
字母含义	字母含义对应准确清晰				

❖ **任务活动总结**（表 3-7）

电子经纬仪的认识与使用任务完成清单　　　表 3-7

序号	实施步骤（简写）	是否完成	是否存在疑问	是否解决
1	认识电子经纬仪			
2	使用电子经纬仪			

学生签名：

任务完成情况自评：（A、B、C、D、E）

注：等级评价为 A、B、C、D、E 五级，在评价的等级符号上画圈。

任务 2 测回法测水平角

❖ **任务描述**

架设、对中、整平电子经纬仪，采用测回法测水平角。

❖ **任务步骤分解**

☞ 步骤 1：测水平角时电子经纬仪的操作过程

1. 测回法测量水平角时盘左（   ）时针旋转，盘右（   ）时针旋转。

2. 观测水平角时，用盘左、盘右观测取平均值是为了消除或减少（   ）和（   ）的影响。

3. 用测回法观测水平角，测完上半测回后，发现水准管气泡偏离 2 格多，在此情况下应（   ）。

A. 继续观测下半测回　　　　　　　　B. 整平后观测下半测回

C. 继续观测或整平后观测下半测回　　D. 整平后全部重测

4. 简述测回法测角（一测回）的外业操作过程。

☞ 步骤 2：水平角测量内业计算

完成表中的测回法观测水平角记录（表 3-8）。

水平角读数观测记录（测回法）　　　　　　　　表 3-8

测站	盘位	目标	水平度盘读数（°′″）	半测回角值（°′″）	一测回角值（°′″）	备注
O	左	A	0 01 12			
		B	196 16 12			
	右	A	180 01 30			
		B	16 16 24			

❖ **任务实施**（表 3-9～表 3-11）

水平角观测记录手簿　　　　　　　　表 3-9

仪器：_____　　　　站名：_____　　　　日期：_____

测站	盘位	目标	水平度盘读数（°′″）	半测回角值（°′″）	一测回角值（°′″）	备注
	左					
	右					

仪器检查记录表　　　　　　　　表 3-10

序号	检查内容	检查结果		备注
		是	否	
1	仪器部件及附件是否齐全			
2	仪器各轴转动是否灵活，无杂声			

序号	检查内容	检查结果		备注
		是	否	
3	各螺旋是否正常工作			
4	物镜、目镜有无裂纹或是否清晰			
5	脚架和仪器的连接螺旋是否配套			
6	仪器箱锁、提手是否牢固			
7	电子经纬仪显示屏是否破损			

测回法测水平角情况表　　　　　　　　　　　表 3-11

项目	要求	完成情况			备注
		顺利	有些困难	很难	
测前准备	检查电子经纬仪各项指标正常、电源电量充足				
安置仪器	进行对中、整平				
基本设置	基本参数设置正确				
读数并记录	读数准确、记录清晰				

❖ **任务活动总结（表 3-12）**

测回法测水平角完成清单　　　　　　　　　　表 3-12

序号	实施步骤（简写）	是否完成	是否存在疑问	是否解决
1	电子经纬仪的对中、整平			
2	测回法测水平角			

学生签名：

任务完成情况自评：（A、B、C、D、E）

　注：等级评价为 A、B、C、D、E 五级，在评价的等级符号上画圈。

任务 3　测量竖直角

❖ **任务描述**

架设对中整平电子经纬仪，测量竖直角。

❖ **任务步骤分解**

☞ 步骤 1：测量竖直角时电子经纬仪的操作过程

1. 经纬仪的安置包括（　　）和（　　）两项工作。

2. 观测竖直角时，用盘左、盘右观测取平均值是为了消除或减少（　　）和（　　）的影响。

3. 简述测竖直角（一测回）的外业操作过程。

☞ 步骤 2：竖直角测量内业计算

1. 完成表 3-13 中的观测竖直角记录。

竖直角读数观测记录　　　　　　　　　　表 3-13

测站	目标	竖盘位置	竖盘读数（°′″）	半测回竖直角（°′″）	指标差（″）	一测回竖直角（°′″）
A	B	左	75 36 24			
		右	284 23 26			
	C	左	84 12 36			
		右	275 47 48			

2. 经纬仪在盘左位置时将望远镜置平，使其竖盘读数为 90°，望远镜物镜抬高时读数减少，其左的竖直角公式为（　　　）。

A. $\alpha_左 = 90° - L$　　　B. $\alpha_左 = L - 90°$　　　C. $\alpha_左 = 180° - L$　　　D. $\alpha_左 = L - 180°$

3. 经纬仪测得某目标的数据如下：竖盘盘左读数为 92°37′48″，竖盘盘右读数为 267°22′24″，则该目标的竖直角为（　　　）。

❖ **任务实施**（表 3-14～表 3-16）

竖直角观测记录表　　　　　　　　　　表 3-14

日期：_____年___月___日　天气：_____　仪器型号：_____组号：_____

观测者：_____　记录者：_____　立测杆者：_____

测点	目标	竖盘位置	竖盘读数（°′″）	半测回竖直角（°′″）	指标差（″）	一测回竖直角（°′″）
		左				
		右				
		左				
		右				
		左				
		右				
		左				
		右				
		左				
		右				
		左				
		右				
		左				
		右				

仪器检查记录表　　　　　　　　　　表 3-15

序号	检查内容	检查结果		备注
		是	否	
1	仪器部件及附件是否齐全			
2	仪器各轴转动是否灵活，无杂声			
3	各螺旋是否正常工作			
4	物镜、目镜有无裂纹或是否清晰			
5	脚架和仪器的连接螺旋是否配套			
6	仪器箱锁、提手是否牢固			
7	电子经纬仪显示屏是否破损			

测回法测竖直角情况表　　　　　　表 3-16

项目	要求	完成情况			备注
		顺利	有些困难	很难	
测前准备	检查电子经纬仪各项指标正常、电源电量充足				
安置仪器	进行对中、整平				
基本设置	基本参数设置正确				
读数并记录	读数准确、记录清晰				

❖ 任务活动总结（表 3-17）

测量竖直角完成清单　　　　　　表 3-17

序号	实施步骤（简写）	是否完成	是否存在疑问	是否解决
1	电子经纬仪的对中、整平			
2	测量竖直角			

学生签名：_____

任务完成情况自评：（A、B、C、D、E）

注：等级评价为 A、B、C、D、E 五级，在评价的等级符号上画圈。

任务 4　轴线放样

❖ 任务描述

已知主轴线 H_1、H_3，图纸数据如图 3-16 所示，将电子经纬仪架设在 H_2 处，放样出 V_1、V_2 两点。

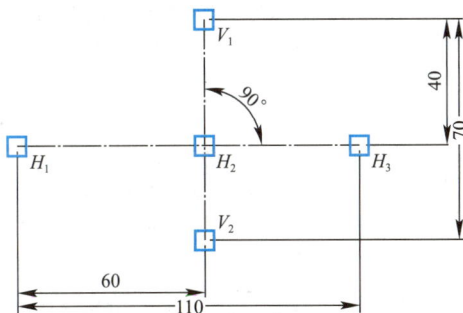

图 3-16　图纸

❖ 任务步骤分解

☞ 步骤 1：安置仪器

1. 经纬仪的安置包括（　　）和（　　）两项工作。

2. 对中的目的是（　　），整平的目的是（　　）。

☞ 步骤 2：放样 V_1 点方向

操作步骤如下：将电子经纬仪架设在点 H_2 处，盘左状态瞄准 H_1 点，置零，使水平度盘读数为 $0°00'00''$，然后旋转照准部，当水平度盘读数为 $90°$ 时，固定照准部，V_1 点即在此方向上。

☞ 步骤3：放样 V_1 点位置

沿视线方向量，用钢尺取 40m，钉上木桩，然后再准确量取 40m 钉上小钉，此为点 V_1。用同样的方法测设 V_2 点。

❖ 任务实施

1. 按规定完成相应的计算。

2. 放样时，在测站点安置仪器、定方向，至少用一个检查点检查定向。然后开始放样指定点。

3. 检查结束后应将仪器装箱，脚架、钢尺收好，上交成果，计时结束。

❖ 任务活动总结（表3-18、表3-19）

轴线放样任务完成清单

表 3-18

序号	实施步骤（简写）	是否完成	是否存在疑问	是否解决
1	安置仪器			
2	放样			

学生签名：

任务完成情况自评：（A、B、C、D、E）

注：等级评价为 A、B、C、D、E 五级，在评价的等级符号上画圈。

工程测量工初级操作技能考核评分记录表

表 3-19

学号_____ 姓名_____ 分数_____

试题名称：经纬仪对中整平并瞄准目标　　　　　　　　　　　　　　　考核时间：5min

序号	考核内容	评分要素	配分	评分标准	检测结果	扣分	得分	备注
1	准备工作	检查设备、工具	5	未检查不得分				
2	支架	根据观测者确定架脚长度，张开脚架安置在测站上，注意架头大致水平，将仪器放到架头上，拧紧固定螺旋	15	架脚长度不合适扣5分；架头未大致水平扣5分；未拧紧仪器和架头间的固定螺旋扣5分				
3	对中	移动架腿，打开激光对中器，用对中器中心对准站点，将架腿尖踏入土中	20	未移动架腿调节对中器扣5分；对中器中心未对准站点扣10分；架腿尖未踏入土中扣5分				
4	整平	调整脚螺旋使仪器管水准器气泡居中，旋转仪器照准部，调节第三个脚螺旋使管水准器气泡在各个方向上都居中	8	未调节脚螺旋扣4分；调节后管水准器气泡未居中扣4分				
			12	未旋转仪器照准部扣3分；未调节第三个脚螺旋扣3分；旋转和调节后未使管水准器气泡都居中扣6分				

续表

序号	考核内容	评分要素	配分	评分标准	检测结果	扣分	得分	备注
5	检查对中	检查对仪器的中心对中	10	未检查光学对仪器中心对中不得分				
6	重新对中	居中：松开仪器固定螺旋，移动仪器使其对中后重新拧紧，重复检查对中和重新对中，直到完成为止	20	未松开仪器固定螺旋，移动仪器使其重新对中扣10分；对中后未拧紧固定螺旋扣5分；移动架腿扣5分				
7	照准目标	转动物镜，大致照准远处花杆，使用微调螺旋精确照准该花杆	10	未转动物镜，大致照准花杆不得分；未使用微调螺旋精确照准花杆扣5分				
8	安全文明操作	按国家或企业颁发有关规定执行操作		每违反一项规定从总分中扣5分；严重违规取消考核				
9	考核时限	在规定时间内完成		到时停止操作考核				
	合计		100					

教学单元4

距 离 测 量

项目描述

掌握距离测量的方法并完成实际操作，从而增强在实际工程中的操作能力。

知识目标

1. 掌握钢尺量距测量方法。
2. 掌握直线定线方法。
3. 掌握视距测量的方法。
4. 掌握方位角的推算。

能力目标

1. 能够正确使用钢尺进行距离测量。
2. 能够独立进行相应的数据计算工作。

知识点1　钢尺量距

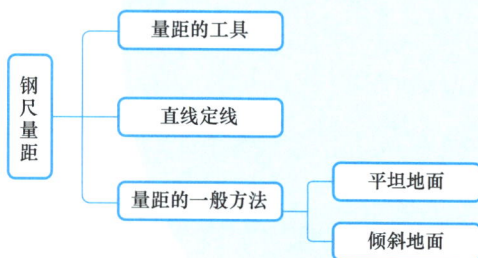

钢尺量距
- 量距的工具
- 直线定线
- 量距的一般方法
  - 平坦地面
  - 倾斜地面

4.1.1　量距的工具

测量的工具有很多种，主要有钢尺、标杆、测钎、垂球等。钢尺又称为钢卷尺，是钢制的带状尺，一般为宽 10～15mm、厚 0.2～0.4mm 的薄钢片制成，长度有 20m、30m、50m 等几种。钢尺的基本刻划为厘米，最小刻划为毫米，在米处和分米处有数字标记。

钢尺根据零点的位置不同，分为端点尺和刻划尺两种。端点尺是以尺外边缘作为钢尺的零点，如图 4-1（a）所示。刻划尺是以尺的前端线作为钢尺的零点，如图 4-1（b）所示。

标杆又叫花杆，如图 4-2 所示，用长 2～3m，直径 3～4cm 的木杆或玻璃钢制成。杆上每隔 20cm 用红白油漆涂在标杆上，底部为金属尖，方便插入土中。

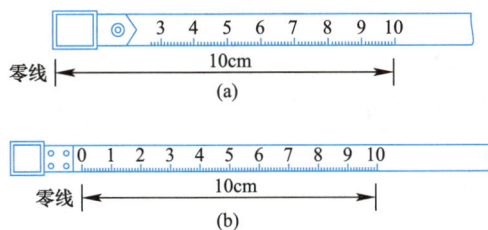

图 4-1　钢尺

图 4-2　标杆

4.1.2　直线定线

要确定点在平面直角坐标系中的相对位置，需要对两点连成的直线进行距离测量和直线定向。当地面两点的距离过长或地形起伏较大，为了便于量距，需要在两点的连线方向上标定出若干点，这项工作称为直线定线。

目估定线又称标杆定线。如图 4-3（a）所示，在 A、B 量距的端点上竖立标杆，测量员甲站在 A 点标杆后 1～2m 处，由 A 瞄向 B，使视线与标杆边缘相切，然后甲指挥乙持标杆左右移动，直到 A、2、B 三根标杆位于同一直线上，将标杆竖直插在地上。直线定线一般应由远及近，即先定 1 点，再定 2 点。

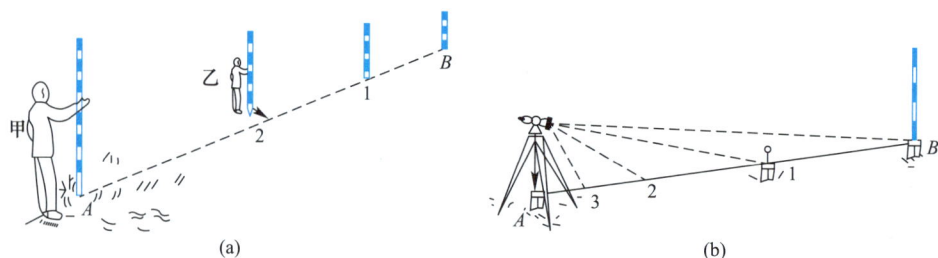

图 4-3　目估定线及经纬仪定线

当直线定线精度要求较高时，可用经纬仪定线。如图 4-3（b）所示，欲在 AB 直线上精确定出 1、2、3 点的位置，可将经纬仪安置于 A 点，用望远镜照准 B 点，固定照准部制动螺旋，然后将望远镜向下俯视，将十字丝交点投测到木桩上，并钉小钉以确定出 1 点的位置。同法标定出 2、3 点的位置。

4.1.3　量距的一般方法

1. 在平坦地面上量距

如图 4-4 所示，先用桩将 A、B 两点标记出来，然后分别在两点外侧立标杆，确定两点直线上没有障碍物。丈量工作一般由两个人进行，后尺手持尺的零点位于 A 点，并在 A 点上插一测钎；前尺手持尺的末端并携带一组测钎，沿着前进方向，行至一尺段处停下。后尺以手势指挥前尺将钢尺拉在 AB 直线方向上，当后尺以尺的零点对准 A 点并确定时，两人同时把钢尺拉近，保持尺面水平，前尺手持测钎对准钢尺的整尺段刻划线竖直插下，得到 1 点，即完成了 A－1 尺段的丈量。根据前面的测量方法类推，直至最后一段（n－B）余长。这样，可得 AB 的水平距离为

$$L = nl + q \tag{4-1}$$

式中，L——直线总长；

　　　n——整尺段数；

　　　q——不足一整尺的余数。

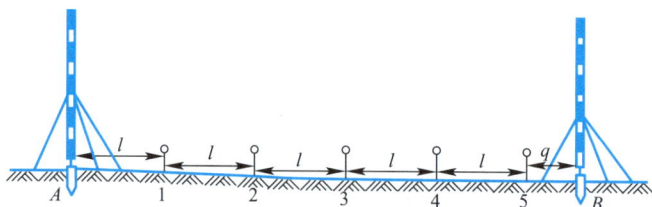

图 4-4　钢尺量具方法

在实际丈量中，为了校核和提高精度，一般需要往返丈量，并取往返丈量的平均值作为该直线的最后丈量结果，并将往返丈量之差称为较差，用 ΔL 表示；较差与往返丈量的平均值之比称为相对误差，用 K 表示，用以衡量丈量的精度，即：

$$K = \frac{|\Delta L|}{L_{\text{平}}} = \frac{\frac{1}{L_{\text{平}}}}{|\Delta L|} = \frac{1}{N} \tag{4-2}$$

在平坦地区，量距精度要达到 1/2000 以上，在困难地区要达到 1/1000 以上。

【例 4-1】　对某直线进行往返丈量，往测为 208.926m，返测为 208.842m，则其相对误差为

$$K = \frac{0.084}{208.884} \approx \frac{1}{2487}$$

2. 在倾斜地面上量距

（1）平量法。

如图 4-5（a），丈量由 A 向 B 进行，甲立于 A 点，指挥乙将尺拉在 AB 方向线上。甲将尺零点对准 A，乙将尺的另一端抬起使尺水平，然后用垂球将尺末端投影到地面并插上测钎。当地面倾斜度较大，钢尺抬平困难时，可分几段丈量。

（2）斜量法。

如图 4-5（b），当倾斜地面坡度均匀时，可沿斜坡量出 AB 的斜距 L，再测出地面倾角 α 或者高差 h，然后计算水平距离 D，即：

$$D = L \cdot \cos\alpha \tag{4-3}$$

或

$$D = \sqrt{L^2 - h^2} \tag{4-4}$$

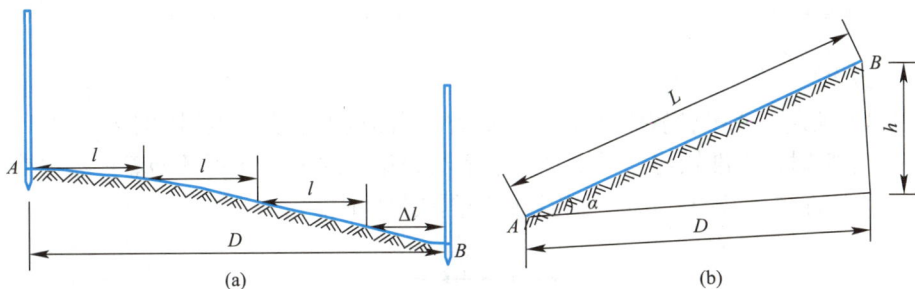

图 4-5　倾斜地面的丈量

测绘史话

测量单位的演变

在古代，最初以人的手、足等作为长度的单位，后来出现了以物体作为测量单位的测量方式。中国古代度量长度常见的单位有里、寻、丈、尺、寸等。

中国古代度量长度中的尺，最早见于商代。传世商尺约为现在的 16～17cm。东周尺以相传 1931 年河南洛阳金村古墓出土的铜尺与"商鞅量尺"互为佐证，可知一尺长约 23cm。在汉代，黄钟律管的长度被规定为法定律尺的长度，黄钟律管定尺的说法便由此而来。另外，黄钟律管并非家家户户所有，于是便有了更为简单易行的"累黍定尺"的方法。到公元 1704 年，即清康熙四十三年，为了准确测量全国地图，清朝放弃了之前的各种标准，开始把子午线每一度弧长的 0.01s 规定为一尺的标准长度，把长度单位与地球经线每度的弧长联系起来，这在当时可谓一大创举，也是以地球形体来确定尺度的最早尝试。

知识点 2　视距量距

视距测量是一种根据几何光学原理，同时测定点位间距离和高差的方法。它利用望远镜十字丝分划板上的视距丝和标尺进行观测，方法简便、快速，不受地面起伏的影响，测距精度为 $1/300 \sim 1/200$，能满足碎部测图的要求，因而广泛用于地形测量。

4.2.1　视距测量原理

1. 视线水平时的距离和高差公式

如图 4-6 所示，水准仪置于测站 A，标尺立于测点 B，设两点间的距离为 D，高差为 h，当视线水平时，视准轴与标尺垂直，十字丝分化板的上下视距丝 m、n 经物镜焦点 F 投影到标尺上的 M、N 点，MN 称为视距间隔或尺间隔。

图 4-6　视线水平时的视距测量

设尺间隔 $MN=l$，十字丝板的上下视距丝间隔 $mn=p$，f 为物镜焦距，δ 为目镜中心至仪器中心的距离，d 为物镜焦点至标尺距离。由相似原理可得：

$$d=\frac{f}{p}l$$

则：

$$D=d+f+\delta=\frac{f}{p}l+f+\delta$$

令 $f/p=K$，称为视距乘常数；$f+\delta=c$，称为视距加常数。则：

$$D = K \cdot l + c$$

经纬仪在设计和制造时，通常使 $K=100$，c 很小忽略不计，则：

$$D = K \cdot l \tag{4-5}$$

同时：

$$h = i - v \tag{4-6}$$

式中，i 为仪器高，即测站点 A 到水准仪横轴的高度，可用卷尺量出 V，为十字丝中横丝的标尺读数。

2. 视线倾斜时的距离和高差公式

在地面起伏较大的地区进行视距测量，必须使视线倾斜才能观测到标尺。如图 4-7 所示，当视线不垂直于标尺时，不能直接引用式（4-5）和式（4-6）。为此，过 G 点作辅助线 $M'N'$ 垂直于视线，与标尺成 α 角。因 ϕ 很小，约 $34'$，故可将 $\angle GM'M$ 和 $\angle GN'N$ 近似视为直角，因此可得：

$$l' = M'N' = M'G + GN' = MG \cdot \cos \alpha + GN \cdot \cos \alpha = l \cdot \cos \alpha$$

故斜距 S 为：

$$S = K \cdot l' \cdot \cos \alpha$$

又：

$$D = S \cdot \cos \alpha$$

即：

$$D = K \cdot l \cdot \cos^2 \alpha \tag{4-7}$$

同时：

$$h = h' + i - v = S \cdot \sin \alpha + i - v = K \cdot l \cdot \sin \alpha \cos \alpha + i - v$$

即：

$$h = \frac{1}{2} K \cdot l \cdot \sin 2\alpha + i - v \tag{4-8}$$

在实际测量中，常以中横丝瞄准标尺上的 i 值，即使 $v=i$，以简化式（4-8）的计算。

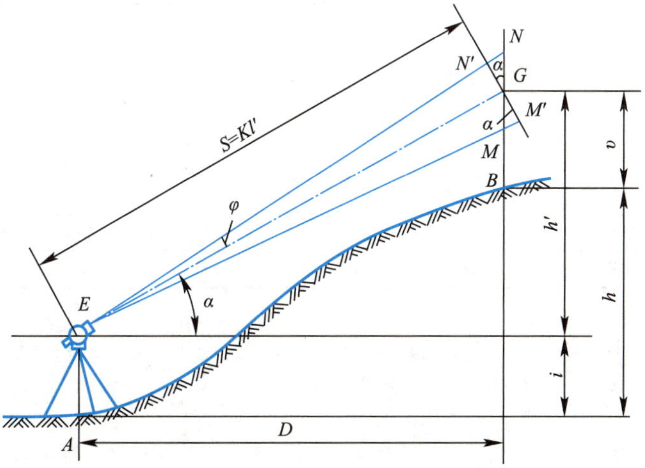

图 4-7　视距倾斜时的视距测量

4.2.2 视距测量的观测步骤和计算

（1）如图 4-8 所示，安置经纬仪于 A 点，量取仪器高 i，在 B 点竖立视距尺。

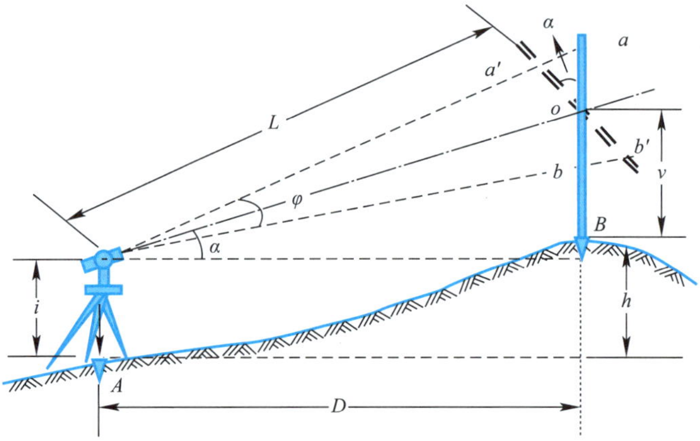

图 4-8　视距测量

（2）用盘左或盘右，转动照准部、瞄准 B 点的视距尺，分别读取上、中、下三丝在标尺上的读数 b、l、a，计算出视距间 $n=a-b$。在实际视距测量操作中，为了计算方便，读取视距时，可使下丝或上丝对准尺上一个整分米处，直接在水准尺上读出尺间隔 n，或者在瞄准读中丝时，使中丝读数 l 等于仪器高 i。

（3）转动竖盘指标水准管微动螺旋，使竖盘指标水准管气泡居中，读取竖盘读数，并计算竖直角 α。

（4）将上述观测数据分别记入表 4-1 中相应的栏内。再根据视距尺间隔 n，竖直角 α、仪器高 i 及中丝读数 Z，按式（4-7）和式（4-8）计算出水平距离 D 和高差值。最后根据 A 点高程 H_A 计算出待测点 B 的高程 H_B。

视距测量计算表　　　　　　　　　　　　　　　　　　　　　　　　表 4-1

| 测站：F | | 测站高程：86.45m | | 仪器高：1.435m | | 仪器：DJ6 | | | |
| 日期：2024.9.1 | | 视线高：7.855m | | 观测：王某 | | 记录：李某 | | | |

点号	下丝读数（m）	上丝读数（m）	中丝读数（m）	视距间隔（m）	竖盘读数（°′）	竖直角（°′）	水平距离（m）	高差（m）	高程（m）	备注
1	1.781	1.192	1.455	0.589	85 32	+4 28	52.28	+4.06	90.51	
2	1.944	1.346	1.645	0.598	83 45	+6 15	59.09	+6.26	92.71	$\alpha=90°-L$
3	2.153	1.627	1.890	0.526	92 13	−2 13	52.52	−2.49	83.96	
4	2.226	1.684	1.955	0.542	84 36	+5 24	53.72	+4.56	91.01	

4.2.3 视距测量误差及注意事项

1. 视距测量误差

读取尺间隔误差时用视距丝在视距尺上读数，其误差与尺面最小分划的宽度、观测距离的远近、望远镜的放大倍率等因素有关，即视使用的仪器和作业条件而定。

视距尺倾斜误差与竖直角大小有关，它随竖直角绝对值的增大而增大。在山区测量时尤其要注意这个问题。

上述两项误差是视距测量的主要误差来源，除此以外，影响视距测量精度的还有常数 K 值误差、标尺分划误差、大气垂直折光影响、竖直角观测误差等。

2. 注意事项

（1）对视距长度必须加以限制。根据资料分析，在比较良好的外界条件下，视距在 200m 以内，视距测量的精度可达到 1/300。

（2）作业时，应尽量将视距尺竖直，最好使用带水准器的视距尺，以保证视距尺的竖直精度在 30′ 以内。

（3）严格检核常数 K 值，使 K 在 100±0.1 以内，否则应加改正数。

（4）最好采用厘米刻划的整体视距尺，尽量少用或不用塔尺。

（5）为减小大气垂直折光影响，视线高度尽量保证在 1m 以上。

（6）在成像稳定的情况下进行观测。

知识拓展

电磁波测距

传统的距离测量采用钢尺丈量，劳动强度大，效率低，在复杂的地形条件下甚至无法工作。而普通的视距测量方法虽然迅速、简便，但测程较短，精度较低。随着光电技术的发展，电磁波测距应运而生。与传统测距工具和方法相比，电磁波测距具有高精度、高效率，不受地形限制等优点，已成为距离测量的主要手段。

电磁波测距仪分为微波测距仪和光电测距仪，以微波作为载波的测距仪称为微波测距仪，以激光为光源的称激光测距仪，以砷化镓发光二极管发出的红外光作为光源的红外测距仪和其他光源作为载波的测距仪统称为电磁波测距仪。

电磁波测距仪按测程，可分为：短程（测程在 3km 以下，主要用于普通工程测量、城市测量和建筑工程测量）、中程（测程在 3～15km，主要用于国家边角网和特级导线）和远程（测程在 15km 以上，主要用于等级控制测量）；按测距精度，可分为：Ⅰ级（$m_D \leqslant 5mm$）、Ⅱ级（$5mm < m_D < 10mm$）和Ⅲ级（$m_D \geqslant 10mm$）。m_D 为 1km 测距的中误差。

知识点 3 直线定向与方位角推算

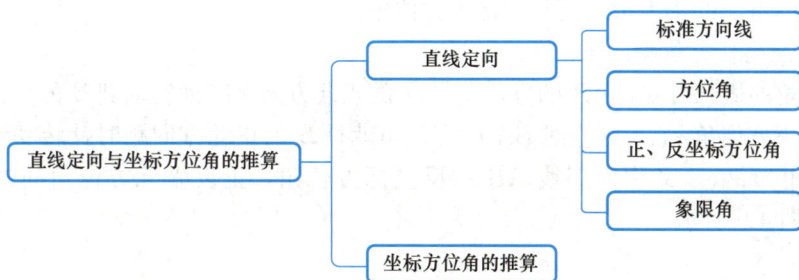

```
                                              ┌─── 标准方向线
                        ┌─── 直线定向 ────────┼─── 方位角
直线定向与坐标方位角的推算 ┤                    ├─── 正、反坐标方位角
                        │                    └─── 象限角
                        └─── 坐标方位角的推算
```

4.3.1 直线定向

在测量工作中常常需要确定两点平面位置的相对关系，此时仅测得两点间的距离是不够的，还需要知道这条直线的方向，才能确定两点间的相对位置。在测量工作中，一条直线的方向是根据某一标准方向线来确定的，确定直线与标准方向线之间的夹角关系的工作称为直线定向。

1. 标准方向线

（1）真子午线方向。

通过地面上一点并指向地球南北极的方向线，称为该点的真子午线方向。真子午线方向是用天文测量方法测定的。指向北极星的方向可近似地作为真子午线的方向。

（2）磁子午线方向。

通过地面上一点的磁针，在自由静止时其轴线所指的方向（磁南北方向），称为磁子午线方向。磁子午线方向可用罗盘仪测定。由于地磁两极与地球两极不重合，致使磁子午线与真子午线之间形成一个夹角 δ，称为磁偏角。磁子午线北端偏于真子午线以东为东偏，δ 为正；以西为西偏，δ 为负。

（3）坐标纵轴方向。

测量中常以通过测区坐标原点的坐标纵轴为准，测区内通过任一点与坐标纵轴平行的方向线，称为该点的坐标纵轴方向。

真子午线与坐标纵轴间的夹角 γ 称为子午线收敛角。坐标纵轴北端在真子午线以东为东偏，γ 为"$+$"；以西为西偏，γ 为"$-$"。

2. 方位角

由标准方向的北端起，按顺时针方向量至某直线的水平角，称为该直线的方位角，角值范围为 $0°\sim360°$。由于采用的标准方向不同，直线的方位角有如下三种：

（1）真方位角。

从真子午线方向的北端起，按顺时针方向量至某直线间的水平角，称为该直线的真方位角，用 A 表示。

（2）磁方位角。

从磁子午线方向的北端起，按顺时针方向量至某直线间的水平角，称为该直线的磁方位角，用 A_m 表示。

（3）坐标方位角。

从平行于坐标纵轴的方向线的北端起，按顺时针方向量至某直线的水平角，称为该直线的坐标方位角，以 α 表示，通常简称为方位角。

3. 正、反坐标方位角

由方位角的概念可知，AB 的方位角是 A 的正北方向顺时针转动到 B 的夹角，可称为直线 AB 的正方位角 α_{AB}，则直线 BA 的方位角就是 B 的正北方向顺时针转动到 A，这时 BA 的方位角为 α_{BA}，又称为直线 AB 的反坐标方位角，正反坐标方位角间的关系如公式（4-9），图 4-9 所示。

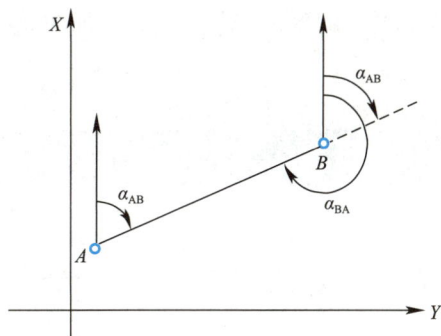

图 4-9　正反坐标方位角

$$\alpha_{AB} = \alpha_{BA} \pm 180° \tag{4-9}$$

水平夹角与方位角之间的关系为

$$\alpha_{OB} = \alpha_{OA} + \beta_{O}$$

两方位角之差就是水平夹角。

4. 象限角

直线与基本方向（北端或南端）构成的锐角称为直线的象限角，如表 4-2 所示。

象限角与坐标方位角的关系　　　　　　　　　　　　表 4-2

象限	象限角与坐标方位角的关系
I	$\alpha = R$
II	$\alpha = 180° - R$
III	$\alpha = 180° + R$
IV	$\alpha = 360° - R$

4.3.2　坐标方位角的推算

坐标方位角的推算如下：

$$\alpha_{BC} = \alpha_{AB} + 180° + \beta_{左}$$
$$\alpha_{BC} = \alpha_{AB} + 180° - \beta_{右} \tag{4-10}$$

如图 4-10 所示，α_{12} 已知，通过连测求得 12 边与 23 边的连接角为 β_2（右角），23 边与 34 边的连接角为 β_3（左角），现推算 α_{23}、α_{34}。

由图中分析可知：

$$\alpha_{23} = \alpha_{21} - \beta_2 = \alpha_{12} + 180° - \beta_2$$
$$\alpha_{34} = \alpha_{32} + \beta_3 = \alpha_{23} + 180° + \beta_3$$

推算坐标方位角的通用公式为

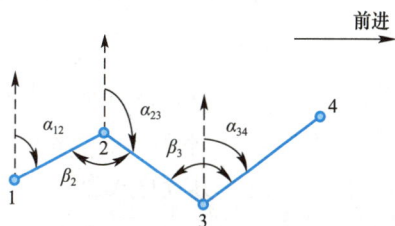

图 4-10　坐标方位角推算

$$\alpha_{前} = \alpha_{后} + 180° \pm \beta_{右}^{左}$$

当 β 角为左角时，取"＋"；若为右角时，取"－"。

注意：计算中，若 $\alpha_{前} > 360°$，减 $360°$；若 $\alpha_{前} < 0°$，加 $360°$。

知识点 4　坐标正、反算

4-2微课
坐标正反算

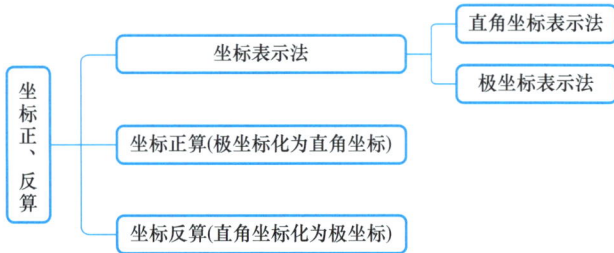

坐标正、反算
- 坐标表示法
  - 直角坐标表示法
  - 极坐标表示法
- 坐标正算(极坐标化为直角坐标)
- 坐标反算(直角坐标化为极坐标)

4.4.1　坐标表示法

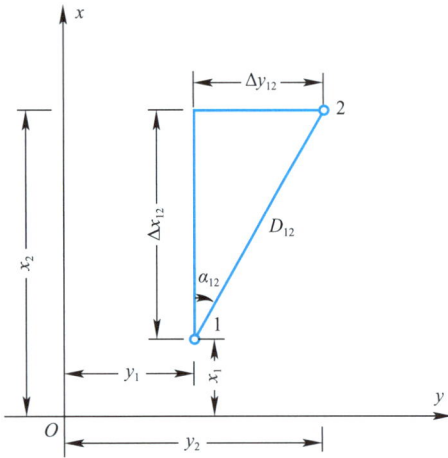

图 4-11　直角坐标与极坐标的关系

1. 直角坐标表示法

直角坐标法就是用两点间的坐标增量 Δx、Δy 来表示。如图 4-11 所示，当 1 点的坐标 x_1、y_1 已知时，2 点的坐标即可根据 1、2 两点间的坐标增量算出，即：

$$x_2 = x_1 + \Delta x_{12}$$
$$y_2 = y_1 + \Delta y_{12} \tag{4-11}$$

2. 极坐标表示法

极坐标法就是两点间连线的坐标方位角 α 和水平距离 D 来表示。这两种坐标可以互相换算，如图 4-11 所示为两点间直角坐标和极坐标的关系。根据测量出的相关位置关系数据，利用这两种坐标直角的换算关系，即可求出所需的平面坐标。

4.4.2　坐标正算（极坐标化为直角坐标）

在平面控制坐标计算中，将极坐标化为直角坐标又称坐标正算，如图 4-11 所示，若 1、2 两点间的水平距离 D_{12} 和坐标方位角 α_{12} 都已经测量出来，即可计算此两点间的坐标增量 Δx、Δy，其计算式为

$$\begin{cases} \Delta x_{12} = D_{12} \cos \alpha_{12} \\ \Delta y_{12} = D_{12} \sin \alpha_{12} \end{cases} \tag{4-12}$$

上式计算时，sin 和 cos 函数值有正负之分，因此，计算得出的坐标增量同样有正负之分。

4.4.3　坐标反算（直角坐标化为极坐标）

由直角坐标化为极坐标的过程称作坐标反算，即已知两点的直角坐标或坐标增量，计算两点间的水平距离 D 和坐标方位角 α。计算公式为

$$D_{12} = \sqrt{\Delta x_{12}^2 + \Delta y_{12}^2} \tag{4-13}$$

$$\alpha_{12} = \arctan \frac{\Delta y_{12}}{\Delta x_{12}} \tag{4-14}$$

等式左边的坐标方位角的角值范围为 $0° \sim 360°$，而等式右边的 arctan 函数，其值域为 $-90° \sim 90°$，两者是不一致的。

故当按公式（4-14）式的反正切函数计算坐标方位角时，计算器上得到的是象限角值，因此，应根据坐标增量 Δx、Δy 的正、负号，按其所在的象限，再把象限角换算成相应的坐标方位角（表4-2）。

测绘史话

徐光启——传播西方测绘技术的先驱

徐光启（1562—1633年），明代著名科学家，师从来到中国的意大利传教士利玛窦，跟其学习天文、历算、测绘等。他和利玛窦合译了《几何原本》和《测量法义》，与熊三拔全译了《简平仪说》。为了融通东西，他撰写了《测量异同》，详细考证了中国测量术与西方测量术的相同点和不同点。他主持编写了《测量全义》，这是集当时测绘学术之大成的力作，内容丰富，涉及面积、体积测量和有关平面三角、球面三角的基本知识以及测绘仪器制造等。此外，他还身体力行，积极推进西方测绘技术在实践中的应用。1610年他受命修订历法，积极要求采用西方测量术和制造测量仪器。此次仪器制造的规模在我国测绘史上是罕见的，制造了象限大仪、纪限大仪、候时钟、望远镜等，用了27年的时间，促进了我国天文大地测量的开展。总之，无论在理论上还是在实践上，徐光启都称得上传播西方测绘技术最卓越的先驱。

课后习题

1. 量距的工具主要包括_____、_____、_____、_____等。

2. 视距测量是一种根据几何光学原理，同时测定点位间_____和_____的方法。

3. 什么是直线定线？如何进行直线定线？

4. 丈量 AB 线段，往测的结果为 245.456m，返测的结果为 245.448m，计算 AB 的长度并评定其精度。

5. 已知下列各直线的坐标方位角：$\alpha_{AB} = 38°30'$，$\alpha_{CD} = 175°35'$，$\alpha_{EF} = 230°20'$，$\alpha_{GH} = 330°58'$，试分别求出它们的象限角和反坐标方位角。

实训

任务 钢尺量距

❖ 任务描述

用钢尺测量一条路线 AB 的总长度（图 4-12）。

图 4-12 钢尺

❖ 任务步骤分解

☞ 步骤 1：直线定线

1. 何为直线定线？直线定线的方法有哪几种？

2. 用经纬仪进行直线定线时，可照准花杆的（ ）。

☞ 步骤 2：用钢尺进行距离丈量

1. 距离丈量的结果是求得两点间的（ ）。

A. 斜线距离　　　　　　B. 水平距离　　　　　　C. 折线距离

2. 在距离丈量中衡量精度的方法是用（ ）。

A. 往返较差　　　　　　B. 相对误差　　　　　　C. 闭合差

3. 距离丈量时，需进行往返测量，若符合精度要求，取（ ）值作为丈量的最后结果。距离丈量时相对误差 $K=$（ ）。

❖ 任务实施（表 4-3）

钢尺量距记录表 表 4-3

日期＿＿＿＿地点＿＿＿＿天气＿＿＿＿
仪器型号＿＿＿＿观测＿＿＿＿记录＿＿＿＿

线段名称	观测次数	整尺段数 n	余长 q(m)	线段长度 D(m)	平均长度 $\bar{D}$(m)	相对误差	备注
	往测						
	返测						

线段名称	观测次数	整尺段数 n	余长 q(m)	线段长度 D(m)	平均长度 $\bar{D}$(m)	相对误差	备注
	往测						
	返测						
	往测						
	返测						
	往测						
	返测						

❖ 任务活动总结（表 4-4）

钢尺量距任务完成清单　　　　　　　　　　　　　　表 4-4

序号	实施步骤（简写）	是否完成	是否存在疑问	是否解决
1	直线定线			
2	距离丈量（精度符合要求）			

学生签名：

任务完成情况自评：（A、B、C、D、E）

注：等级评价为 A、B、C、D、E 五级，在评价的等级符号上画圈。

Chapter 05

教学单元5

全站仪测量

项目描述

通过使用全站仪会进行角度、距离、高差的基本测量，以及使用全站仪进行数据采集和放样的工作。

知识目标

1. 掌握全站仪的构造及使用方法。
2. 掌握全站仪基本测量的方法。
3. 掌握全站仪数据采集的方法。
4. 掌握全站仪放样的方法。

能力目标

1. 能够正确操作全站仪进行角度、距离、高差的基本测量。
2. 能够独立使用全站仪进行数据采集工作。
3. 能够独立使用全站仪进行放样工作。

知识点 1　全站仪的认识与使用

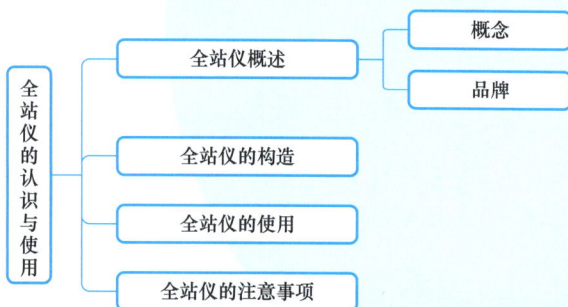

全站仪的认识与使用
- 全站仪概述
  - 概念
  - 品牌
- 全站仪的构造
- 全站仪的使用
- 全站仪的注意事项

5.1.1　全站仪概述

1. 全站仪概念

全能型电子速测仪（简称全站仪）是由电子测角、电子测距等系统组成，测量结果能自动显示、计算和存储，并能与外围设备自动交换信息的多功能测量仪器。

全站仪是集光、机、电于一体的仪器，其中轴系机械结构和望远镜光学瞄准系统与光学经纬仪相比差异不大。其电子系统主要由以下三大单元构成：

（1）电子测距单元，外部称之为测距仪。

（2）电子测角及微处理器单元，外部称之为电子经纬仪。

（3）电子记录单元。

2. 全站仪品牌

全站仪的种类很多，目前常见的全站仪有美国的天宝系列、瑞士的徕卡系列、日本的拓普康系列、日本的索佳系列、日本尼康系列、日本的宾得系列、中国南方系列、苏州一光系列、海星达系列、科力达系列等十几种品牌。各类全站仪的外形大致相同，与光学经纬仪相似，有照准部、基座和度盘三大部件。照准部上有望远镜，水平、竖直制微动螺旋，管水准器，圆水准器，光学对中器等。另外，仪器正反两侧都有液晶显示器和操作键盘。

各种全站仪的使用方法由仪器自身的程序设计而定。使用任何一种仪器前，必须认真阅读仪器使用说明书，了解仪器各部件功能和操作要点及注意事项。

5.1.2　全站仪的构造

全站仪的种类很多，各种型号仪器的基本结构大致相同。现以南方测绘的 NTS-562R 为例进行介绍，其构造如图 5-1 所示。

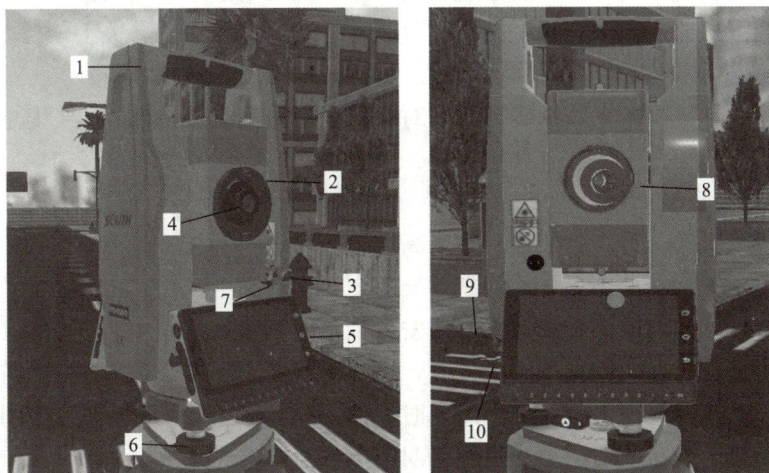

图 5-1　全站仪的构造

1—提手；2—望远镜调焦螺旋；3—垂直微动螺旋；4—目镜调焦螺旋；5—显示屏；

6—脚螺旋；7—垂直制动螺旋；8—物镜；9—水平微动螺旋；10—水平制动螺旋

当全站仪用红外光进行距离测量等作业时，需在目标处放置反射棱镜。反射棱镜有单（三）棱镜组，可通过基座连接器将棱镜组与基座连接，再安置到三脚架上，也可直接安置在对中杆上。棱镜组由用户根据作业需要自行配置，如图 5-2 所示。

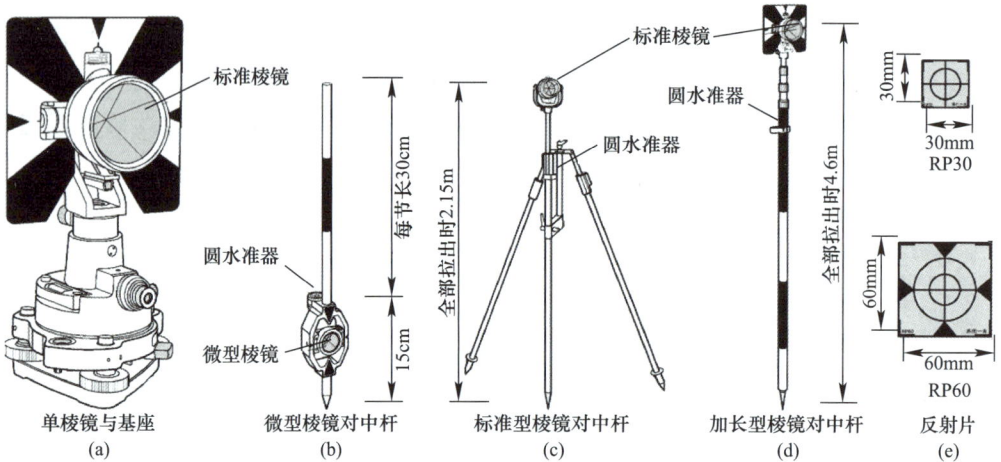

图 5-2　棱镜与反射片

5.1.3　全站仪的使用

1. 仪器开箱和存放

（1）开箱。

轻轻地放下箱子，让其盖朝上，打开箱子的锁栓，开箱盖，取出仪器。

（2）存放。

盖好望远镜镜盖，使照准部的垂直制动手轮和基座的圆水准器朝上，将仪器平卧（望远镜物镜端朝下）放入箱中，轻轻旋紧垂直制动手轮，盖好箱盖并关上锁栓。

2. 安装仪器

将仪器安装在三脚架上，精确整平和对中，以保证测量成果的精度，应使用专用的中心连接螺旋的三脚架。

3. 仪器的整平与对中（在此介绍利用激光对点器对中）

（1）架设三脚架。将三脚架伸到适当高度，确保三腿等长、打开，并使三脚架顶面近似水平，且位于测站点的正上方。将三脚架腿支撑在地面上，使其中一条腿固定。

（2）安置仪器和对点。将仪器小心地安置到三脚架上，拧紧中心连接螺旋，打开激光对点器。双手握住另外两条未固定的架腿，通过对激光对点器光斑的观察调节该两条腿的位置。当激光对点器光斑大致对准测站点时，使三脚架三条腿均固定在地面上。调节全站仪的三个脚螺旋，使激光对点器光斑精确对准测站点。

（3）利用圆水准器粗平仪器调整。三脚架三条腿的高度，使全站仪圆水准气泡居中。

（4）利用管水准器精平仪器。①松开水平制动螺旋，转动仪器，使管水准器平行于某一对角螺旋 A、B 的连线。通过旋转角螺旋 A、B，使管水准气泡居中。②将仪器旋转

$90°$，使其垂直于角螺旋 A、B 的连线。旋转角螺旋 C，使管水准气泡居中。

（5）精确对中与整平。通过对激光对点器光斑的观察，轻微松开中心连接螺旋，平移仪器（不可旋转仪器），使仪器精确对准测站点。再拧紧中心连接螺旋，再次精平仪器。重复此项操作到仪器精确整平对中为止。

（6）关闭激光对点器。

注：也可使用电子气泡代替上面的利用管水准器精平仪器部分，超出 $\pm 4'$ 的范围会自动进入电子气泡界面，如图 5-3 所示。

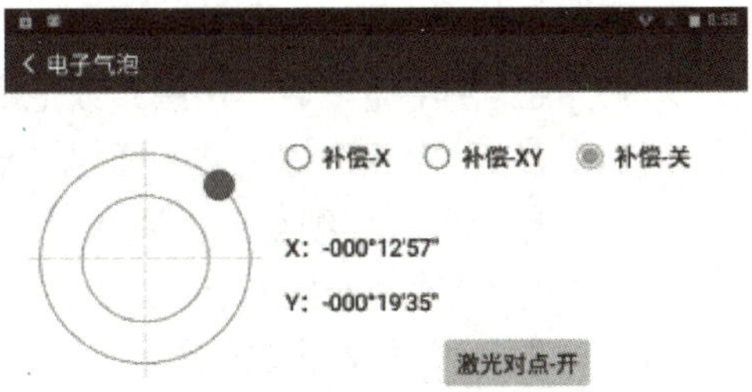

X：显示 X 方向的补偿值。

Y：显示 Y 方向的补偿值。

［补偿-关］：点击关闭双轴补偿。

［补偿-X］：点击打开 X 方向补偿。

［补偿-XY］：点击打开 XY 方向补偿。

图 5-3 电子气泡

常用快捷功能图标：

⭐ 该键为快捷功能键，点击该键或者在主菜单界面左侧边缘向右滑动可唤出该功能键的快捷设置，包含激光指示、十字丝照明、激光下对点、温度气压设置；

▣ 该键为数据功能键，包含点数据、编码数据及数据图形；

▣ 该键为测量模式键，可设置精测单次、N 次测量、连续测量或跟踪测量；

▣ 该键为合作目标键，可设置目标为反射板、棱镜或无合作；

▣ 该键为电子气泡键，可设置 X 轴、XY 轴补偿或关闭补偿。

常用符号的意义见表 5-1。

常用符号的意义 表 5-1

显示符号	含义	显示符号	含义
V%	竖直角（坡度显示）	N	北向坐标（X）
HR	水平角（右旋角）	E	东向坐标（Y）
HL	水平角（左旋角）	Z	高程或高差（H 或 h）
HD	水平距离	*	EDM（电子测距）正在进行
VD	高差	m	以米为单位
SD	倾斜距离（斜距）	ft	以英尺为单位
		fi	以英尺与英寸为单位

5.1.4 全站仪注意事项

（1）日光下测量应避免将物镜直接瞄准太阳。若在太阳下作业应安装滤光镜。

（2）避免在高温和低温下存放仪器，亦应避免温度骤变（使用时气温变化除外）。

（3）仪器不使用时，应将其装入箱内，置于干燥处，注意防振、防尘和防潮。

（4）若仪器工作处的温度与存放处的温度差异太大，应先将仪器留在箱内，直至它适应环境温度后再使用仪器。

（5）仪器长期不使用时，应将仪器上的电池卸下分开存放。电池应每月充电一次。

（6）仪器运输应将仪器装于箱内进行，运输时应小心避免挤压、碰撞和剧烈振动，长途运输最好在箱子周围使用软垫。

（7）仪器安装至三脚架或拆卸时，要一只手先握住仪器，以防仪器跌落。

（8）外露光学件需要清洁时，应用脱脂棉或镜头纸轻轻擦净，切不可用其他物品擦拭。

（9）仪器使用完毕后，用绒布或毛刷清除仪器表面灰尘。仪器被雨水淋湿后，切勿通电开机，应用干净软布擦干并在通风处放一段时间。

（10）作业前应仔细全面检查仪器，确信仪器各项指标、功能、电源、初始设置和改正参数均符合要求时再进行作业。

（11）即使发现仪器功能异常，非专业维修人员不可擅自拆开仪器，以免发生不必要损坏。

（12）本系列全站仪发射光是激光，使用时不得对准眼睛。

（13）保持触摸屏清洁，不要用利器擦刮触摸屏。

中国智慧

国产第一台全站仪

改革开放初期，我国的测绘地信行业还处在模拟测绘时代，虽然普通水准仪和光学经纬仪已经实现规模化生产，但电子测绘设备纯靠进口，其销售价格昂贵，维修周期长，核心技术保密。中国若没有自己的测绘装备，将会一直受制于人。一定要实现测绘装备的国产化。最初，南方测绘公司一没资金，二没工厂，还面临着我国光机技术、无线电基础差，缺少关键技术，更缺少懂技术的人才等一系列难题。但通过一步步引进、消化、模仿、创新、生产，他们硬是一口一口地把困难啃下去了。

终于，1995年，南方测绘研发出了国内第一台全站仪NTS-202，它是首台完全国产自主研发生产的全站仪，填补了国家空白，由此打破了进口仪器垄断国内测绘装备市场的局面，开启了国产测绘装备快速发展的时代。

1+X证书

测绘地理信息数据获取与处理职业技能等级要求（初级）

工作领域	工作任务	职业技能要求
1. 全站仪测量	1.1 全站仪的认识及使用	1.1.1 能熟记全站仪使用的一般注意事项 1.1.2 能认识全站仪的系列及精度指标 1.1.3 能识别出指定全站仪的基本结构及各操作部件的名称和作用 1.1.4 能识别指定全站仪各按键的名称及其功能、显示符号的含义及使用 1.1.5 能完成指定全站仪的安置

知识点 2　全站仪的基本测量

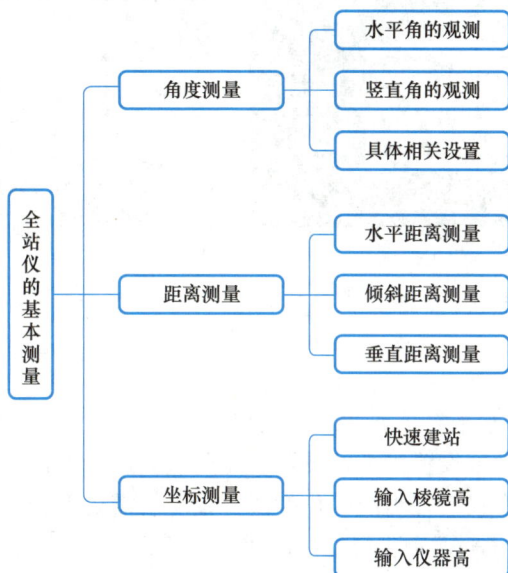

5.2.1　角度测量

进入到测量程序下，测量界面如图 5-4 所示。

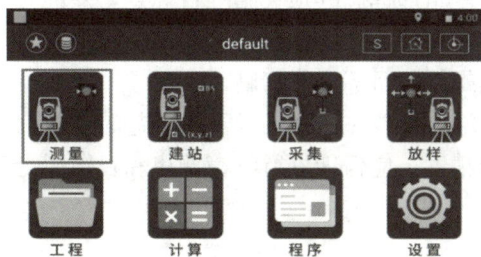

图 5-4　测量界面

1. 水平角的观测

（1）确认处于测量程序中的角度测量模式。

（2）瞄准第一个目标 A。

（3）置零或者置盘（设置任意角度），如图 5-5 所示。

（4）照准第二个目标 B，显示目标 B 的 H。如果测量时为 HR（右旋角）模式，H 值即为图中的水平角 β；如果为 HL（左旋角）模式，图中的水平角 $\beta = 360° - H$。

5-1动画
观测水平角

2. 竖直角的观测

（1）确认处于角度测量模式。

（2）瞄准目标，即显示目标的 V 值（天顶距或竖直角）。

（a）

（b）

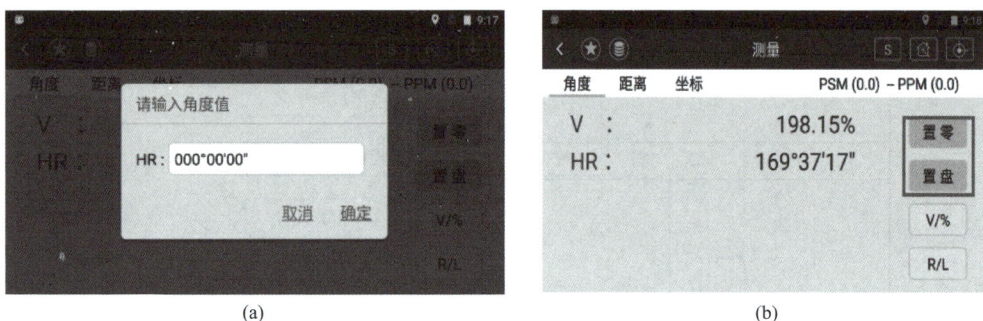

图 5-5　置盘、置零界面

3. 具体相关设置

V：显示垂直角度。

HR 或者 HL：显示水平右角或者水平左角。

置零：将当前水平角度设置为零，设置后需要重新进行后视设置。

置盘：通过输入的方式设置当前的角度值，设置后需要重新设置后视。

V/％：垂直角显示在普通和百分比之间进行切换。

R/L：水平角显示在左角和右角之间转换。

（置盘界面）HR：输入水平角度值。

全站仪照准目标的方法与经纬仪基本相同，其过程如下。

（1）将望远镜对准明亮地方，旋转目镜筒，调焦看清十字丝（先朝向自己旋转目镜筒，再慢慢旋紧调焦，使十字丝清晰）。

（2）利用粗瞄准器内三角形标志的顶尖瞄准目标点，照准时眼睛与瞄准器之间应保留一定距离。

（3）利用望远镜调焦螺旋使目标成像清晰。

注意：当眼睛在目镜端上下或左右移动发现有视差时，说明调焦不正确或目镜屈光度未调好，这将影响观测的精度。应仔细进行物镜调焦和目镜屈光度调节即可消除视差。

5.2.2　距离测量

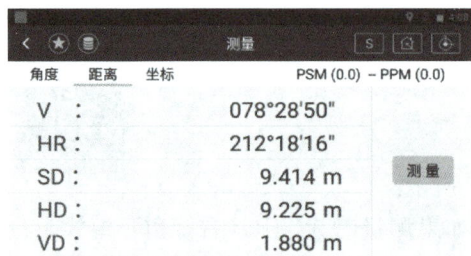

图 5-6　测量距离界面

（1）确认处于基本测量中距离模式，并已设置好温度、气压、棱镜常数、棱镜高和仪器高，照准棱镜中心。

（2）按测量键，开始距离测量。

（3）测量完成后，屏幕上显示的 HR 值为水平角读数，HD 值为水平距离，SD 值为倾斜距离，VD 值为高差（竖直距离），如图 5-6

所示。

注意：

① 在测距模式下，应确定好配套使用的工具：棱镜、无棱镜还是反射板。并且对于不同种类的棱镜，为保证测量精度，需确保不同反射棱镜的正确附加常数。

② 全站仪在测量过程中，应该避免在红外测距模式及激光测距条件下，对准强反射目标（如交通灯）进行距离测量。因为其所测量的距离要么错误，要么不准确。

③ 在无反射器测量模式及配合反射片测量模式下，测量时要避免光束被遮挡而产生的干扰。

5.2.3　坐标测量

1. 坐标界面

N：北坐标；E：东坐标；Z：高程。

镜高：进入输入棱镜高度界面。

仪高：进入输入仪器高度界面，设置后需要重新定后视。

建站：进入快捷建站界面，输入测站点和后视点坐标后，瞄准后视点完成建站。

测量：进行距离测量并根据角度计算出测量点坐标。

2. 快速建站

N：输入测站、后视点 N 坐标。

E：输入测站、后视点 E 坐标。

Z：输入测站、后视点高程。

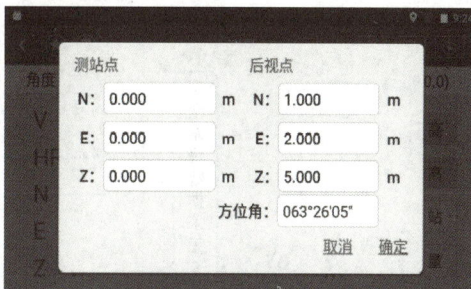

方位角：输入方位角进行定向。

确定：完成建站。

3. 输入棱镜高界面

镜高：输入当前的棱镜高。

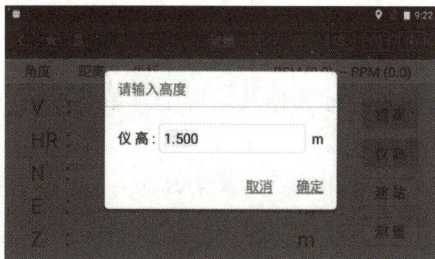

4. 输入仪器高界面

仪高：输入当前的仪器高。

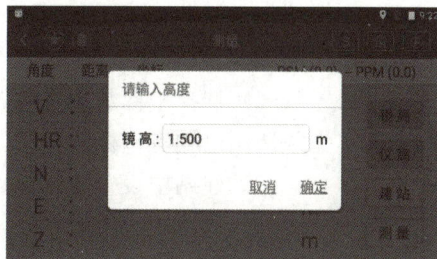

1 + X 证书

测绘地理信息数据获取与处理职业技能等级要求（初级）

1. 全站仪测量	1.1 全站仪的认识及使用	1.1.7 能在一个测站上使用全站仪测量角度、距离和坐标的方法并将数据记录在记录表中

技能大赛

本节知识点在"全国职业院校技能大赛工程测量——导线测量"中加以应用，需要进行角度、距离的测量，具体操作见工作手册。

知识点 3　全站仪数据采集

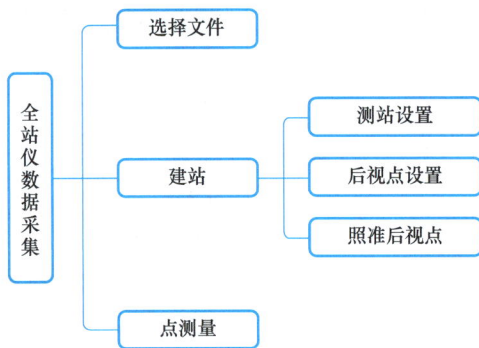

5-2动画 建站

全站仪进行数据采集操作过程中，必须严格对中、整平，照准目标，注意棱镜常数设置。

5.3.1　数据采集步骤

（1）选择数据采集文件，使其所采集数据存储在该文件中。

5-3动画 采集主点 测量

（2）选择坐标数据文件。可进行测站坐标数据及后视坐标数据调用（当无须调用已知点坐标数据时，可省略此步骤）。

（3）建站中设置测站点。包括仪器高和测站点号及坐标。

（4）建站中设置后视点，通过测量后视点进行定向，确定方位角。

（5）设置待测点的棱镜高。

建站具体操作步骤参考表 5-2。

（6）在采集菜单中通过"点测量"进行测量。具体操作见表 5-3。

建站具体操作步骤　　　　　　　　　　　　表 5-2

操作步骤	按键	界面显示
① 在主菜单按"建站"键，选择"已知点建站"功能	【已知点建站】	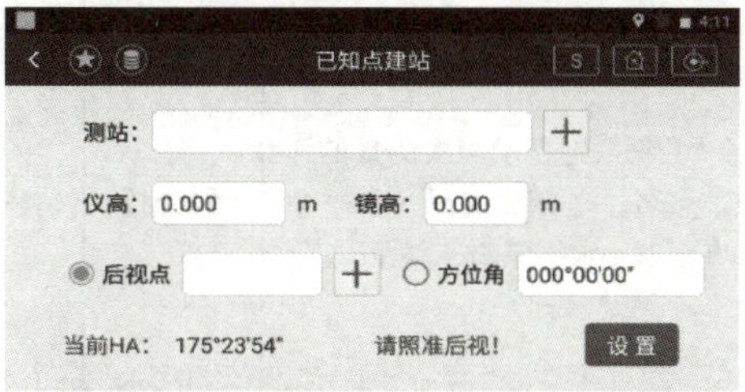
② 设置测站点坐标。 ※a、b	【调用】或【新建】	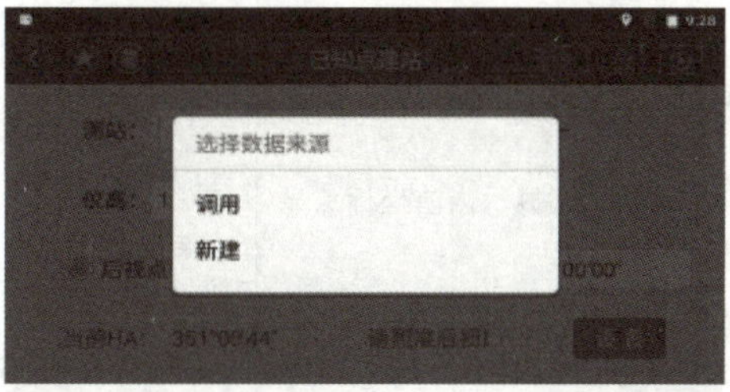
③ 选择需要调用的已知点，选择完毕返回建站页面		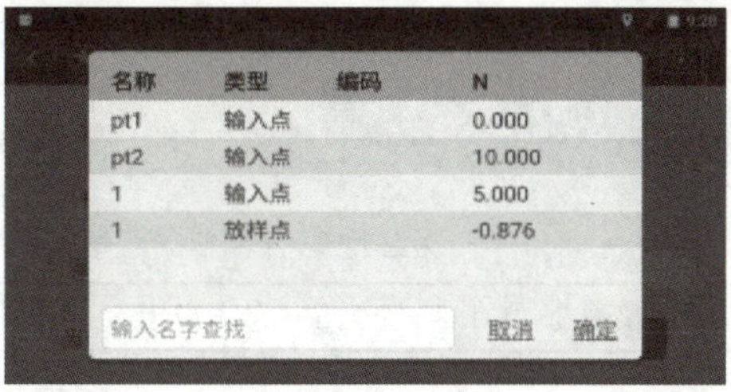
④ 以同样的方式设置后视点，点击设置，照准后视点，不进行多点定向，完成建站		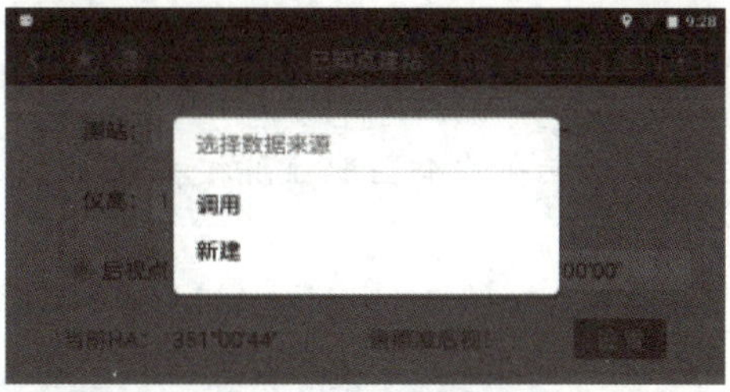

※ a. 提供两种测站点坐标获取模式：直接输入、点库获取。
　　b. 编码可以输入、编码库获取。

具体操作　　　　　　　　　　　　表 5-3

操作步骤	按键	界面显示
① 建站完成后，在主菜单按下"采集"键，选择"点测量"进入测量界面。照准目标后按下"测量"键能测量当前目标点的水平角度值、垂直角度值和坐标值	【点测量】	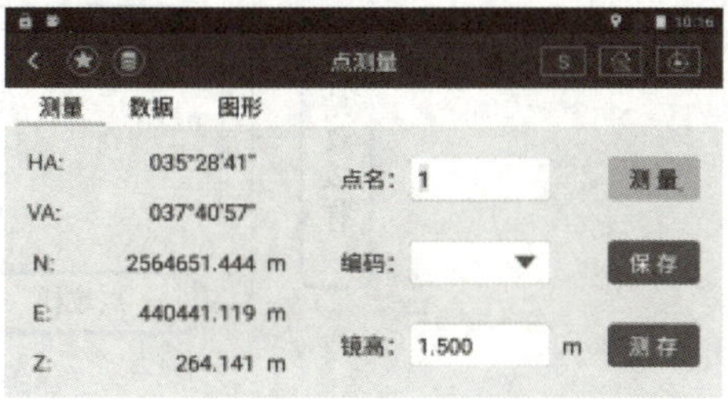

续表

操作步骤	按键	界面显示
② 按下"数据"键显示当次测量的详细信息，点名、坐标、编码、水平角度、垂直距离、水平距离、斜距	【数据】	点测量 测量 **数据** 图形 点名： 1 编码： N: 2564651.436 m HD: 0.072 m E: 440441.127 m VD: 0.093 m Z: 264.140 m SD: 0.118 m HA: 044°00'11" VA: 037°40'46" 保存
③ 按下"图形"键显示当前坐标点显示的图形		点测量 测量 数据 **图形**

1 + X 证书

测绘地理信息数据获取与处理职业技能等级要求（初级）

1. 全站仪测量	1.2 全站仪的基本应用	1.2.1 能使用全站仪建站

技能大赛

本节知识点在"全国职业院校技能大赛工程测量——数字测图"中加以应用。

知识点 4 全站仪放样

全站仪放样
- 建站
  - 测站设置
  - 后视点设置
  - 照准后视点
- 点放样
  - 放样
  - 数据
  - 图形

全站仪进行数据采集操作过程中，必须严格对中、整平，照准目标，注意棱镜常数设置。

5.4.1　放样步骤

1. 建站

在设置好温度、气压、棱镜常数后，放样前还需要设置测站点并设置后视点。方法与数据采集建站操作步骤相同。

设定后视点的坐标或设定后视方向的水平度盘读数为其方位角。当设定后视点的坐标时，全站仪会自动计算后视方向的方位角，并设定后视方向的水平度盘读数为其方位角。

2. 实施点的坐标放样——放样菜单（图 5-7）

5-4动画
放样-点放样

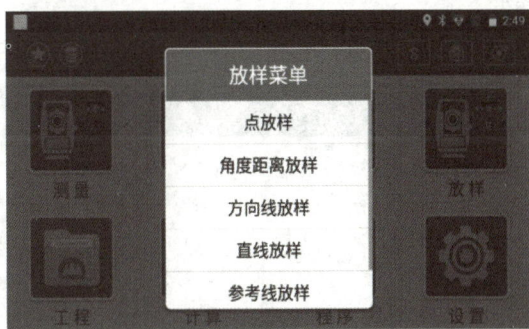

图 5-7　放样菜单

（1）输入或者调用放样点坐标。

（2）输入棱镜高。

（3）全站仪自动计算出放样元素。

（4）照准棱镜，执行（角度）功能，进行角度放样，仪器操作员指挥棱镜左右移动。当 dHA＝0°00′00″时，即表明放样方向正确。

（5）执行测量功能，进行距离和高差放样。仪器操作员指挥棱镜前后移动，当显示值 dHR，dHD 和 dZ 均为 0 时，则放样点的测设已经完成。

具体步骤如表 5-4 所示：

步骤　　　　　　　　　　　　　　　　　　　　　　　　　　　　表 5-4

点放样	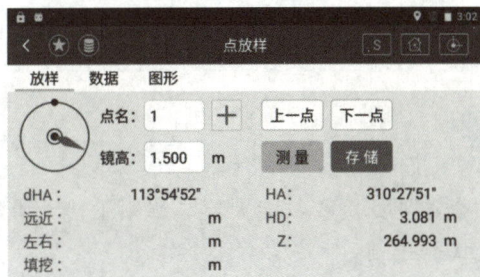

点放样	调用一个已知点进行放样。 dHA：仪器当前水平角与放样点方位角的差值； [＋]：调用、新建或输入一个放样点； [上一点]：当前放样点的上一点，当是第一个点时将没有变化； [下一点]：当前放样点的下一点，当是最后一个点时将没有变化； 远近：棱镜相对仪器移近或者移远的距离； 左右：棱镜向左或者向右移动的距离； 填挖：棱镜向上或者向下移动的距离； HA：放样的水平角度； HD：放样的水平距离； Z：放样点的高程； [存储]：存储前一次的测量值； [测量]：进行测量； 〔数据〕：显示测量的结果； 〔图形〕：显示放样点，测站点，测量点的图形关系
角度距离放样	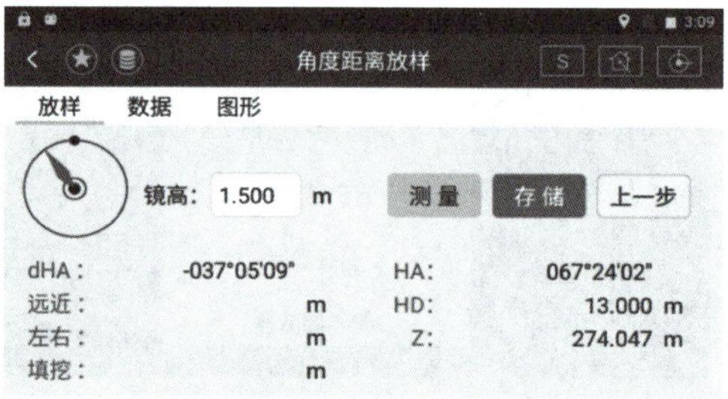 通过输入测站与待放样点间的距离、角度及高程值进行放样。 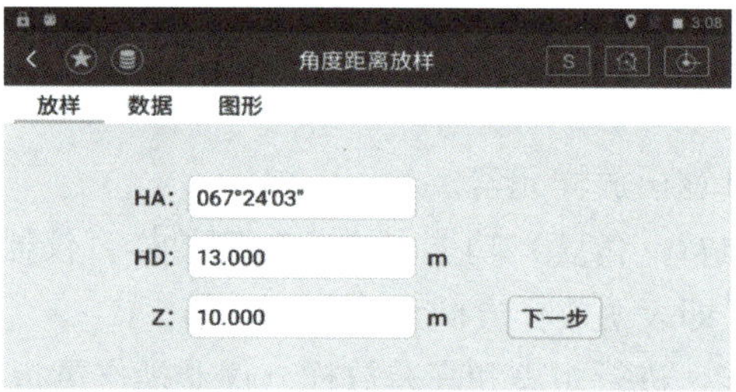

1＋X证书

测绘地理信息数据获取与处理职业技能等级要求（初级）

1. 全站仪测量	1.2　全站仪的基本应用	1.2.2　能使用全站仪进行距离测设及点位三维坐标的测设

技能大赛

　　本节知识点在"全国职业院校技能大赛工程测量——曲线测设和施工放样"中加以应用，具体操作见工作手册。

课后习题 🔍

1. 全站仪所显示的数据中 HD 表示（　　　）。
2. 全站仪所显示的数据中 HR 表示（　　　）、HL 表述（　　　）。
3. 全站仪所显示的数据中 N 表示（　　　）、E 表示（　　　）、Z 表示（　　　）。
4. 全站仪坐标测量的方法有哪些？
5. 全站仪放样的方法有哪些？

实训

任务1　全站仪认识与使用

❖ **任务描述**

架设、对中、整平全站仪，并认识各部件名称以及作用。

❖ **任务步骤分解**

☞ 步骤1：认识全站仪各部分名称，并了解其用途

请指出图 5-8 中全站仪各部分的名称。

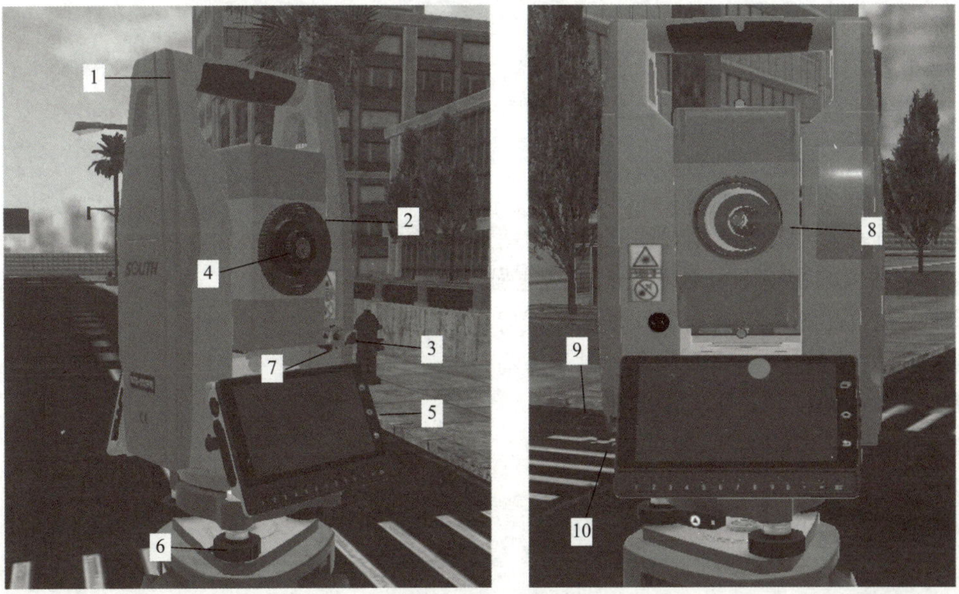

图 5-8　全站仪各部件名称

☞ 步骤 2：认识全站仪其他工具

1. 如图 5-9 所示，常见的棱镜有（　　）、（　　）和（　　）三种。

2. 全站仪合作目标键，可设置目标为（　　）、棱镜或无合作三种。

3. 全站仪中★键为快捷功能键，包含（　　）、十字丝照明、（　　）、温度气压设置。

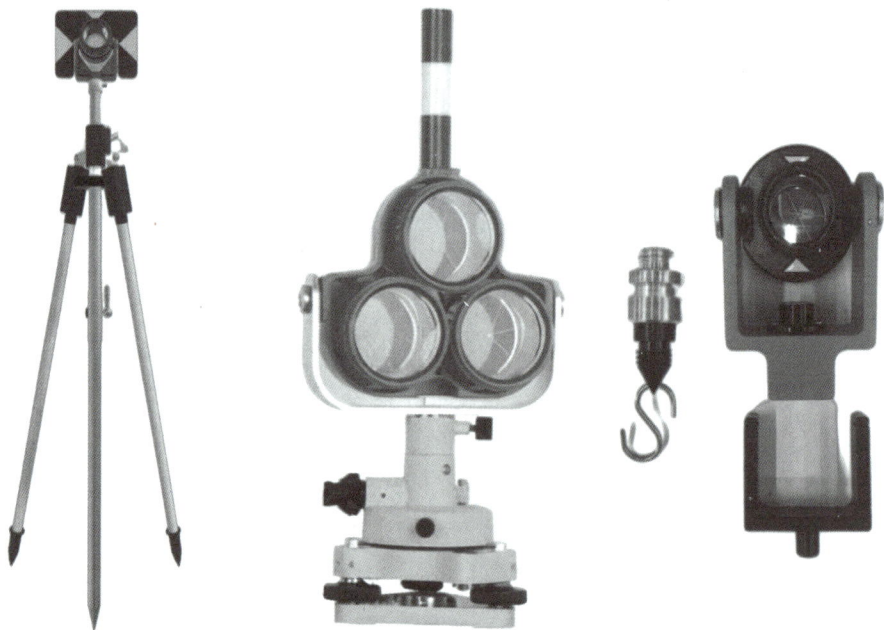

图 5-9　不同型号棱镜

☞ 步骤 3：使用全站仪

1. 在全站仪的安置工作中，粗略整平是通过（　　）使圆水准器气泡居中。

A. 调节脚螺旋　　　　　　　　　　　　B. 伸缩架腿长度

C. 调节微动螺旋　　　　　　　　　　　D. 调节制动螺旋

2. 下列关于全站仪使用时注意事项的叙述，错误的是（　　）。

A. 全站仪的物镜不可对着阳光或其他强光源

B. 全站仪的测线应远离变压器高压线等

C. 全站仪应避免测线两侧及镜站后方有反光物体

D. 安置全站仪时，不需要整平仪器。

3. 全站仪中"HD"一般代表（　　）。

A. 水平距离　　　　B. 水平右角　　　　C. 水平左角　　　　D. 高差

4. 全站仪中"Z"一般代表（　　）。

A. 高程　　　　B. 高程　　　　C. 东向坐标　　　　D. 北向坐标

5. 全站仪中以米为单位的字母是（　　）。

A. mm　　　　B. m　　　　C. ft　　　　D. fi

❖ 任务实施（表 5-5、表 5-6）

全站仪检查记录表   表 5-5

仪器检查记录表 表 5-5

序号	检查内容	检查结果		备注
		是	否	
1	仪器部件及附件是否齐全			
2	仪器各轴转动是否灵活，无杂声			
3	各螺旋是否正常工作			
4	物镜、目镜有无裂纹或是否清晰			
5	脚架和仪器的连接螺旋是否配套			
6	仪器箱锁、提手是否牢固			
7	棱镜是否有破损			
8	全站仪显示屏是否破损			

全站仪认识使用情况表 表 5-6

项目	要求	完成情况			备注
		顺利	有些困难	很难	
测前准备	检查全站仪各项指标正常、电源电量充足				
安置仪器	进行对中、整平				
基本设置	基本参数设置正确				
字母含义	字母含义对应准确清晰				
棱镜架设	棱镜架设正确				

❖ 任务活动总结（表 5-7）

全站仪的认识与使用任务完成清单 表 5-7

序号	实施步骤（简写）	是否完成	是否存在疑问	是否解决
1	认识全站仪			
2	认识全站仪其他工具			
3	全站仪的使用			

学生签名：

任务完成情况自评：（A、B、C、D、E）

注：等级评价为 A、B、C、D、E 五级，在评价的等级符号上画圈。

任务 2 全站仪基本测量

❖ 任务描述

1. 用全站仪进行水平角、竖直角的测量
2. 用全站仪进行水平距离、垂直距离、高差的测量
3. 用全站仪进行坐标测量

❖ **任务步骤分解**

☞ 步骤1：测前准备

全站仪进行距离或者坐标测量前，需要进行（　　）设置和（　　）设置。

☞ 步骤2：架设仪器

1. 用全站仪进行激光对中，如何打开激光对点器？

2. 全站仪测量水平距离时应确认仪器处于（　　）测量模块。

3. 全站仪测量水平角时应确认仪器处于（　　）测量模块。

☞ 步骤3：测量水平角和垂直角

1. 全站仪中"HR"与"HL"的区别是什么？水平角测量常用哪一个？

2. 如何用置零和置盘两种方式设置00°00′00″？

3. 垂直角与斜率百分比如何切换？

4. 由图5-10知，用全站仪测水平角，将观测数据填入表5-8中。

(a) 操作示意

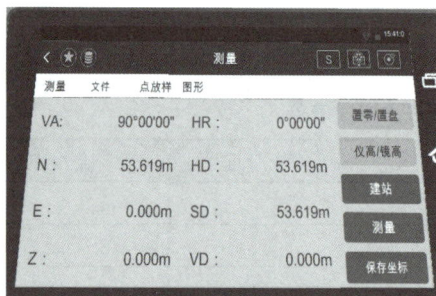

(b) 盘左左侧读数

(c) 盘左右侧读数

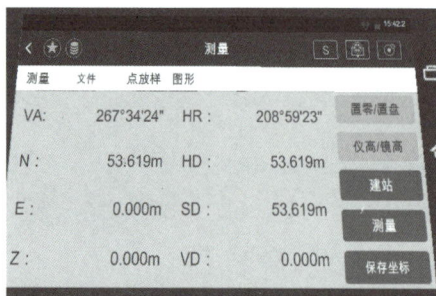

(d) 盘右右侧读数

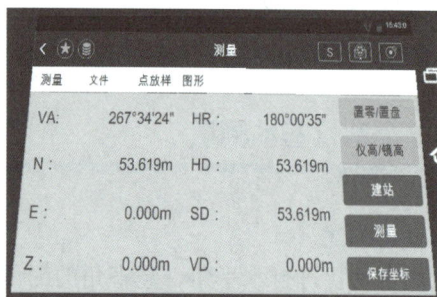

(e) 盘右左侧读数

图5-10　用全站仪观测水平角

水平角观测记录（测回法）　　　　　　　　　　　　表 5-8

测站	目标	竖盘位置	水平度盘读数	半测回角值	一测回平均角值	备注
O	A	左				
	B					
	A	右				
	B					

☞ 步骤 4：测量距离

1. HD 代表（　　）、SD 代表（　　）、VD 代表（　　）。

2. 如果测距后不显示数据，有可能出现的问题是什么？

3. 根据图 5-11，用全站仪测距离，将观测数据填入表 5-9 中。

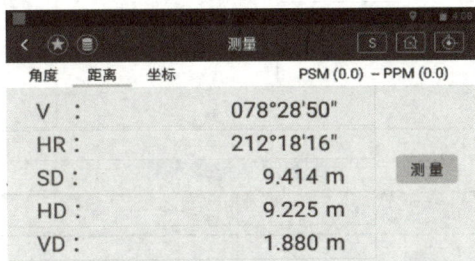

图 5-11　全站仪界面

数据表　　　　　　　　　　　　表 5-9

水平距离	高差	垂直距离

☞ 步骤 5：测量坐标

建站界面内需要进行（　　）和（　　）的设置。

❖ **任务实施（表 5-10～表 5-14）**

仪器检查记录表　　　　　　　　　　　　表 5-10

序号	检查内容	检查结果		备注
		是	否	
1	仪器部件及附件是否齐全			
2	仪器各轴转动是否灵活，无杂声			
3	各螺旋是否正常工作			
4	物镜、目镜有无裂纹或是否清晰			
5	脚架和仪器的连接螺旋是否配套			
6	仪器箱锁、提手是否牢固			
7	棱镜是否有破损			
8	全站仪显示屏是否破损			

全站仪基本测量情况表   表 5-11

项目	要求	完成情况			备注
		顺利	有些困难	很难	
测前准备	检查全站仪各项指标正常、电源电量充足				
架设仪器	进行对中、整平、基本设置正确				
测量水平角、竖直角	水平角、竖直角观测记录正确				
测量距离	水平距离、垂直距离、高差观测记录正确				
测量坐标	N、E、Z 测量正确				

水平角观测记录手簿（测回法）   表 5-12

测站	目标	竖盘位置	水平度盘读数（° ′ ″）	半测回角值（° ′ ″）	一测回平均角值（° ′ ″）	备注
O	A	左				
	B					
	A	右				
	B					

距离观测记录手簿   表 5-13

点号	水平距离（m）	倾斜距离（m）	高差（m）
1			
2			

坐标观测记录手簿   表 5-14

点号	N（X）(m)	E（Y）(m)	Z（H）(m)
1			
2			

❖ 任务活动总结（表 5-15）

全站仪基本测量任务完成清单   表 5-15

序号	实施步骤（简写）	是否完成	是否存在疑问	是否解决
1	角度测量			
2	距离测量			
3	坐标测量			

学生签名：

任务完成情况自评：（A、B、C、D、E）

注：等级评价为 A、B、C、D、E 五级，在评价的等级符号上画圈。

任务 3　全站仪数据采集

❖ 任务描述

在实训场地任意选择已知的一个测站点 A 和一个后视点 B，然后进行待测点的数据采集工作（图 5-12）。

图 5-12　测量

❖ **任务步骤分解**

☞ 步骤 1：建站

1. 测站坐标选择有（　　）（　　）两种形式。

2. 仪器高和棱镜高对 N、E、Z 中的哪个量有影响？

3. 后视点定向可以通过哪两种方式确定？

☞ 步骤 2：采集

1. 主菜单按完采集键后，应按哪个键进入数据采集？

2. 简述保存和测存的区别？

3. 按（　　）键可以看到测量的详细信息。

4. 按（　　）键可显示当前坐标点的图形。

❖ **任务实施**（表 5-16～表 5-18）

仪器检查记录表　　　　　　　　　　　　　　　表 5-16

序号	检查内容	检查结果		备注
		是	否	
1	仪器部件及附件是否齐全			
2	仪器各轴转动是否灵活，无杂声			
3	各螺旋是否正常工作			
4	物镜、目镜有无裂纹或是否清晰			
5	脚架和仪器的连接螺旋是否配套			
6	仪器箱锁、提手是否牢固			
7	棱镜是否有破损			
8	全站仪显示屏是否破损			

全站仪数据采集情况表　　　　　　　　　　　　表 5-17

项目	要求	完成情况			备注
		顺利	有些困难	很难	
建站	建站步骤正确				
采集	采集步骤正确				

全站仪数据采集成果记录表　　　　　　　　　　表 5-18

序	点名	X	Y	H	备注
					测站点
					后视点
					待测点
					待测点
					待测点
					待测点

❖ **任务活动总结（表 5-19）**

全站仪数据采集任务完成清单　　　　　　　　　　表 5-19

序号	实施步骤（简写）	是否完成	是否存在疑问	是否解决
1	建站			
2	采集			

学生签名：

任务完成情况自评：（A、B、C、D、E）

注：等级评价为 A、B、C、D、E 五级，在评价的等级符号上画圈。

任务4　全站仪放样（全国职业院校技能大赛工程测量赛项）

❖ **任务描述**

（竞赛试题）场地为硬化地面，场地面积约（100～150）m×（100～150）m。利用 2″级全站仪及配套的棱镜（含基座）2 个、3 个脚架进行测设、放样。

学生练习时，教师可根据现实情况给出已知测站点、定向点和检核点的坐标，再给出放样点的坐标。

❖ **任务步骤分解**

☞ 步骤1：建站

建站坐标选择有（　　）（　　）两种形式。

☞ 步骤2：放样

1. 主菜单按完放样菜单后按（　　）进入点的坐标放样。

2. 放样计算数据 dHA 代表的含义是什么？

3. 填挖后的数据指挥棱镜应该如何移动？

4. 远近后的数据指挥棱镜应该如何移动？

❖ **任务实施（表 5-20、表 5-21）**

1. 按规定完成相应的计算。

2. 开始放样时，在测站点整置仪器、定向，至少用一个检查点检查定向，然后开始放样指定点。

3. 放样完成后，根据老师给定的测站、定向点和检查点的坐标进行检核，并记录检测数据。

4. 检查结束后应将仪器装箱，脚架收好，上交成果，计时结束。

仪器检查记录表   表 5-20

序号	检查内容	检查结果		备注
		是	否	
1	仪器部件及附件是否齐全			
2	仪器各轴转动是否灵活，无杂声			
3	各螺旋是否正常工作			
4	物镜、目镜有无裂纹或是否清晰			
5	脚架和仪器的连接螺旋是否配套			
6	仪器箱锁、提手是否牢固			
7	棱镜是否有破损			
8	全站仪显示屏是否破损			

全站仪数据采集情况表   表 5-21

项目	要求	完成情况			备注
		顺利	有些困难	很难	
建站	建站步骤正确				
放样	放样步骤正确				

❖ **任务活动总结（表 5-22）**

全站仪放样任务完成清单   表 5-22

序号	实施步骤（简写）	是否完成（精度在5mm之内）	是否存在疑问	是否解决
1	建站			
2	放样			

学生签名：

任务完成情况自评：（A、B、C、D、E）

注：等级评价为 A、B、C、D、E 五级，在评价的等级符号上画圈。

Chapter 06

教学单元6

控制测量

项目描述

控制测量是实施其他测量工作的基础，包括国家级控制网的测量以及在工程中应用最多，也更为灵活的小区域控制测量。通过介绍控制测量的基本内容，高程控制测量的方法，如何进行导线测量的布设、选点、外业施测、内业数据处理以及三角高程测量的原理和全球导航卫星系统控制测量来进行本项目的学习。

知识目标

1. 了解控制测量的分类、建网原则、布网方式、精度等级，以及它的适用范围。
2. 掌握二等水准测量的测量方法及其平差计算；掌握三角高程测量的方法。
3. 掌握导线的布设形式和外业测量方法。
4. 掌握闭合导线测量内业计算的方法。
5. 掌握附合导线测量内业计算的方法。
6. 了解全球导航卫星系统控制测量相关知识。

能力目标

1. 能够独立使用水准仪进行及二等水准测量。
2. 能够独立布设导线并进行外业测量。
3. 能够通过不同的导线形式对外业测量数据进行闭合、附合的内业计算。

知识点 1　控制测量基础知识

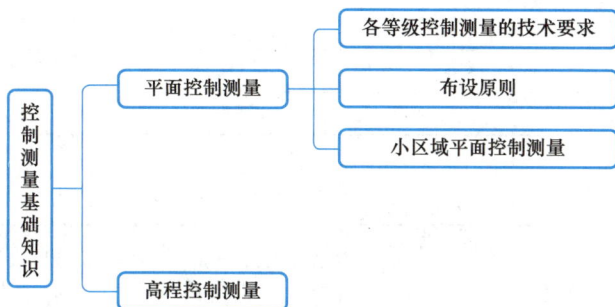

```
                              ┌─── 各等级控制测量的技术要求 ───┐
            ┌─── 平面控制测量 ─┼─────── 布设原则 ───────┤
 控制测量基础知识 ─┤           └─── 小区域平面控制测量 ───┘
            │
            └─── 高程控制测量
```

在测量工作中，为统一坐标系统和限制误差的积累，应遵循"从整体到局部，先控制后碎部"的原则，也就是在测区选定若干个起控制作用的点（控制点）构成一定的几何图形，即控制网，用来控制全局，然后根据控制网测定控制点周围的地形或进行建筑施工测量。

控制测量按其功能可分为平面控制测量和高程控制测量。

6.1.1　平面控制测量

直接供地形测图使用的控制点，称为图根控制点。测定图根点位置的工作，称为图根控制测量。在小于 15 平方千米的范围内建立的控制网，称为小区域平面控制网。为大比例尺测图和工程建设而建立的平面控制网包括首级控制网和图根控制网。

在这个范围内，水准面可视为水平面，不需要将测量成果归算到高斯平面上，而是采用直角坐标，直接在平面上计算坐标。在建立小区域平面控制网时，应尽量与已建立的国家或城市控制网联测，将国家或城市高级控制点的坐标作为小区域平面控制网的起算和校核数据。如果测区内或测区周围无高级控制点，或者是不便于联测时，也可建立独立平面控制网。

1. 各等级控制测量的技术要求

平面控制网的建立，可采用卫星定位测量、导线测量及三角形网测量等方法。卫星定位测量技术以其精度高、速度快、全天候、操作简便而著称，已被广泛应用于测绘领域，故《工程测量标准》GB 50026—2020 将卫星定位测量技术列为平面控制网建立的首要方法。按规范要求平面控制网精度等级的划分，卫星定位测量控制网依次为二、三、四等和一、二级，导线及导线网依次为三、四等和一、二、三级，三角形网依次为二、三、四等和一、二级。表 6-1～表 6-3 所示的是《工程测量标准》GB 50026—2020 平面控制网的主要技术要求。

卫星定位测量控制网的主要技术要求　　表 6-1

等级	平均边长 (km)	固定误差 (mm)	比例误差系数 (mm/km)	约束点间的边长相对中误差	约束平差最弱边相对中误差
二等	9	≤10	≤2	≤1/250000	≤1/120000
三等	4.5	≤10	≤5	≤1/150000	≤1/70000
四等	2	≤10	≤10	≤1/100000	≤1/40000
一级	1	≤10	≤20	≤1/40000	≤1/20000
二级	0.5	≤10	≤40	≤1/20000	≤1/10000

各等级导线测量的主要技术要求　　表 6-2

等级	导线 长度 (km)	平均 长度 (km)	测角 中误差 (″)	测距中 误差 (mm)	测距相对 中误差	测回数				方位角 闭合差 (″)	导线全 长相对 闭合差
						0.5″级 仪器	1″级 仪器	2″级 仪器	6″级 仪器		
三等	14	3	1.8	20	≤1/150000	4	6	10	—	$3.6\sqrt{n}$	≤1/55000
四等	9	1.5	2.5	18	≤1/80000	2	4	6	—	$5\sqrt{n}$	≤1/35000
一级	4	0.5	5	15	≤1/30000	—	—	2	4	$10\sqrt{n}$	≤1/15000
二级	2.4	0.25	8	15	≤1/14000	—	—	1	3	$16\sqrt{n}$	≤1/10000
三级	1.2	0.1	12	15	≤1/7000	—	—	1	2	$24\sqrt{n}$	≤1/5000

注：①表中 n 为测站数；②当测区测图的最大比例尺为 1：1000 时，一、二、三级导线的平均边长及总长可适当放长，但最大长度不应大于表中规定长度的 2 倍。

图根导线测量的主要技术要求　　表 6-3

导线长度（m）	相对闭合差	测角中误差（″）		方位角闭合差（″）	
		首级控制	加密控制	首级控制	加密控制
≤$\alpha \times M$	≤1/（2000×α）	20	30	$40\sqrt{n}$	$60\sqrt{n}$

注：①α 为比例系数，取值宜为 1，当采用 1：500、1：1000 比例尺测绘图时，其值可在 1～2 之间选用；②M 为测图比例尺的分母；但对于工矿区现状图测量，不论测图比例尺大小，M 均应取值为 500；③隐蔽或施测困难地区，导线相对闭合差可放宽，但不应大于 1/（1000×α）。

2. 平面控制网的布设原则

（1）首级控制网的布设，应因地制宜，且适当考虑发展。当与国家坐标系统联测时，应同时考虑联测方案。

（2）首级控制网的等级，应根据工程规模、控制网的用途和精度要求合理选择。

（3）加密控制网，可越级布设或同等级扩展。

平面控制网的坐标系统，应在满足测区内投影长度变形不大于 2.5cm/km 的要求下作下列选择。

（1）采用统一的高斯正形投影 3°带平面直角坐标系统。

（2）采用高斯正形投影 3°带，投影面为测区平均高程面的平面直角坐标系统；或采用任意带，投影面为 1985 国家高程基准面平面直角坐标系统。

（3）小测区有特殊精度要求的控制网，可采用独立坐标系统。

（4）在已有平面控制网的地区，可沿用原有的坐标系统。

（5）厂区内可采用建筑坐标系统。

3. 小区域平面控制测量

小区域平面控制测量的主要方法有三角测量和导线测量。

三角测量要求通视条件较高，观测时必须满足三角形的三个点互相通视，一般适合在地面起伏比较大的地区；而在城市中，高楼林立，通视条件无法保证，很难布设。图根三角测量已经很少使用。

导线测量布设灵活，要求通视方向少，边长可直接测定，适宜布设在视野不够开阔的地区，如城市、厂区、矿山建筑区、森林等，也适用于狭长地带的控制测量，如铁路、隧道、渠道等。随着全站仪的普及，一测站可同时完成测距、测角的全部工作，使导线成为平面控制中简单而有效的方法。

直接为测绘地形图而建立的控制网叫图根控制网，导线测量方法特别适用于图根控制网的建立。

6.1.2　高程控制测量

测定控制点高程（H）所进行的测量工作，称为高程控制测量。根据高程控制网的观测方法来划分，可以分为水准网、三角高程网和 GPS 高程网等。

水准网基本的组成单元是水准路线，包括闭合水准路线和附合水准路线。三角高程网是通过三角高程测量建立的，主要用于地形起伏较大、直接水准测量有困难的地区或对高程控制要求不高的工程项目。GPS 高程控制网是利用全球定位系统建立的高程控制网。水准网采用精密水准测量的方法。一等水准网是国家高程控制网的骨干；二等水准网布设于一等水准环内，是国家高程控制网的全面基础；三、四等水准为国家高程控制网的进一步加密。测定控制点高程（H）的工作，称为高程控制测量。

普法讲堂

测绘人员职业规范

1. 爱岗敬业、奉献测绘

大力弘扬爱祖国、爱事业、艰苦奋斗、无私奉献的测绘精神，增强职业荣誉感，热爱测绘，乐于奉献，吃苦耐劳，不畏艰险。

2. 崇尚科学、开拓创新

弘扬科学精神，刻苦钻研技术，勇攀科技高峰；应当加强学习，大胆实践，与时俱进，积极进取，不断提高创新意识和能力。

3. 维护版图、保守秘密

具有强烈的爱国主义精神，增强政治责任感和国家版图意识，确保地理空间信息安全。

4. 服务用户、诚信为本

牢固树立服务意识，主动服务，优质服务，拓宽服务领域，提高服务能力；在测绘活动中应当树立信用观念，遵守合同，诚实守信。

5. 严谨求实、质量第一

自觉维护国家测绘基准、测绘系统的法定性和统一性，严格遵守测绘技术标准、规范图式和操作规程，真实准确，细致及时，确保成果质量。

6. 遵纪守法、团结协作

树立法治观念，依法测绘，安全生产，合法经营，公平竞争，自觉维护测绘市场秩序；应当增强集体意识和团队精神，友爱互助，文明作业。

知识点 2　高程控制测量

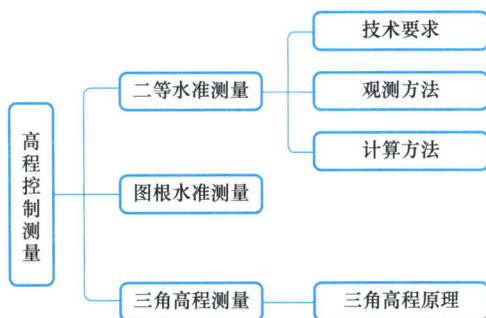

小地区的高程控制测量就是在整个场区建立可靠的水准点，组成一定形式的水准路线（一般为闭合水准路线），一般情况下可布置为四等水准路线。水准点的密度应尽可能满足一次仪器即可测设所需的高程点，平面控制点亦可兼高程控制点。水准网一般布设成两级，首级网作为整个场地的高程基本控制，一般情况下按四等水准测量的方法确定水准点高程，并埋设永久性标志。若因某些部位测量精度要求较高时，可在局部范围采用三等水准测量，设置三等水准点。加密水准网以首级水准网为基础，可根据不同的要求按四等水准或图根水准的要求进行布设。

小地区一般以三等或四等水准网作为首级高程控制，进行地形测量时，再用图根水准测量或三角高程测量进行加密。三、四等水准测量在项目二中讲解，在本项目我们介绍二等水准测量。

6.2.1　二等水准测量

6-1动画
二等水准
测量

1. 技术要求

二等水准测量又称为精密水准测量，常用于进行沉降观测。二等水准测量的主要技术要求按照《工程测量标准》GB 50026—2020，详见表 6-4～表 6-6。

二等水准测量技术要求　　　表 6-4

视线长度（m）	前后视距差（m）	前后视距累积差（m）	视线高度（m）	两次读数所得高差之差（mm）	水准仪重复测量次数（次）	测段、环线闭合差（mm）
≥3 且≤50	≤1.5	≤6.0	≤1.85 且 ≥0.55	≤0.6	≥2	$\leqslant 4\sqrt{L}$

数字水准仪观测的主要技术要求　　　表 6-5

等级	水准仪级别	水准尺类别	视线长度（m）	前后视的距离较差（m）	前后视的距离较差累积（m）	视线离地面最低高度（m）	测站两次观测的高差较差（mm）	数字水准仪重复测量次数
二等	DSZ1	条码式因瓦尺	50	1.5	3.0	0.55	0.7	2
三等	DSZ1	条码式因瓦尺	100	2.0	5.0	0.45	1.5	2
四等	DSZ1	条码式因瓦尺	100	3.0	10.0	0.35	3.0	2
	DSZ1	条码式玻璃钢尺	100	3.0	10.0	0.35	5.0	2
五等	DSZ3	条码式玻璃钢尺	100	近似相等	—	—	—	—

注：① 二等数字水准测量观测顺序，奇数站应为后—前—前—后，偶数站应为前—后—后—前。
　　② 三等数字水准测量观测顺序应为后—前—前—后；四等数字水准测量观测顺序应为后—后—前—前。
　　③ 水准观测时，若受地面振动影响时，应停止测量。

光学水准仪观测的主要技术要求　　　表 6-6

等级	水准仪级别	视线长度（m）	前后视距差（m）	任一测站上前后视距差累积（m）	视线离地面最低高度（m）	基、辅分划或黑、红面读数较差（mm）	基、辅分划或黑、红面所测高差较差（mm）
二等	DS1、DSZ1	50	1.0	3.0	0.5	0.5	0.7
三等	DS1、DSZ1	100	3.0	6.0	0.3	1.0	1.5
	DS3、DSZ3	75				2.0	3.0
四等	DS3、DSZ3	100	5.0	10.0	0.2	3.0	5.0
五等	DS3、DSZ3	100	近似相等	—	—	—	—

注：① 二等光学水准测量观测顺序，往测时，奇数站应为后—前—前—后，偶数站应为前—后—后—前；返测时，奇数站应为前—后—后—前，偶数站应为后—前—前—后。
　　② 三等光学水准测量观测顺序应为后—前—前—后；四等光学水准测量观测顺序应为后—后—前—前。
　　③ 二等水准视线长度小于 20m 时，视线高度不应低于 0.3m。
　　④ 三、四等水准采用变动仪器高度观测单面水准尺时，所测两次高差较差，应与黑面、红面所测高差之差的要求相同。

2. 观测方法

二等水准测量采用单程观测，每测站读两次高差，奇数站观测水准尺的顺序为：后—前—前—后；偶数站观测水准尺的顺序为：前—后—后—前，水准路线各测段的测站数必须为偶数。如果进行往返测量，返测的观测程序与往测相反，即奇数测站采用前—后—后—前，而偶数测站采用后—前—前—后的观测程序。

3. 二等水准路线的内业计算

各测站、测段观测完成后，整个水准路线的内业计算同教学单元 2 中介绍的水准路线内业计算相同，参考表 6-7。

二等水准测量观测手簿　　　　　　　　　　表 6-7

测站编号	后距	前距	方向及尺号	标尺读数		两次读数之差	备注
	视距差	累积视距差		第一次读数	第二次读数		
1	42.7	42.9	后 A_1	121063	121068	−5	
			前	060257	060263	−6	
	−0.2	−0.2	后—前	060806	060805	1	
			h	0.60806			
2	40.8	41	后	182702	182701	1	
			前	084366	084341	25	
	−0.2	−0.4	后—前	098336	098360	−24	
			h	0.98348			
3	39.6	40	后	110675	110654	21	
			前	150456	150475	−19	
	−0.4	−0.8	后—前	−039781	−039821	40	
			h	−0.39801			
4	41.4	40.6	后	074901	074907	−6	
			前	176462	176474	−12	
	0.8	0	后—前	−101561	−101567	6	
			h	−1.01564			
5	19.9	21	后	071306	071310	−4	
			前	174640	174634	6	
	−1.1	−1.1	后—前	−103334	−103324	−10	
			h	−1.03329			
6	13.4	12.6	后	095488	095485	3	
			前 B_1	151312	151309	3	
	0.8	−0.3	后—前	−055824	−055824	0	
			h	−0.55824			

6.2.2　图根水准测量

图根水准测量用于测定测区首级平面控制点和图根点的高程。在小地区，图根水准测量可用作布设首级高程控制，其精度低于国家四等水准测量，故又称为等外水准测量。图根水准测量可将图根点布设成附合路线或闭合路线，其观测、记录和计算方法参见教学单元 2。

6.2.3　三角高程测量

当测区地形起伏较大且不便于进行水准测量时，通常采用三角高程测量，即根据地面两点间的距离和竖直角，利用三角函数关系求出两点间高差，进而求算待定点高程的方法。

进行三角高程测量时，应测定两点间的水平距离或斜距及竖直角。根据测量距离的方法不同，三角高程测量又分为光电测距三角高程测量和经纬仪三角高程测量，前者可以代替四等水准测量，后者主要用于山区图根高程控制。如图 6-1 所示，欲测定 A、B 两点间的高差，安置经纬仪于 A 点，在 B 点竖立标杆。设仪器高为 i，标杆高为 v，已知两点间水平距离为 D，望远镜瞄准标杆顶点 M 时测得竖直角为 α，从图中看出高差 h_{AB} 的计算公式为

$$h_{AB} = D \cdot \sin\alpha + i - v \tag{6-1}$$

已知 A 点高程 H_A，则 B 点高程 H_B 计算公式为

$$H_B = H_A + h_{AB} \tag{6-2}$$

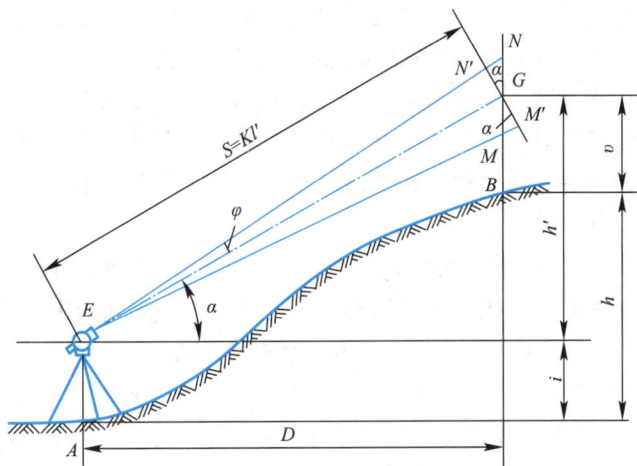

图 6-1　三角高程测量

当 $v = i$ 时，计算更简便。为消除地球曲率和大气折光对高差的影响，三角高程测量应往返观测，即对向观测，由 A 观测 B，又由 B 观测 A。往返观测高差之差不大于限差时，取平均值作为两点间的高差。

工匠故事

用脚步传递的高程——2020 珠峰高程测量之水准测量

水准测量是珠峰高程测量的重要手段。水准测量是用水准仪和水准尺测定地面上两点间高差的方法。在地面两点间安置水准仪，观测竖立在两点上的水准标尺，按标尺上读数推算两点间的高差。通常由已知水准点出发，沿选定的水准路线逐站测定各点的高差。

　　2020珠峰高程测量中的水准测量是从日喀则国家深层基岩水准点出发。2019年12月，自然资源部第一大地测量队的水准测量组来到西藏，复测了珠峰地区的一等水准网。然后以此一等水准网为基准，分成两条支线，进行珠峰地区的二等水准测量，一直传递到珠峰大本营的水准基点，然后再以此为已知点，通过三等水准测量、高程导线、三角高程测量、跨河水准测量等方式传递到珠峰脚下6个交会点。待到觇标竖立在珠峰峰顶，各交会点通过三角测量，并和其他测量手段所得结果综合计算，确定珠峰的精准高程（图6-2）。

　　一等水准的精度高于二等，二等的精度高于三等。即使是三等水准测量，每公里的偶然误差也是毫米级的。对误差要求极其严格，是为了保证水准数据的精确。

　　在珠峰脚下的扎西宗乡和曲当乡之间，记者目睹了水准测量操作过程。

　　下午4点，水准组开始准备测量。他们找到观测的间歇点，这是他们上午测到的位置。水准测量要避开正午，因为太阳直射不利于观测，他们的工作时间是上午8点到12点，下午4点到8点，每半天被他们称为一个光段。在这里，他们每个光段能测3km多。每段路线，都必须一步一步走。

　　测量队员金良把电子水准仪从仪器箱里取出来，让其适应环境温度，以最大限度地避免热胀冷缩可能带来的影响。经过简单的调试，测量就开始了。

　　一个负责测距的工人，手持推轮测距仪，从点位出发，量12m，画出一个标记；再量12m，画出一个标记。金良扛起测距器，把三脚架架设在第一个标记正上方。另外一名工人扛着标尺快步走过第二个标记处，先把一个金属的尺台放在地上，再把标尺固定在尺台上。这样，水准仪距离前后两个标尺的距离都是12m，用他们的专业术语来讲，就是前后视距要相等。

　　金良先把水准仪对准后方的标尺，观测、瞄准，读取并记录数据，再转过头，对准前方的标尺，同样的流程，就得出了这两点之间的高差。等前后都测量好了，他一挥手，扛起仪器就走，固定后方两个标尺的雇工扛起标尺就走，前方的标尺保持不动。

　　金良把仪器扛到前方标尺之前第一个标记处架设，而工人则把标尺扛到第二个标记处固定住。这时，刚才位于前方的标尺就处于后方，而刚才后方的标尺则处于前方，水准仪依然位于两个标尺中间。就这样再重复前面的测量流程，一站一站测下去。

　　路边是陡峭的山崖，堆满乱石，队员们在测量的过程中，经常有石头滚落下来，有的石头是被风吹落，有的石头是被山上的岩羊踩落。测量队员们就这样克服各种不利因素，一步一步将高程传递到珠峰脚下。

图6-2　珠峰测量

技能大赛

　　本节知识点在"全国职业院校技能大赛工程测量——二等水准测量"中加以应用，具体操作见实训手册。

知识点 3　导线测量

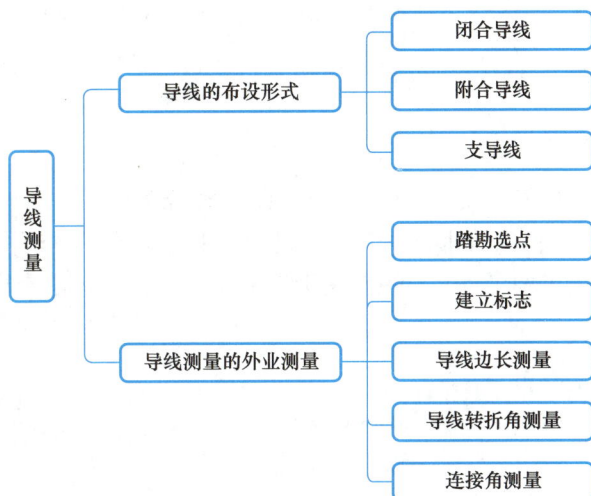

```
导线测量 ┬ 导线的布设形式 ┬ 闭合导线
         │               ├ 附合导线
         │               └ 支导线
         │
         └ 导线测量的外业测量 ┬ 踏勘选点
                             ├ 建立标志
                             ├ 导线边长测量
                             ├ 导线转折角测量
                             └ 连接角测量
```

　　导线测量就是依次测量各导线边的边长和各转折角，根据起算数据，推算各边的坐标方位角，从而求得各导线点的坐标。导线测量只需要相邻两导线点互相通视即可，是平面控制测量的常用方法之一。特别是在地物分布较为复杂的建筑区、视线障碍较多的隐蔽地区和带状地区，此法尤为适用。在光电测距和电子计算技术被广泛应用的今天，以导线测量的方法来建立平面控制网得以迅速推广。

6.3.1　导线的布设形式

1. 闭合导线

　　如图 6-3 所示，导线从一已知高级控制点 A 开始，经过一系列的导线点 1、2、3、……，最后又回到 A 点上，形成一个闭合多边形。闭合导线多用于范围较为宽阔地区的控制。

2. 附合导线

　　布设在两个高级控制点之间的导线称附合导线。如图 6-3 所示，导线从已知高级控制点 A、B 开始，经过 5、6 等导线点，最后附合到另一个高级控制点 C、D 上。附合导线主要用于带状地区的控制，如铁路、公路、河道的测图控制。

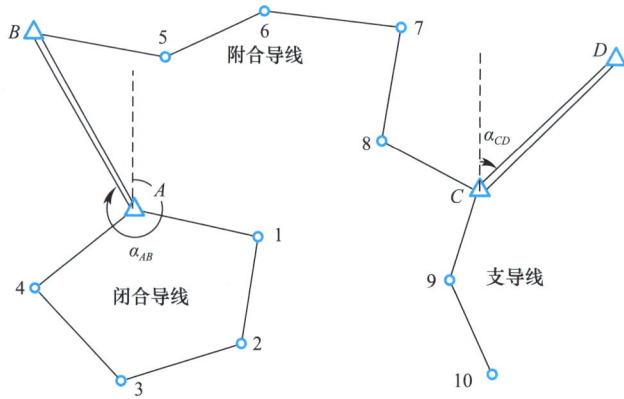

图 6-3　导线布设形式

3. 支导线

从一个已知控制点出发，支出 1～2 个点，既不附合至另一控制点，也不回到原来的起始点，这种形式称支导线，如图 6-3 中的 9、10。由于支导线缺乏检核条件，故测量规范规定支导线一般不超过两个点。它主要用于当主控导线点不能满足局部测图需要时，而采用的辅助控制。

6.3.2　导线测量的外业工作

1. 踏勘选点

在踏勘选点前，应调查收集测区已有地形图和高一级控制点的成果资料，把控制点展绘在地形图上，然后在地形图拟定导线的布设方案，最后到野外去踏勘，实地核对、修改、落实点位。如果测区没有地形图资料，则需详细踏勘现场，根据已知控制点的分布、测区地形条件及测图和施工需要等具体情况，合理地选定导线点的位置。

实地选点时，应注意下列选点原则：

（1）相邻点间通视良好，地势较平坦，以便于测角和量距；

（2）点位应选在土质坚实处，便于保存标志和安置仪器；

（3）地势高，视野开阔，便于测绘周围地物和地貌；

（4）导线边长应大致相等，避免过长、过短，相邻边长之比不应超过三倍；

（5）导线点应有足够的密度，且分布均匀，便于控制整个测区。

2. 建立标志

导线点选定后，应在地面上建立标志，并沿导线走向顺序编号，绘制导线略图。要在每个点位上打一大木桩（图 6-4），桩顶钉一小钉，作为临时性标志；对等级导线点应按规范埋设混凝土桩（图 6-5），桩顶刻"十"字，作为永久性标志。并在导线点附近的明显地物（房角、电杆）上用油漆注明导线点的编号和距离，并测绘草图，注明尺寸，称为"点之记"（图 6-6）。

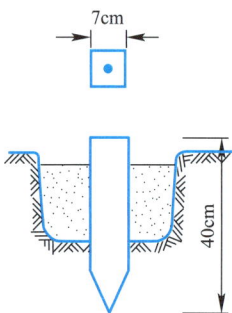

图 6-4　临时导线点

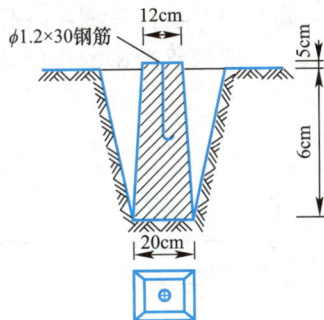

图 6-5　永久导线点的埋设

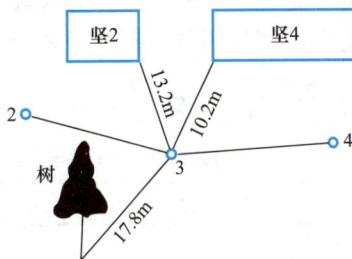

图 6-6　点之记

3. 导线边长测量

传统导线边长测量可采用钢尺，视距法等方法。随着测绘技术的发展，目前全站仪已成为距离测量的主要手段。用全站仪测边长时，应往返观测取平均值。对于图根导线，仅进行气象改正和倾斜改正；对于精确度要求较高的一、二级导线，应进行仪器加常数和乘常数的改正。

4. 导线转折角测量

导线的转折角可测量左角或右角。按照导线前进的方向，在导线左侧的角称为左角，在导线右侧的角称为右角。一般规定闭合导线测内角，附合导线在铁路系统习惯测右角，其他系统多测内角。但若采用电子经纬仪或全站仪，测左角要比测右角具有较多的优点，它可以直接显示出角值、方位角等。

对于一、二级导线，由于边长较短，一般不采用单独觇标而采用觇牌（或觇牌与反射镜的组合）作为照准目标。短边导线的对中误差对水平角的影响较大，为了减小对中误差对测角的影响并提高工作效率，宜采用三联脚架法观测导线折角。

三联脚架法要用到脚架、基座、仪器（经纬仪、测距仪或全站仪）、觇牌（或觇牌与反射镜的组合）、独立对点器等设备。基座起到将仪器或觇牌与脚架连接在一起及强制对中的作用。具体使用时，先用独立对点器与基座、三脚架配合，在点位上对中后，可将觇牌直接安装在上面，也可将独立对点器取出，再将仪器安装在基座上面，当测角和测距工作与本点无关时，再取走脚架和基座，迁移到另外的点上。

实践证明，对于短边导线，采用三联脚架法进行导线测量减弱了对中误差对测角和测距的影响，可以获得较好的观测成果，而且也提高了工作效率。因此，在短边导线测量工作中，应尽可能地用三联脚架法测量水平角和导线边长。

5. 连接角测量

与高级控制点联测需进行定向测量。为了计算导线点的坐标，必须知道导线各边的坐标方位角，因此应确定导线起始边的方位角。若导线起始点附近有国家控制点时，则应与控制点联测连接角，再来推算导线各边方位角。

如图 6-7 所示，导线与高级控制点连接，必须观测连接角 β_B、β_1 和连接边 D_{B1}，作为传递

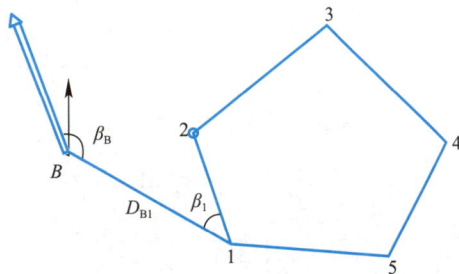

图 6-7　导线联测

坐标方位角和传递坐标之用，如果附近无高级控制点，则利用罗盘仪施测导线起始边的磁方位角，并假定起始点的坐标作为起算数据。连接角测量一般缺乏严密的检核条件，连接角应采用方向观测法测量，其圆周闭合差应不大于±40″。

1+X证书

测绘地理信息数据获取与处理职业技能等级要求（高级）

2. 全站仪测量	2.2 全站仪导线测量	2.2.2 能进行导线点布设

知识点 4 闭合导线测量内业计算

6-2微课 导线测量

闭合导线测量内业计算：
- 角度闭合差的计算与调整
- 各边坐标方位角推算
- 坐标增量计算
- 坐标增量闭合差的计算及调整
- 导线点坐标的计算

导线测量内业计算是利用外业所测得的数据资料，根据已知起算数据，推算出各导线点的坐标。计算前应全面检查导线测量的外业记录和观测成果，若发现错误应及时重测，确保计算工作顺利进行。导线测量内业计算的目的就是求得各导线点的平面坐标。

1. 计算前的注意事项

（1）应全面检查导线测量外业记录、数据是否齐全，有无记错、算错，成果是否符合精度要求，起算数据是否准确。

（2）绘制导线略图，把各项数据标注于图上相应位置。

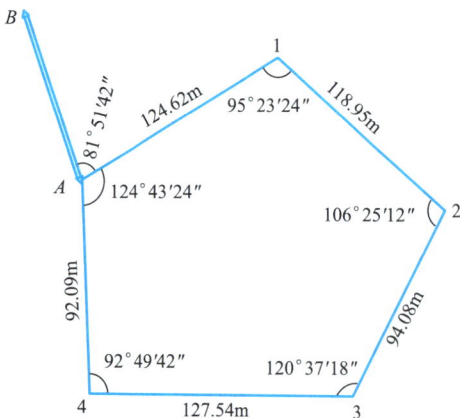

图6.8 某闭合导线示例

（3）确定内业计算数字取位的要求。内业计算中的取位，对于四等以下各级导线，角值至少取至秒（″），边长及坐标数值取至毫米（mm）。对于图根导线，角值取至秒（″），边长和坐标取至厘米（cm）。

2. 闭合导线的坐标计算

导线计算的目的是推算各导线的坐标（x_i，y_i），下面结合实例（图6-8）介绍闭合导线的计算方法。计算前必须按计算要求对观测成果进行检查和核算，然后将观测的内角、边长填入表6-8中的第2、6列，起始边的方位角填入第5列的顶格，起点坐标填入第11、12列的顶格（带有横线的值）。对于四等以下导线，角值取至秒，边长和坐标数值取至毫米；对于图根导线，边长和坐标数值取至厘米，并绘出导线草图。在表内进行计算。

（1）角度闭合差的计算与调整。

n 边形内角和的理论值为

$$\sum \beta_{理}=(n-2)\times180° \tag{6-3}$$

由于测角误差，使得实测内角和 $\sum\beta_{测}$ 与理论值不符，产生的角度闭合差 f_β，即：

$$f_\beta=\sum\beta_{测}-\sum\beta_{理} \tag{6-4}$$

各级导线角度闭合差的容差值 $f_{\beta容}$ 参照表 6-8 中的"辅助计算"一栏。当 $f_\beta\leqslant f_{\beta容}$ 时，可进行闭合差调整，将 f_β 以相反的符号平均分配到各观测角中。其角度改正数为

$$\nu_\beta=-\frac{f_\beta}{n} \tag{6-5}$$

改正后角值为：$\beta_i=\beta'_i+\nu_\beta$，当 f_β 不能被整除时，则将余数分配到若干短边所夹角度中。调整后的角值必须满足：$\sum\beta_{理}=(n-2)\times180°$。否则表示计算有误。

（2）各边坐标方位角推算。

根据导线点编号，导线内角改正值和起始边，即可按如下公式计算：

$$\alpha_{前}=\alpha_{后}\pm180°+\beta_{左}$$

或

$$\alpha_{前}=\alpha_{后}\pm180°-\beta_{右} \tag{6-6}$$

依次计算 α_{23}、α_{34}、α_{41}，直到回到起始边 α_{12}。（填入表 6-8 第 5 列）经校核无误，方可继续往下计算点坐标增量。

（3）坐标增量计算。

$$\begin{cases}\Delta x_{AB}=D_{AB}\cos\alpha_{AB}\\ \Delta y_{AB}=D_{AB}\sin\alpha_{AB}\end{cases} \tag{6-7}$$

（4）坐标增量闭合差的计算及调整。

如图 6-9（a）所示，闭合导线纵横坐标增量的总和理论值应等于零，即：

$$\begin{cases}\sum\Delta x_{理}=0\\ \sum\Delta y_{理}=0\end{cases} \tag{6-8}$$

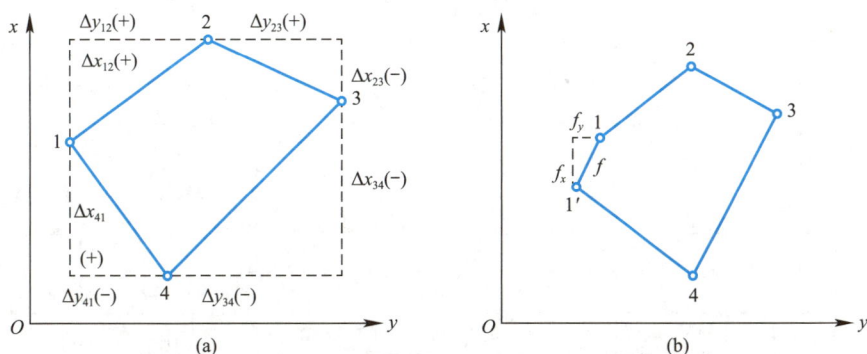

图 6-9 坐标增量闭合差及导线坐标增量计算

由于量边误差和改正角值的残余误差，实际计算得出的坐标增量总和 $\sum \Delta x_测$、$\sum \Delta y_测$ 不等于零，与理论值之差，称为坐标增量闭合差（f_x 和 f_y），即：

$$\begin{cases} f_x = \sum \Delta x_测 - \sum \Delta x_理 = \sum \Delta x_测 \\ f_y = \sum \Delta y_测 - \sum \Delta y_理 = \sum \Delta y_测 \end{cases} \tag{6-9}$$

如图 6-9（b）所示，由于 $f_x f_y$ 的存在，使得导线不闭合而产生 f，称为导线全长闭合差，即：

$$f = \sqrt{f_x^2 + f_y^2} \tag{6-10}$$

f 值与导线长短有关，通常以全长相对闭合差 K 来衡量导线的精度。即：

$$K = \frac{f}{\sum D} = \frac{1}{\sum D / f} \tag{6-11}$$

式中，$\sum D$ 为导线全长。当 K 在容许值范围内，可将以 f_x，f_y 相反符号按边长成正比分配到各增量中去，其改正数为

$$\begin{cases} v_{xi} = -\dfrac{f_x}{\sum D} \cdot D_i \\ v_{yi} = -\dfrac{f_y}{\sum D} \cdot D_i \end{cases} \tag{6-12}$$

按增量的取位要求，改正数凑整至 cm 或 mm，凑整后的改正数和必须与反号的增量闭合差相等。然后将表 6-8 中第 7、8 列相应的增量计算值加改正数计算改正后的增量。

$$\begin{cases} \Delta x_i' = \Delta x_i + v_{xi} \\ \Delta y_i' = \Delta y_i + v_{yi} \end{cases} \tag{6-13}$$

闭合导线坐标计算表

表 6-8

点号	观测角	改正数	改正角	坐标方位角	距离(m)	增量计算值		改正后增量		坐标	
						Δx(m)	Δy(m)	Δx(m)	Δy(m)	x(m)	y(m)
A										1246.81	3308.65
				50°28′48″	124.62	+0.02 +79.30	+0.04 +96.13	+79.32	+96.17		
1	95°23′24″	+12″	95°23′36″							1326.13	3404.82
				135°05′12″	118.95	+0.02 −84.24	+0.04 +83.98	−84.22	+84.02		
2	106°25′12″	+12″	106°25′24″							1241.91	3488.84
				208°39′48″	94.08	+0.02 −82.55	+0.03 −45.13	−82.53	−45.10		
3	120°37′18″	+12″	120°37′30″							1159.38	3443.74
				268°02′18″	127.54	+0.02 −4.37	+0.05 −127.47	−4.35	−127.42		
4	92°49′42″	+12″	92°49′54″							1155.03	3316.32
				355°12′24″	92.09	+0.01 +91.77	+0.03 −7.70	+91.78	−7.67		
A	124°43′24″	+12″	124°43′36″							1246.81	3308.65
				50°28′48″							
1											
$\sum$	539°59′00″	+60	540°00′00″		557.28	−0.09	−0.19	0	0		

续表

点号	观测角	改正数	改正角	坐标方位角	距离(m)	增量计算值		改正后增量		坐标	
						Δx(m)	Δy(m)	Δx(m)	Δy(m)	x(m)	y(m)
辅助计算	$\sum\beta_{理}=(n-2)\times180°=(5-2)\times180°=540°00'00''$										
	$f_\beta=\sum\beta_{测}-\sum\beta_{理}=539°59'00''-540°00'00''=-1'00''$										
	$f_{\beta容}=\pm60''\sqrt{n}=\pm60''\sqrt{5}=\pm2'14''$										
	$f_x=\sum\Delta x_{测}-\sum\Delta x_{理}=-0.09-0=-0.09(m)$										
	$f_y=\sum\Delta y_{测}-\sum\Delta y_{理}=-0.19-0=-0.19(m)$										
	$f_D=\sqrt{f_x^2+f_y^2}=\sqrt{(-0.09)^2+(-0.19)^2}=0.21(m)$										
	$K=f_D/\sum D=0.21/557.28=1/2654<1/2000$										

（5）导线点坐标的计算。

根据起点已知坐标和改正后的增量按式（6-14）依次计算点 2、3、4 直至回到 1 点坐标，以资检查。

$$\begin{cases} x_i=x_{i-1}+\Delta x'_{i-1} \\ y_i=y_{i-1}+\Delta y'_{i-1} \end{cases}$$
(6-14)

知识点 5　附合导线测量内业计算

图表：附合导线内业计算 —— 角度闭合差的计算；坐标增量闭合差的计算及调整；附合导线点坐标的计算

1. 角度闭合差的计算

角度闭合差 f 中 $\sum\beta_{理}$ 的计算，如图 6-10 所示，已知始边和终边方位角 α_{AB}、α_{CD}，导线各转折角（左角）β 的理论值应满足下列关系式：

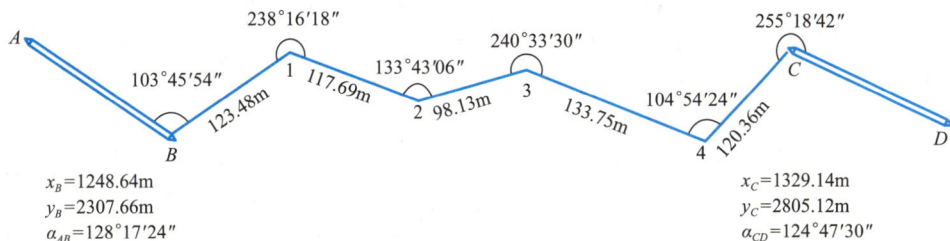

图 6-10　附合导线坐标计算

式中 $\sum\beta$ 为各转折角（包括连接角）理论值的总和。写成一般式，则：

$$\sum\beta_{理左}=\alpha_{终}-\alpha_{始}+n\times180°$$
(6-15)

同理，为右角时：

$$\sum\beta_{理右}=\alpha_{始}-\alpha_{终}+n\times180°$$
(6-16)

工程测量

当观测左角时，角度闭合差为

$$f_{\beta 左}=\sum\beta_测-\sum\beta_{理左}=\sum\beta_测+\alpha_始-\alpha_终-n\times180° \qquad (6-17)$$

当观测右角时，角度闭合差为

$$f_{\beta 右}=\sum\beta_测-\sum\beta_{理右}=\sum\beta_测-\alpha_始+\alpha_终-n\times180° \qquad (6-18)$$

2. 坐标增量闭合差的计算及调整

坐标增量 f_x、f_y 闭合差中 $\sum\Delta x_理$、$\sum\Delta y_理$ 的计算，由图 6-10 可知，导线各边在纵横坐标轴上投影的总和，其理论值应等于终、始点坐标之差，即：

$$\begin{cases}\sum\Delta x_理=x_终-x_始\\ \sum\Delta y_理=y_终-y_始\end{cases} \qquad (6-19)$$

附合导线的导线全长闭合差、全长相对闭合差和容许相对闭合差的计算，以及增量闭合差的调整等，均与闭合导线相同。附合导线计算过程，见表 6-9 的算例。

以上计算需运用专业计算器，除普通型功能键外，它还应设有三角函数键等，可进行三角函数运算。以卡西欧 fx-120 操作为例进行说明。

按 ON 键开机后，首先要按 DRG 键，把角度状态设置为 DEG，即圆周为 360°制。（RAD 为弧度状态，GRA 表示圆周为 400g 制。）计算器运算时要将度分秒转变成度，计算器才能运算，如要计算 cos166°39′36″ 的结果，则先输入 166.3936，然后按 DEG 键转变为 166.66 度，再按 cos 键即可算得 cos166°39′36″ 的结果为 −0.97301803；按 sin 键即可算得 sin166°39′36″ 的结果为 0.230729088。

用计算器进行角度加减运算时，也应先将度分秒转变成度后再进行加减运算，最后将结果从度转化成度分秒。如要计算 166°39′36″+54°47′27″=？首先输入 166.3936，按 DEG 键显示 166.66，按 "+" 键后输入 54.4727，按 DEG 键显示 54.79083333，按 "=" 键显示 221.4508333，再按 2ndf DEG 键即可得到最后结果——221°27′03″。

再举例说明卡西欧 fx-5800P 的操作过程。

如要计算 cos166°39′36″ 的结果，先按 █cos█ 键，再按 166 加 █▨▨▨▨▨█ 键，然后按 39，再按 █▨▨▨▨█ 键，接着按 36，再按 █▨▨▨▨█ 键，最后按等于键，即得出最后结论。

3. 附合导线坐标计算

附合导线坐标计算表

表 6-9

点号	观测角	改正数	改正角	坐标方位角	距离 (m)	增量计算值		改正后增量		坐标	
						Δx(m)	Δy(m)	Δx(m)	Δy(m)	x(m)	y(m)
A				128°17′24″							
B	103°45′54″	−18″	103°45′36″							1248.64	2307.66
				52°03′00″	123.48	+0.04 +75.94	−0.03 +97.37	+75.98	+97.34		
1	238°16′18″	−18″	238°16′00″							1324.62	2405.00
				110°19′00″	117.69	+0.03 −40.86	−0.02 +110.37	−40.83	+110.35		
2	133°43′06″	−18″	133°42′48″							1283.79	2515.35
				64°01′48″	98.13	+0.03 +42.97	−0.02 +88.22	+43.00	+88.20		
3	240°33′30″	−18″	240°33′12″							1326.79	2603.55
				124°35′00″	133.75	+0.04 −75.92	−0.03 +110.12	−75.88	+110.09		
4	104°54′24″	−18″	104°54′06″							1250.91	2713.64

124

点号	观测角	改正数	改正角	坐标方位角	距离(m)	增量计算值		改正后增量		坐标	
						Δx(m)	Δy(m)	Δx(m)	Δy(m)	x(m)	y(m)
C	255°18′42″	−18″	255°18′24″	49°29′06″	120.36	+0.04 +78.19	−0.02 +91.50	+78.23	+91.48	1250.91 1329.14	2713.64 2805.12
D				124°47′30″							
Σ	1076°31′54″	−1′48″	1076°30′06″		593.41	+80.32	+497.58	+80.50	+497.46		

辅助计算

$$\Sigma\beta_{理}=(\alpha_{终}-\alpha_{始})+n\times180°=(\alpha_{CD}-\alpha_{AB})+6\times180°=(124°47′30″-128°17′24″)+6\times180°=1076°30′06″$$

$$f_{\beta}=\Sigma\beta_{测}-\Sigma\beta_{理}=1076°31′54″-1076°30′06″=+1′48″$$

$$f_{\beta容}=\pm60″\sqrt{n}=\pm60″\sqrt{6}=\pm2′27″$$

$$f_x=\Sigma\Delta x_{测}-\Sigma\Delta x_{理}=\Sigma\Delta x_{测}-(x_C-x_B)=+80.32-(1329.14-1248.64)=-0.18(m)$$

$$f_y=\Sigma\Delta y_{测}-\Sigma\Delta y_{理}=\Sigma\Delta y_{测}-(y_C-y_B)=+497.58-(2805.12-2307.66)=+0.12(m)$$

$$f_D=\sqrt{f_x^2+f_y^2}=\sqrt{(-0.18)^2+(+0.12)^2}=0.22(m)$$

$$K=f_D/\Sigma D=0.22/593.41=1/2697<1/2000$$

1＋X证书

测绘地理信息数据获取与处理职业技能等级要求（高级）		
2. 全站仪测量	2.2　全站仪导线测量	2.2.3　能规划观测顺序及记簿
		2.2.4　能进行方位角的推算、坐标正算及平差

技能大赛

　　本节知识点在"全国职业院校技能大赛工程测量——导线测量"中加以应用，需要进行导线计算，具体操作见本教学单元实训中的任务3。

知识点 6　全球导航卫星系统

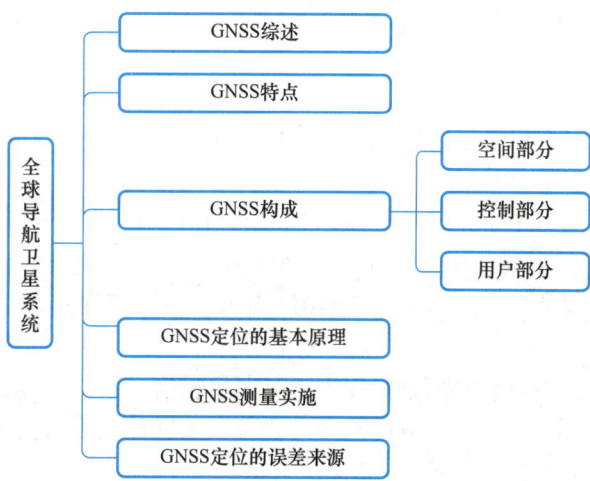

6.6.1 GNSS 综述

1957 年 10 月 4 日，苏联成功地发射了世界上第一颗人造地球卫星。从此以后，利用人造卫星为军事、经济和科学文化等服务成为各国争相发展的前沿科技。

1973 年 12 月，美国国防部批准了陆海空三军联合研制新的卫星导航系统 NAVSTAR/GPS，它是 "Navigation Satellite Timing And Ranging/Global Positioning System" 的缩写，简称 GPS。该系统是以卫星为基础的无线电导航定位系统，具有全能性、全球性、全天候、连续性和实时性的导航、定位、定时功能，它能向全球数目不限的用户连续地、全天候提供较高精度的三维坐标、速度以及时间信息，可广泛地应用于军事、民用飞机和船舶的导航、高精度的大地测量、精密工程测量、地壳形变监测、地球物理测量、海空救援、资源勘探、科考、探险、旅游、航天发射及卫星回收等领域。

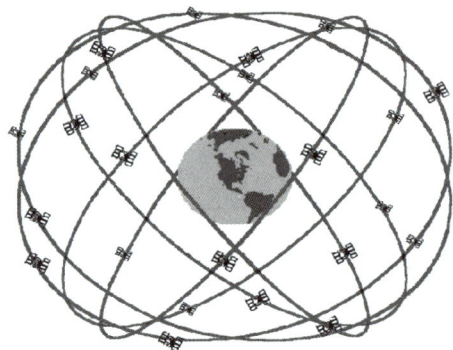

图 6-11　GPS 卫星分布

GPS 从 1974 年开始，经历了方案设计、系统论证和生产试验三个阶段。1978 年 2 月，第一颗 GPS 试验卫星发射成功；1994 年，24 颗工作卫星（含 3 颗备用卫星）的发射工作已全部完成。GPS 卫星分布如图 6-11 所示。

由于这一时期全球只有美国这一个卫星导航系统，因此 GPS 就成了卫星导航的代名词。

1993 年俄罗斯开始独自建立本国的格洛纳斯全球卫星导航系统（GLONASS），2007 年在俄罗斯境内开始运营，2009 年提供全球服务。2000 年欧盟向国际无线电咨询委员会申请并获准建立伽利略卫星导航系统（GALILEO）；同时期，我国也开始建立中国自己的北斗卫星导航系统（Bei Dou Navigation Satellite System，BDS）。2020 年 7 月 31 日上午，北斗三号全球卫星导航系统正式开通。

目前，我们把以上四种卫星导航系统合称为全球卫星导航系统（Global Navigation Satellite System），即 GNSS。

6.6.2 GNSS 特点

GNSS 作为一种导航和定位系统，主要具有高精度、全天候、高效率、多功能、操作简便、应用广泛等特点。

(1) 定位精度高。应用实践已经证明，GNSS 相对定位精度在 50km 以内可达 10^{-6}，100~500km 可达 10^{-7}，1000km 可达 10^{-9}。在 300~1500m 工程精密定位中，1 小时以上观测时解其平面位置误差小于 1mm，与高精度电磁波测距仪测定的边长比较，其边长较差最大为 0.5mm。

(2) 观测时间短。用户只需装备接收机就可以接收信号进行定位工作，而无须发射任何信号。又由于接收机可利用多个通道同时对多颗卫星进行观测，因而一次定位只需几秒钟至几十秒钟，可大大提高工作效率。

随着 GNSS 系统的不断完善，软件的不断更新，目前，20km 以内快速静态相对定位，仅需 15～20 分钟；RTK 测量时，当流动站与参考站相距 10km 以内时，流动站观测时间只需数秒钟。

（3）测站间无须通视。GNSS 测量不要求测站之间互相通视，只需测站上空开阔即可，因此可节省大量的造标费用。由于测站间无须通视，点位可根据需要设置，密度可稀可密，这使选点工作甚为灵活，也可省去经典大地网中的传算点、过渡点的测量工作。

（4）可提供统一的三维坐标。GNSS 定位是在国际统一的 WGS-84 世界大地坐标系统（属地心坐标系）中计算的，因此全球不同地点的测量成果可相互关联。在经典大地测量中，将平面与高程采用不同方法分别施测。GNSS 可同时精确测定测站点的 WGS-84 三维坐标（或平面位置和大地高）。目前通过局部大地水准面精化，GPS 水准可满足四等以下水准测量的精度。

（5）操作简便。随着 GNSS 接收机不断改进，其自动化程度越来越高，有的已达"傻瓜化"的程度，且接收机的体积越来越小，重量越来越轻，极大地减轻测量工作者的工作紧张程度和劳动强度。

（6）全天候作业。地球上任何地方的用户在任何时间，一般至少可以同时观测到 4 颗卫星，因而观测受时间和气象条件的限制很小，基本可以进行全天候的观测。

（7）功能多、应用广。GNSS 系统不仅可用于测量、导航，精密工程的变形监测，其应用领域还在不断扩大，例如它可用于测速、测时。测速的精度可达 0.1m/s，测时的精度约为数 10ns。当初，设计 GNSS 系统主要是用于导航，收集情报等军事目的。而后来的应用开发表明，GNSS 系统不仅能够达到上述目的，而且用 GNSS 卫星发来的导航定位信号能够进行厘米级甚至毫米级精度的静态相对定位，厘米级至米级精度的动态定位，亚米级至厘米级精度的速度测量和毫微秒级精度的时间测量。因此，GNSS 系统展现了极其广阔的应用前景。

我国测绘行业在 GNSS 定位技术的引进、消化、开发、研究、应用等方面发展很快。从 20 世纪 80 年代末到现在，短短的几十年中，我国实施了一系列广泛的 GNSS 卫星测量工程项目：应用于城市和工程控制网的建立与改造；进行长距离大陆和岛礁的联测；在地震活动断裂带布设地壳变形 GNSS 监测网；建立大坝变形 GNSS 监测网；国家测绘部门布设了全国高精度的 GNSSAA 级、A 级、B 级控制网和测轨网；参加了 1991 年和 1992 年两期国际 GNSS 联测会战，首次进入国际全球 GNSS 联测计划，为精化我地心坐标起到了一定作用。与此同时，我国除从国外引进各种型号的 GPS 软、硬件设施外，还广泛深入地开展了 GNSS 定位数据处理理论和技术的研究，开发了精密后处理和 GNSS 网平差软件，并实现了商品化和打入国际市场。目前我国也能制造 GNSS 接收机并将其广泛地应用于生产。GNSS 的应用领域正在我国迅速扩展，有关的研究也十分活跃，取得了许多科研成果。

GNSS 定位已经取代常规手段，成为我国建立高精度大地网和控制网的基本方法。

6.6.3　GNSS 构成

以 GPS 为例，GPS 整个系统由空间部分、控制部分、用户部分三大部分组成，如

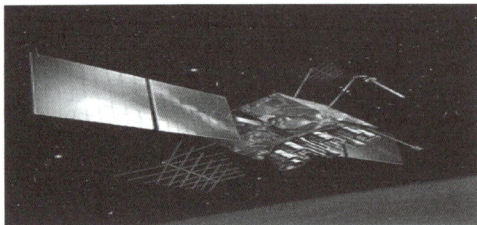

图6-12 GPS工作卫星

图 6-12 所示。

1. 空间部分

整个系统全部建成后，空间部分共有 24 颗工作卫星，其中 3 颗是随时可以启用的备用卫星。工作卫星分布在 6 个轨道面内，每个轨道面分布有 4 颗卫星。各轨道平面相对于地球赤道面的倾角均为 55°，各轨道平面彼此相距 60°，轨道平均高度约为 20200km，卫星运行周期为 11h58min。在正常情况下，地面观测者见到的卫星颗数随时间和地点的不同而有差异，最少为 4 颗，最多可达 11 颗。

每颗 GPS 卫星连续地发播 L1（波长为 19.05cm）和 L2（波长为 4.45cm）两个频带的载波信号。利用伪噪声码的调制特性，对载波进行三种相位调制，即：载波的正弦波——伪噪声码，称为 C/A 码，又称"粗码"（民用）所调制；余弦波被另一频率的伪噪声码，称为 P 码，又称"精码"（美国军方及特殊授户）所调制。此外，正弦波和余弦波上都调制了基本单位为 1500bit 的数据码（也称卫星电文），简称 D 码。L1 的信号既包括 P 码，又包括 C/A 码，L2 的信号只包括 P 码。这些电码具有三个作用：一是辨认接收的卫星和播发卫星星历；二是测定信号到达接收机的时间；三是限制用户使用。

2. 控制部分

控制部分的任务是：监视卫星系统；确定 GPS 时间系统；跟踪并预报卫星星历和卫星钟状态；向每颗卫星的数据存储器注入更新的卫星导航数据。

GPS 的地面控制部分由分布在全球的由若干个跟踪站组成的监控系统所构成。根据其作用的不同，跟踪站分为主控站、监控站和注入站。主控站有一个，位于美国科罗拉多（Colorado）的法尔孔（Falcon）空军基地，它的作用是根据各监控站对 GPS 卫星的观测数据，计算出卫星的星历和卫星时钟的改正参数等，并将这些数据通过注入站注入卫星中。同时，它还对卫星进行控制，向卫星发布指令。当工作卫星出现故障时，它能调度备用卫星，替代失效的工作卫星工作；另外，主控站还具有监控站的功能。监控站有 5 个，除了主控站外，其他 4 个分别位于夏威夷、阿松森群岛、迭哥伽西亚和卡瓦加兰。监控站的作用是接收卫星信号，监测卫星的工作状态。注入站有 3 个，它们分别位于阿松森群岛、迭哥伽西亚和卡瓦加兰。注入站的作用是将主控站计算的卫星星历和卫星时钟的改正参数等注入卫星中。

地面监控系统提供每颗 GPS 卫星所播发的星历。并对每颗卫星工作情况进行监测和控制。地面监控系统的另一重要作用是保持各颗卫星处于同一 GPS 时间系统。

3. 用户部分

用户部分主要指 GPS 接收机，此外还包括气象仪器、计算机、钢尺等仪器设备。

GPS 接收机主要由天线单元、信号处理部分、记录装置和电源组成。

GPS 接收机的主要功能是：跟踪-接收所选择的卫星信号，测定信号从卫星到接收天线的传播时间，解译出 GPS 卫星所发送的导航电文，实时地计算出定位或导航所需的数据。

天线单元由天线和前置放大器组成，灵敏度高，抗干扰性强。接收天线把卫星发射的十分微弱的信号通过放大器放大后传入接收机。GPS 天线分为单极天线、微带天线、锥型天线等。

　　信号处理部分是 GPS 接收机的核心部分，可以进行滤波和信号处理，由跟踪环路重建载波，解码得到导航电文，获得伪距定位结果。

　　记录装置主要有接收机的内存硬盘或记录卡（CF 卡）。

　　电源分为外接和内接电池（12V），机内还有一个锂电池。

　　GPS 接收机的基本类型主要分为大地型、导航型和授时型三种。其中，大地型接收机按接收载波信号的差异分为单频（L1）型和双频（L1、L2）型。

　　应当指出：GPS 接收机作为一个用户测量系统，除了应具有接收机、天线和电源等硬件设备外，其软件部分也是构成 GPS 测量系统的重要组成部分之一。

6.6.4　GNSS 定位的基本原理

　　GNSS 定位方法按接收天线的运动状态可分为静态定位和动态定位，按照测距原理的不同可分为伪距定位、载波相位定位和 GNSS 差分定位。

1. GNSS 伪距定位

　　GNSS 伪距定位通过 GNSS 接收机锁定 4 颗以上的卫星，接收卫星发射的测距信息，从而确定卫星到接收机的空间距离。

　　卫星所发射的测距信号分为 C/A 码和 P 码。C/A 码的频率为 1.023MHz，重复周期为 1ms，码间距为 $1\mu s$，相应距离约为 300m；P 码频率为 10.23MHz，重复周期为 266.4d，码间距为 $0.1\mu s$，相应距离约为 30m。通常 P 码服务于特许用户，而 C/A 码服务于非特许用户。

　　当一测站所得精度不能满足用户要求时，可以选择多测站安置 GNSS 接收机进行空间定位，所得数据的精度值可大幅度提高。

2. GNSS 载波相位定位

　　GNSS 载波相位定位主要利用卫星发射的载波 L1 和 L2 分别作为测距信号进行比较分析，计算地面测站点与卫星之间伪距的方法。

3. GNSS 差分定位

　　GNSS 差分定位是通过在已知坐标点上安置 GNSS 接收机，测定接收站与卫星的精确距离，并把正确的距离发回到运动中的 GNSS 接收机进行实时校正，从而消除外界环境对 GNSS 测量精度的影响。目前精度最高的差分方法为载波相位实时差分（RTK），其精度可达 1~2cm。

6.6.5　GNSS 测量实施

　　GNSS 测量主要分为外业测量和内业检核计算两大部分。外业部分主要包括 GNSS 测点的选择、测站点标记的建立，外业测量、外业测量数据的检核等。内业部分主要进行对外业数据的处理、计算等工作。

　　GNSS 控制网根据不同用户的需求，确定不同的布网方案。与传统的测量方法相比，GNSS 测量所具有的优势在于控制网上的两点并不要求通视，这样更便于控制网的布置。

GNSS 控制网所构成的图形一般为三角形网、环形网、星形网。

1. GNSS 选点

由于 GNSS 测量不严格要求通视，所以选点工作相对比较简便，但是需要了解相关测区的地形及原有坐标点的分布情况。GNSS 选点一般要避开电磁辐射装置，防止其对 GNSS 卫星信号的干扰。GNSS 选点一般选择地势平坦、视野开阔、交通便利的地方，以利于控制网的联测。在完成 GNSS 选点后，应对选定的测点设立标识，绘制标记，以便以后应用。图 6-13 为各等级卫星定位测量控制网定位观测技术要求。

等级		二等	三等	四等	一级	二级
接收机类型		多频	多频或双频	多频或双频	双频或单频	双频或单频
仪器标称精度		3mm+1 ×10^{-6}	5mm+2 ×10^{-6}	5mm+2 ×10^{-6}	10mm+5 ×10^{-6}	10mm+5 ×10^{-6}
观测量		载波相位	载波相位	载波相位	载波相位	载波相位
卫星高度角(°)	静态	≥15	≥15	≥15	≥15	≥15
有效观测卫星数		≥5	≥5	≥4	≥4	≥4
有效观测时段长度(min)		≥30	≥20	≥15	≥10	≥10
数据采样间隔(s)		10~30	10~30	10~30	5~15	5~15
PDOP		≤6	≤6	≤6	≤8	≤8

图 6-13 各等级卫星定位测量控制网定位观测技术要求

（1）GNSS 布网原则。

① 新布设的 GNSS 网应尽量与已有平面控制网联测，至少要联测两个已有控制点。

② 应利用已有水准点联测 GNSS 点高程。

③ GNSS 网应构成闭合图形，以便进行检核。

④ 当用常规测量方法进行加密控制时，GNSS 网内各点尚需考虑通视问题。

（2）GNSS 控制网与传统控制网的区别。

① GNSS 网淡化了"分级布网，逐级控制"的布设原则，不同等级间依赖关系不明显。

② 高级网对低级网只起定位和定向作用，不再发挥整体控制作用。

③ GNSS 网中各控制点是彼此独立，直接测定的，因此网中各起算元素、观测元素和推算元素无依赖关系。

④ GNSS 网对点的位置和图形结构没有特别要求，不强求各点间通视。

⑤ 各接收机采集的是从卫星发出的各种信息数据，而不是用常规方法获得的角度、距离、高差等观测数据，因此点位无须选在制高点，也不用建造觇标。

当采用 GNSS 进行相对定位时，网形的设计在很大程度上取决于接收机的数量和作业方式。如果只用两台接收机同步观测，一次只能测定一条基线向量。如果能有三四台接收机同步观测，GNSS 网则可布设如图 6-14 所示的由三角形和四边形组成的网形。在图 6-14 中，图（a）、（b）为点连接，表示在两个基本图形之间有一个点是公共点，即在该点上有重复观测；图（c）、（d）为边连接，表示每个基本图形中，有一条边是与相邻图形重复的。

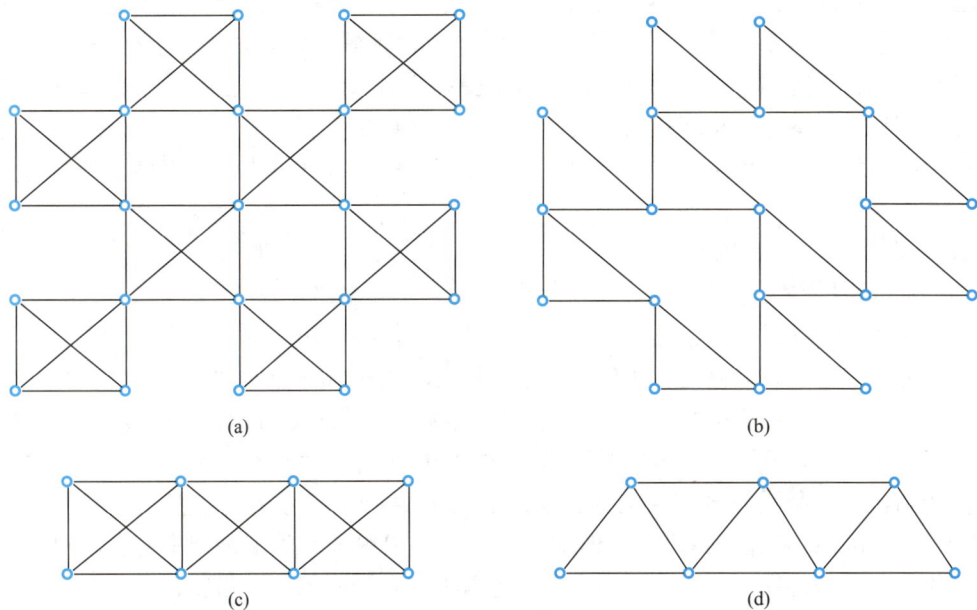

图 6-14　GNSS 布设网

2. GNSS 外业观测

GNSS 外业观测主要分为安置天线，观测作业，以及观测记录。

GNSS 测量对于天线安置的要求很高，需要把仪器安置在三脚架上，进行对中，然后调整三脚架高度，使得基座上的圆水准器气泡居中，调整仪器的定向标记线，使其指向正北，并量取天线高。GNSS 接收机的自动化程度很高，用户只需按说明书进行简单操作即可完成测量工作。

GNSS 记录主要采取两种方式：一种是由工作人员将 GNSS 所测信息记录到测量手簿中，另一种是直接记录在接收机的内存中。

3. GNSS 的数据处理

对于外业大量的测量数据，我们需要对其进行检核；对于一些误测、漏测的点位，则需要进行重新测量。数据检核完成后，我们要对海量数据进行相应处理。由于 GNSS 测量采取每 15s 采集一次数据的方式，使得 GNSS 所测数据量巨大，数据处理的过程也相当复杂。在现实工作中，我们通常利用计算机软件进行数据处理，这样可以大大提高工作效率。

6.6.6　GNSS 定位的误差来源

1. 与卫星有关的误差

① 卫星星历误差。由卫星星历所计算出的卫星位置与卫星的实际位置之差称为卫星

星历误差。星历误差的大小主要取决于卫星定轨系统的质量，如定轨站的数量及其地理分布、观测值的数量及精度、定轨时所有的数学力学模型和定轨软件的完善程度等。此外，它与星历的外推时间间隔（实测星历的外推时间间隔可视为零）也有直接关系。在影响GPS测量精度的众多误差源中，轨道误差是主要误差来源。

② 卫星钟的误差。卫星上虽然使用了高精度的原子钟，但它们也不可避免地存在误差，这种误差既包含系统性的误差（如钟差、钟速、频漂等偏差），也包含随机误差。系统误差远比随机误差的值大，而且可以通过检验和比对来确定并通过模型加以改正；而随机误差只能通过钟的稳定度来描述其统计特性，无法确定其符号和大小。

③ 卫星信号发射天线相位中心偏差。这种误差是指 GPS 卫星信号发射天线的标称相位中心与真实相位中心之间的差异。

2. 与信号传播有关的误差

与 GPS 信号传播有关的误差主要是大气折射误差和多路径效应。

① 电离层延迟误差。电离层（含平流层）是指高度为 $60 \sim 1000 \mathrm{km}$ 的大气层。在太阳紫外线 X 射线、γ 射线和高能粒子的作用下，该区域内的气体分子和原子将产生电离，形成自由电子和正离子。带电粒子的存在会影响无线电信号的传播，使传播速度发生变化，传播路径产生弯曲，从而使信号传播时间 t 与真空中光速 c 的乘积 ρ 不等于卫星至接收机的几何距离，产生所谓的电离层延迟。电离层延迟取决于信号传播路径上的总电子含量 TEC 和信号的频率 f。而 TEC 又与时间、地点、太阳黑子数等多种因素有关。测距码伪距观测值和载波相位观测值所受到的电离层延迟大小相同，但符号相反。

② 对流层延迟误差。对流层是指高度在 $50 \mathrm{km}$ 以下的大气层。整个大气中的绝大部分质量集中在对流层中。GPS 卫星信号在对流层中的传播速度满足：$V = c/n$。其中，V 为传播速度，c 为真空中的光速，n 为大气折射率，其值取决于气温、气压和相对湿度等因子。此外，信号的传播路径也会产生弯曲。由于上述原因使距离测量值产生的系统性偏差称为对流层延迟误差。对流层对测距码伪距观测值和载波相位观测值的影响是相同的。

③ 多路径误差。多路径误差是指经某些物体表面反射后，到达接收机的信号与直接来自卫星的信号叠加干扰后进入接收机，使测量值偏离真值而形成的系统误差。多路径误差对测距码伪距观测值的影响要比对载波相位观测值的影响大得多。多路径误差取决于测站周围的环境、接收机的性能以及观测时间的长短。

3. 与接收机有关的误差

① 接收机的钟误差。与卫星钟一样，接收机内部时钟也有误差，而且由于接收机内部大多采用的是石英钟，因而其钟误差较卫星钟更为显著。该项误差主要取决于钟的质量，与使用时的环境也有一定关系。它对测距码伪距观测值和载波相位观测值的影响是相同的。

②接收机的位置误差。在进行授时和定轨时，接收机的位置是已知的，其误差将使授时和定轨的结果产生系统误差。该项误差对测码伪距观测值的影响是相同的。进行 GPS 基线解算时，需已知其中一个端点在 WGS-84 坐标系中的坐标，已知坐标的误差过大也会对解算结果产生影响。

③ 接收机的测量噪声。这是指用接收机进行 GPS 测量时，由于仪器设备及外界环境影响而引起的随机测量误差，其值取决于仪器性能及作业环境的优劣。一般而言，测量噪声的

值均小于上述的各种偏差值。观测足够长的时间后，测量噪声的影响通常可以忽略不计。

4. 其他因素

① GPS 控制部分人为或计算机造成的影响。

② 由于 GPS 控制部分的问题或用户在进行数据处理时引入的误差等。

③ 数据处理软件的算法不完善对定位结果的影响。

6-3动画
PTK快速
入门

Ⅰ ＋ Ｘ 证书

<table>
<tr><td colspan="3">测绘地理信息数据获取与处理职业技能等级要求（高级）</td></tr>
<tr><td rowspan="3">3. GNSS 测量</td><td rowspan="3">3.1　卫星定位系统认识</td><td>3.1.1　能掌握 GPS 卫星定位系统的相关知识点</td></tr>
<tr><td>3.1.2　能掌握 GLONASS 卫星定位系统相关知识点</td></tr>
<tr><td>3.1.3　能掌握中国北斗卫星定位系统的相关知识点</td></tr>
</table>

中国智慧

《新时代的中国北斗》白皮书

2020 年 7 月 31 日，习近平总书记向世界宣布北斗三号全球卫星导航系统（以下简称"北斗系统"）正式开通。自此，北斗系统圆满完成"三步走"发展战略，全面进入高质量发展新阶段。

在全党、全国人民掀起认真学习党的二十大精神热潮之际，国务院正式发布《新时代的中国北斗》白皮书。白皮书全面回顾了中国北斗系统的发展历程，全面展示了北斗系统进入新时代以来，形成了服务新能力，实现了产业新发展，构建了开放新格局，开启了未来新征程。

第一，新时代的中国北斗是世界一流的北斗。

中国始终坚持立足国情，自主创新建设北斗系统。核心技术自主研发、系统组成创新引领、系统服务优质多样。北斗三号开通以来，系统运行连续稳定可靠，服务性能世界一流。

北斗三号在轨 30 颗卫星运行状态良好，卫星上 300 余类、数百万个器部件全部为国产，性能优异。实测表明，全球定位精度优于 5m，亚太地区性能更好，服务性能全面优于设计指标。

独具特色的国际搜救、全球短报文通信、区域短报文通信、星基增强、地基增强、精密单点定位等六大特色服务，性能优越，真正实现了"人有我优，人无我有"。

系统实现智能运维、在轨卫星软件重构升级，实时全球监测评估，及时发布系统动态。系统开通以来分秒不断，连续稳定运行，性能稳步提升。中国北斗系统走出了一条高质量、高效益、低成本、可持续的建设发展道路。

第二，新时代的中国北斗系统进入规模化应用、发展的快车道。

北斗系统应用产业实现可持续发展。制定产业发展战略，将产业发展纳入国家"十四五"规划。北斗系统深度融入基础设施、赋能各行各业、走进千家万户，产生了显著的经济社会效益。2021 年，中国卫星导航与位置服务产业总体产值达到约 4700 亿元人民币，年均复合增长率超过 20%。

产业链供应链安全稳健，基础持续夯实。形成芯片、模块、天线、板卡等完整型谱，软件、算法等完全自主研制，构建国家检测认证体系。国产芯片出货量超亿级规模，国外同类芯片支持北斗系统，形成良性发展态势。

行业领域全面覆盖，应用深度持续增强。在2022年6月，北斗系统终端数量在交通运输业超过800万台，农林牧渔业达到130余万台，公安系统达到180余万台。通信授时、气象监测、应急减灾、城市管理等领域正在加速推进北斗系统的规模化应用。

大众应用融入百姓生活，特色服务触手可及。北斗系统正在成为智能手机、可穿戴设备等大众消费产品的标准配置。2022年上半年，中国境内申请入网的智能手机中，128款支持北斗定位，出货量超1.3亿部，占上半年总出货量的98%以上。手机地图导航中，北斗定位服务日均使用量突破千亿次。特别是，北斗系统高精度定位服务已进入大众手机，在深圳、重庆、天津等8个城市开通车道级导航应用。全球首款支持北斗三号区域短报文通信服务的手机已正式发布，用户不换卡、不换号、不增加外设，就能通过北斗卫星发送短信。

第三，新时代的中国北斗系统助力人类命运共同体建设。

中国始终坚持开放、融合理念，推进北斗系统的国际化进程，倡导卫星导航系统间兼容与互操作，推进北斗系统进入国际标准体系，拓展北斗系统的国际应用，服务全球，造福人类。

与GPS、格洛纳斯系统等签署信号兼容与互操作声明，与伽利略系统开展合作会谈。在联合国框架下，推动实现多系统兼容共用，真正实现北斗好用，多个系统共用，共同为全球用户提供更加优质多样、安全可靠的服务。

拓展、深化双边合作。与亚非拉地区多个区域组织和国家建立合作机制，自2016年以来签署卫星导航合作协定、谅解备忘录、合作路线图等50余份成果文件。

巩固、加强多边合作。创设中国—东盟、中国—阿拉伯国家、中国—非洲等北斗合作论坛，实施卫星导航合作行动计划。每年举办中国卫星导航年会、中国卫星导航与位置服务年会，创办北斗规模应用国际峰会，近20国百余名留学生在华获得专业硕士和博士学位，50余国逾千人参加卫星导航的专题培训。

持续推动北斗系统进入民航、海事、移动通信、搜救等领域的国际标准体系。北斗产品已在全球半数以上国家和地区得到应用，出口产品种类更加丰富，应用领域不断拓展。

此外，本版白皮书还首次规划了2035年前北斗发展蓝图。中国将建设技术更先进、功能更强大、服务更优质的新一代北斗系统，建成更加泛在、更加融合、更加智能的国家综合定位导航授时体系，为实现中国式现代化奠定更加坚实的时空设施基础。

探索浩瀚宇宙，是中华民族的千年梦想。从夜观"北斗"到建用"北斗"，从仰望星空到经纬时空，新时代的北斗系统将继续书写人类时空文明，为实现中华民族伟大复兴，为构建人类命运共同体，建设更加美好的世界作出更大贡献。

课后习题

一、选择题

1. 闭合导线的角度闭合差计算公式是（   ）。

A. $f_\beta = \sum\beta_测 - \sum\beta_理$

B. $f_\beta = \sum\beta_测$

C. $f_\beta = \sum\beta_理 - \sum\beta_测$

D. $f_\beta = \alpha_始 - \alpha_终 + n\times180° - \sum\beta_测$

2. 闭合导线角度闭合差的调整原则是（   ）。

A. 反符号平均分配

B. 同号平均分配

C. 与角度大小成反比分配

D. 与角度大小成正比反符号分配

3. 下列数据是观测数据的是（   ）。

A. 起始点坐标

B. 终点坐标

C. 导线各转折角

D. 起始边坐标方位角

4. 下列数据中通过计算得出的是（   ）。

A. 转折角

B. 测定起始边磁方位角

C. 距离

D. 坐标值

二、计算题

试完成表 6-10 所示的闭合导线坐标计算。

闭合导线坐标计算表 表 6-10

点名	观测角（左角）(° ′ ″)	坐标方位角(° ′ ″)	边长（m）	坐标（m） x	坐标（m） y
A				626.05	873.16
1	75 31 18	114 31 24	127.65		
2	117 11 36		209.78		
3	102 30 46		106.84		
4	84 10 55		205.18		
A	160 34 38		123.69		

实训

任务 1 高程控制测量（全国职业院校技能大赛工程测量赛项）

❖ **任务描述**

如图 6-14 所示，在二等水准测量中，水准路线为闭合路线，全长约 1.2km，1 个已知点和 3 个待定点，分为 4 个测段（长度可根据实际长度调整）。

任务步骤分解

☞ 步骤1：第1测站

1.（　　）≥视线长度≥（　　）

2.前后视距差小于或等于（　　）

3.每个测段的测站数须为（　　）（A. 奇数 B. 偶数 C. 无要求）

4.二等水准测量的奇数站观测顺序为（　　）

5.（　　）≥视线高度≥（　　）

☞ 步骤2：第2测站及以后各测站

1.上一测站的前视点处的尺垫，在转站后（　　）移动。（A. 能 B. 不能）

2.前一测站的后尺是下一测站的前尺，两个水准尺（　　）交换。（A. 能 B. 不能）

3.二等水准测量视距累计差不超过（　　）

4.二等水准测量的偶数站观测顺序为（　　）

☞ 步骤3：测站计算与检核

两次读数所得高差之差≤（　　）mm

☞ 步骤4：计算测段高差与测段长度

测段高差＝（　　）

测段长度＝（　　）

☞ 步骤5：高程误差配赋

测段闭合差≤（　　）

任务实施（表6-11、表6-12）

二等水准测量手簿　　　　　　　　　　　　　　　表6-11

测站编号	后距	前距	方向及尺号	标尺读数		两次读数之差	备注
	视距差	累积视距差		第一次读数	第二次读数		
1			后 A_1				观测：A 记录：B
			前				
			后—前				
			h				
2			后				
			前				
			后—前				
			h				
3			后				
			前				
			后—前				
			h				
4			后				
			前 B_1				
			后—前				
			h				

注：高差要写正负号，高差中数保留6位小数，测段高差按"奇进偶不进"保留5位。

水准测量高程误差配赋表　　　　　　　　　　表 6-12

点名	测段编号	距离（m）	观测高差（m）	改正数（m）	改正后高差（m）	高程（m）
A_1	1					
B_1	2					
C_1	3					
D_1	4					
A_1						
Σ						

$f_h =$ _____ mm　　　　　　$f_{h容} =$ _____ mm

注：高差和改正数保留 5 位小数，待定点高程推算后保留 3 位小数。

❖ **任务活动总结（表 6-13）**

二等水准测量外业实施　　　　　　　　　　表 6-13

序号	实施步骤	是否完成	是否存在疑问	是否解决
1	第 1 测站			
2	第 2 测站及以后各测站			
3	测站计算与检核			
4	计算测段高差与测段长度			
5	高程误差配赋			

学生签名：

任务完成情况自评：（A、B、C、D、E）

注：等级评价为 A、B、C、D、E 五级，在评价的等级符号上画圈。

任务 2　闭合导线测量

❖ **任务描述**

　　布设一条闭合导线，利用全站仪测量出水平角和水平距离并进行内业坐标计算，由已知点的坐标和方位角，求解三个待求点坐标（图 6-15）。

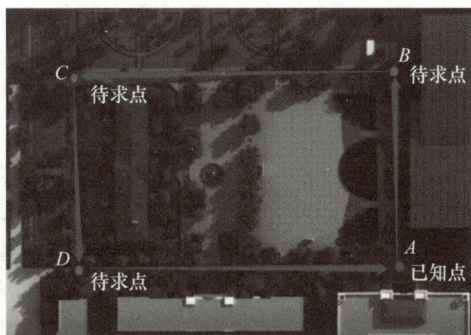

图 6-15　闭合水准路线

任务步骤分解

☞ 步骤1：布设导线

1. 导线根据测区的地形和测区内控制点的分布情况，可布设成（　　）（　　）（　　）三种形式。

2. 简述导线测量外业工作的步骤。

☞ 步骤2：外业观测

1. 踏勘选点的注意事项有哪些？

2. 简述量边的精度要求。

3. 简述测角的精度要求。

4. 联测的方式有（　　）和（　　）。

☞ 步骤3：内业计算

1. 闭合导线中角度闭合差理论值的计算公式是（　　）。

2. 闭合导线中角度闭合差的计算公式是（　　）。

3. 若闭合差在允许值范围之外，则需要（　　）。

4. 角度闭合差改正数的计算公式为（　　），并且要取整数。

5. 推算各边方位角的计算公式为（　　）。

6. 坐标增量 ΔX 的计算公式（　　）、ΔY 的计算公式是（　　）。

7. 闭合导线的导线全长闭合差计算公式是（　　）。

8. 相对误差 K 的计算公式是（　　）。

9. 坐标增量改正数的计算公式是（　　）。

10. 改正数总和与闭合差大小相等、符号（　　）。

11. 计算各点坐标的公式是（　　）。

任务实施（表6-14、表6-15）

仪器检查记录表　　　　　　　　　　　　　　　表6-14

序号	检查内容	检查结果 是	检查结果 否	备注
1	仪器部件及附件是否齐全			
2	仪器各轴转动是否灵活，无杂声			
3	各螺旋是否正常工作			
4	物镜、目镜有无裂纹或是否清晰			
5	脚架和仪器的连接螺旋是否配套			
6	仪器箱锁、提手是否牢固			
7	钢尺无弯曲			
8	钢尺刻度是否清晰			
9	棱镜是否有破损			
10	全站仪显示屏是否破损			

闭合导线坐标计算表　　　　　　　　　　表 6-15

点号	观测角	改正后角值	坐标方位角	距离	ΔX 计算值	ΔY 计算值	ΔX 改正值	ΔY 改正值	坐标 X	坐标 Y
Σ										
辅助计算										

❖ 任务活动总结（表 6-16）

闭合导线测量及内业计算　　　　　　　　表 6-16

序号	实施步骤	是否完成	是否存在疑问	是否解决
1	布设导线			
2	外业观测			
3	内业计算			

学生签名：

任务完成情况自评：（A、B、C、D、E）

注：等级评价为 A、B、C、D、E 五级，在评价的等级符号上画圈。

任务 3　附合导线测量（全国职业院校技能大赛工程测量赛项）

❖ 任务描述

竞赛试题：如图 6-16 所示一级附合导线，其中 A、B 为已知点，P_1、P_2 为待定点，测算待定点坐标，测算要求按技术规范，导线边长约 100m。

图 6-16　一级附合导线

❖ **任务步骤分解**

☞ 步骤1：布设导线

1. 导线根据测区的地形和测区内控制点的分布情况，可布设成（　　）（　　）（　　）三种形式。

2. 简述导线测量外业工作的步骤。

☞ 步骤2：外业观测

1. 一级附合导线水平角测量测回数（　　）。

2. 一级附合导线水平角同一方向值各测回较差不超过（　　）。

3. 一级附合导线水平角一测回内2C较差不超过（　　）。

4. 一级附合导线距离测量测回数（　　）读数（　　）次，读数差不超过（　　）。

☞ 步骤3：内业计算

1. 附合导线角度闭合差理论值的计算公式为（　　）。

2. 附合导线角度闭合差的计算公式为（　　）。

3. 闭合差在允许值范围之外则需要（　　）。

4. 角度闭合差改正数的计算公式为（　　），并且结果要取整数。

5. 推算各边方位角的计算公式为（　　）。

6. 方位角闭合差不超过（　　）。

7. 坐标增量 ΔX 的计算公式为（　　）、ΔY 的计算公式为（　　）。

8. 附合导线的导线全长闭合差的计算公式为（　　）。

9. 相对误差 K 的计算公式为（　　）。

10. 一级导线相对闭合差不超过（　　）。

11. 坐标增量改正数的计算公式为（　　）。

12. 改正数总和与闭合差大小相等、符号（　　）。

13. 计算各点坐标公式（　　）。

❖ **任务实施**（表6-17、表6-18）

导线观测手簿（参考） 表6-17

观测日期：　年　月　日　　　　测站

	测点	读数		2C	半测回方向	一测回方向	各测回平均方向	附注
		盘左	盘右					
水平角观测								

续表

测点	读数		2C	半测回方向	一测回方向	各测回平均方向	附注
	盘左	盘右					
边长	平距观测值			平距中数	边长	平距观测值	平距中数
	1					1	
	2					2	
	3					3	
	4					4	

导线近似平差计算示例　　　　　　　　　　　　表 6-18

序号	点名	观测角	方位角	边长	$v_x \Delta X_i$	X_i	$v_y \Delta Y_i$	Y_i
$\sum$								
		$f_\beta =$	$f_x =$			$f_y =$		$f_s =$

$f_{\beta允} = \pm 10'' \sqrt{4} = \pm 20''$	导线略图	

注：在坐标计算过程中，角度及角度改正数取位至整秒，边长、坐标增量及其改正数、坐标计算结果均取位至 0.001m。

❖ **任务活动总结**（表 6-19）

附合导线测量及内业计算　　　　　　　　　　　表 6-19

序号	实施步骤	是否完成	是否存在疑问	是否解决
1	布设导线			
2	外业观测			
3	内业计算			

学生签名：

任务完成情况自评：（A、B、C、D、E）

注：等级评价为 A、B、C、D、E 五级，在评价的等级符号上画圈。

任务 4 GNSS-RTK 点放样

❖ **任务描述**

在实训场地按照操作流程进行新建工程、设置仪器、点校正、点放样四个步骤。小组内每位同学独立完成 RTK 点放样操作流程，并完成老师发布的点放样任务。

❖ **任务步骤分解**（以 HI-Survey 软件为例）

1. 建立项目

（1）如图 6-17 所示，进入 APP 后点左上角"项目信息"，在"项目名"处输入项目名，点右上角"确定"。

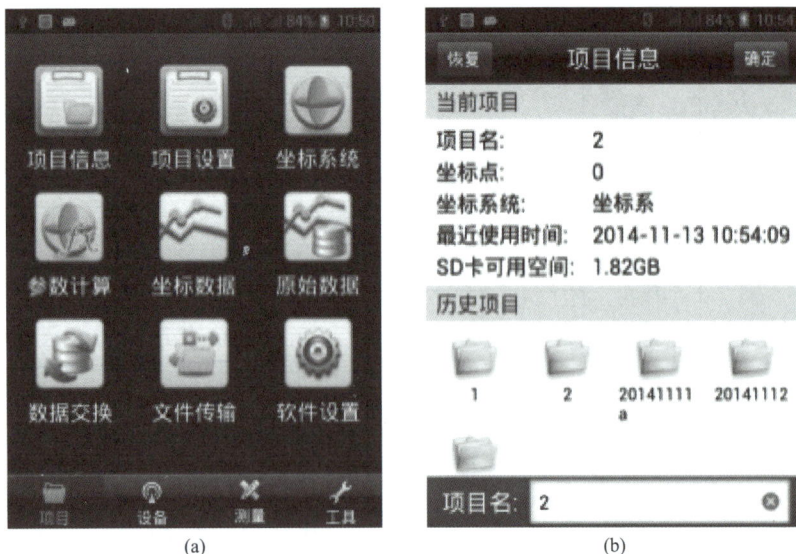

(a) 　　　　　　　　　　　　　(b)

图 6-17　输入项目名

（2）如图 6-18 所示，弹出坐标系统设置对话框，点"坐标系统"后的空白处（名称"坐标系"可随意设置）弹出坐标系设置界面，在"投影"菜单里需要设置好"投影"（默认高斯三度带），输入当地中央子午线（若手簿已经和主机连接，可直接点中央子午线右侧按钮🗺，软件自动计算出当地中央子午线）。

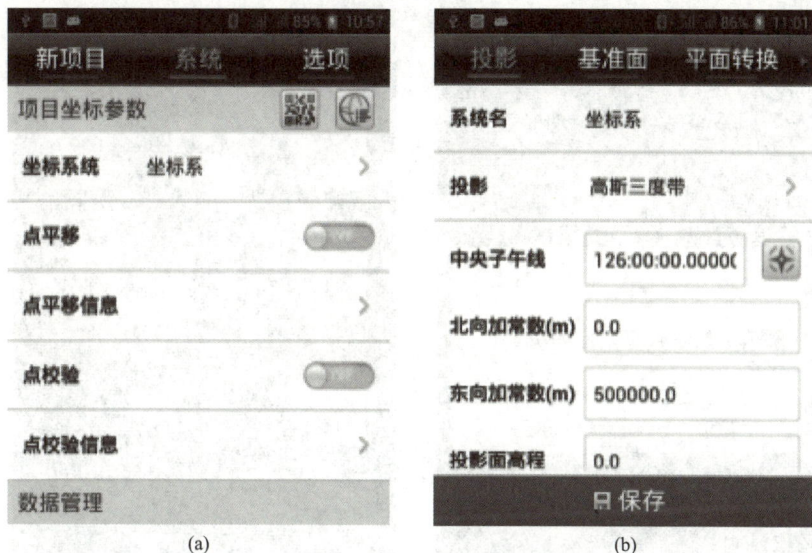

图 6-18 输入当地中央子午线

（3）如图 6-19 所示，再点击"基准面"，里面的"源椭球"不变，"目标椭球"更改为当地的坐标系（常用 54、80、2000），界面往上滑动，下面的"转换模型"选"无"，然后点"保存"。

图 6-19 "基准面"对话框

弹出"是否更新参数"对话框，点"确定"，然后按手簿右上角黄色返回按钮返回软件主界面。

2. 基准站设置（图 6-20）

（1）先将 GPS 仪器开机。往左滑动屏幕，或点屏幕下方"设备"按钮，弹出"设备连接"对话框。

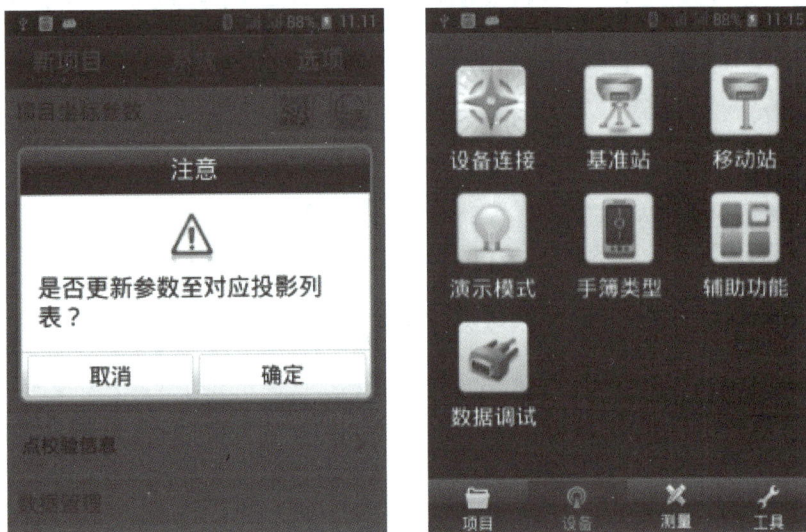

图 6-20　基准站设置

（2）点左上角"设备连接"按钮，配置处显示厂商为中海达，连接方式为蓝牙，然后点击右下角"连接"按钮，弹出蓝牙匹配对话框，之前连接过的仪器默认存储到当前界面下，若连接其他仪器，需要点下方"搜索设备"，搜索到要连接的仪器后点连接数据连接密码 1234 即完成连接（图 6-21）。

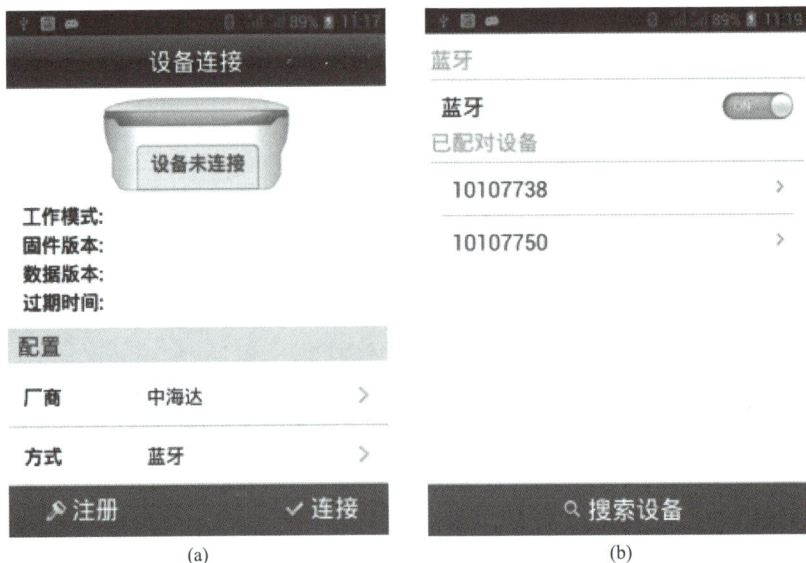

(a)　　　　(b)

图 6-21　设备连接

教学单元 6 控制测量

（3）连接后弹出仪器版本、注册等信息，（点左下角的注册然后输入 24 位注册码即可）按手簿右上角返回按钮返回到之前的界面，然后点"基准站"进入"设置基准站"界面，选择好相应的仪器天线类型，输入基准站的天线高（图 6-22）。

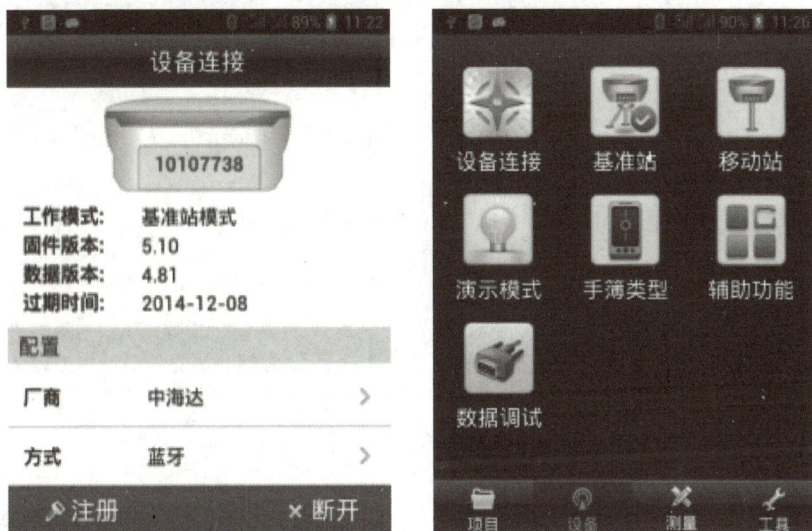

图 6-22　显示仪器版本、注册信息

点图 6-23（a）"位置"右侧的按钮，软件自动平滑测量 10 次，取一个平均数作为基准站的坐标。平滑完后点右下角"确定"返回基准站界面。点下方"数据链"，可以选择相应的模式（内置电台、内置网络或外挂数据链）。

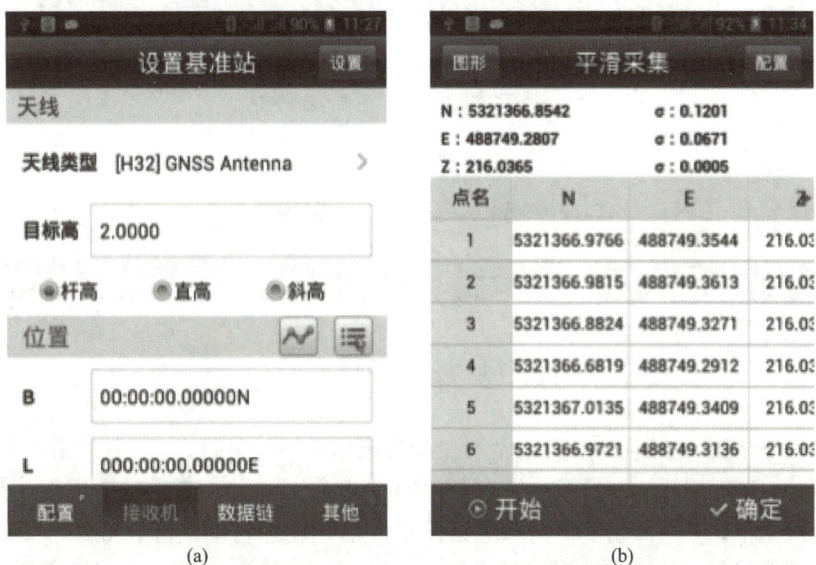

图 6-23　平滑采集和数据链模式选择（一）

145

(c)　　　　　　　　　　(d)

图 6-23　平滑采集和数据链模式选择（二）

如果采用内置网络，需要输入相应的参数 IP、端口、分组号、小组号；如果采用内置电台需要设置好频道、波特率、功率等；采用外挂电台，则直接选外部数据链即可，如图 6-24 所示。

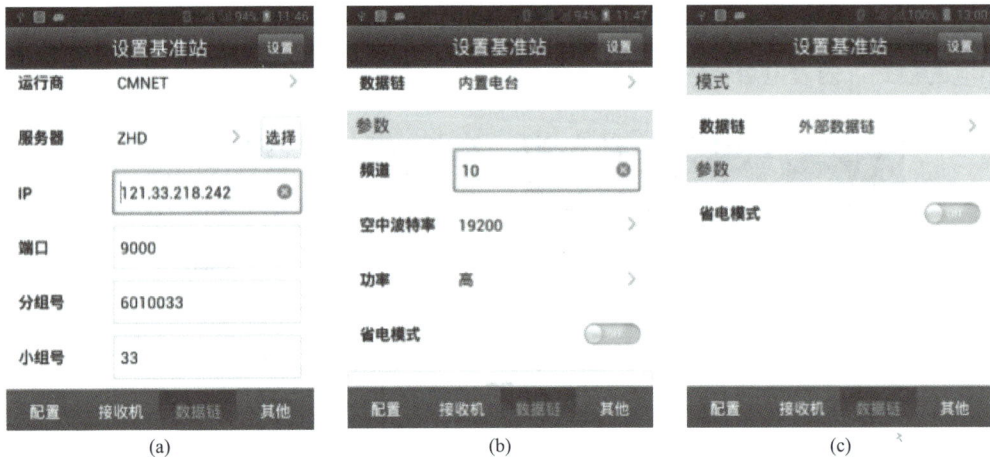

(a)　　　　　　　　　　(b)　　　　　　　　　　(c)

图 6-24　参数设置

（4）点击下方的"其他"按钮，显示"差分模式"为"RTK"，"电文格式"为"sCM-Rx"（新软件为 RTCM3.2），然后点击右上角的"设置"，弹出"基站设置成功，是否切换移动台设置"对话框，点"确定"，则基准站设置成功，蓝牙自动断开，如图 6-25 所示。

基准站设置成功的标志是，仪器（H32 中间的红色信号灯，IRTK2 右侧红色信号灯）中间的红色信号灯一秒闪一下，如果使用的手机卡网络模式，仪器登录网络后绿灯长亮基础上闪红灯，显示为橙色。

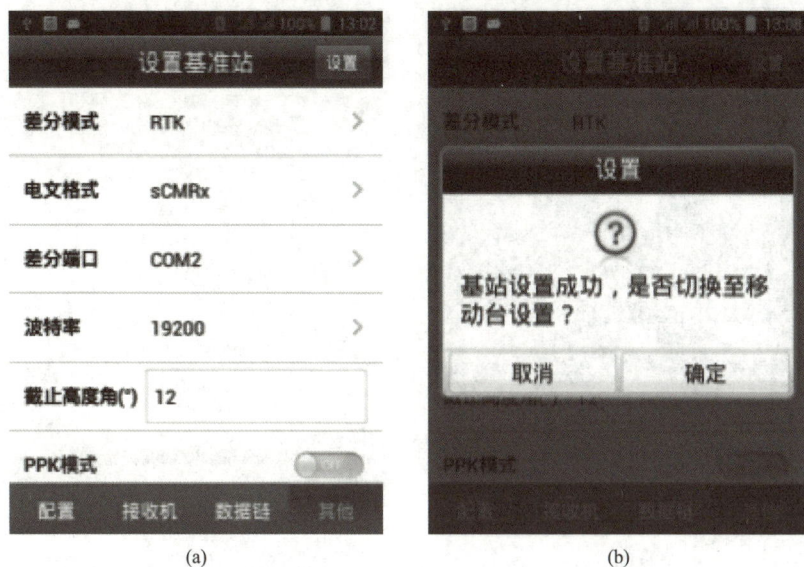

图 6-25 点击"其他"按钮

3. 移动站设置

基准站设置成功后，点"确定"自动切换到设备连接界面，按照之前的方法用蓝牙连接移动站，软件自动跳到"设置移动站"对话框，数据链处选择相应的数据链（如果基准站用内置网络，移动站也要用内置网络；若基准站用内置电台或外部数据链，移动站用内置电台），再点"其他"按钮，电文格式改为和基准站一样的 sCMRx（新软件为RTCM3.2），选好后点右上角"设置"然后点手簿右上角黄色返回按钮返回到程序主界面（图 6-26）。

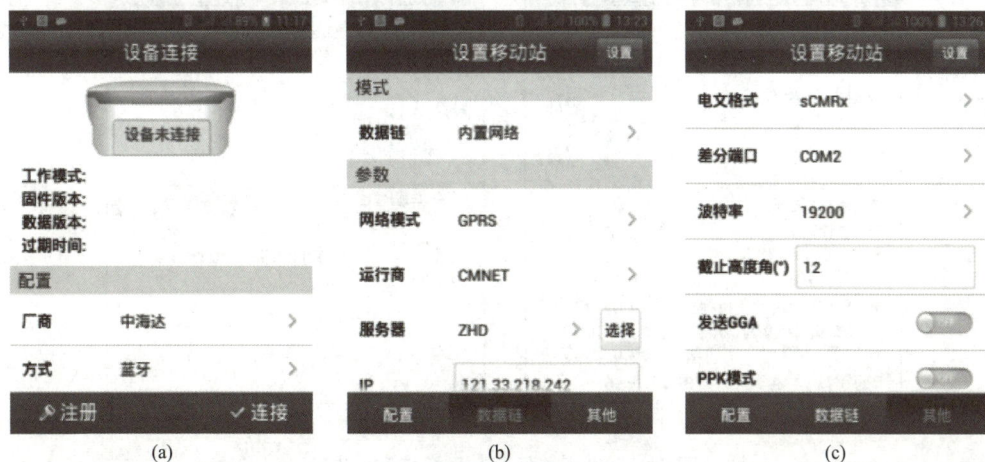

图 6-26 移动站的连接和"设置移动站"对话框

屏幕往左滑动或点击下方的"测量"按钮，显示测量项目，点"碎部测量"进入测量界面，当上面显示"固定"时点 ♀ 按钮即可采集数据（图 6-27）。

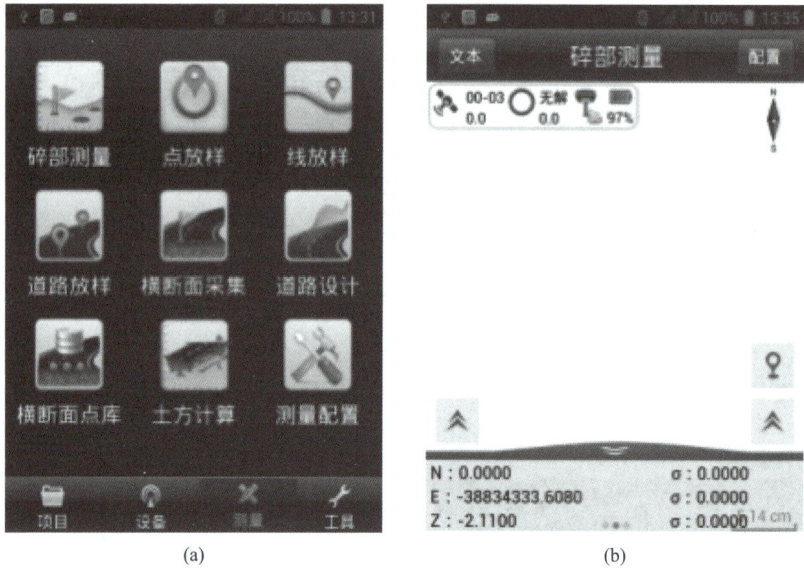

(a) (b)

图 6-27　测量项目和测量界面

4. 三参数求解方法（一个点就可以，但已知点必须为标准的 54、80 或 2000 坐标）

　　仪器固定后，将仪器安置在已知点，气泡对中整平后，点采集按钮采集，点名处输入该点点名，目标高处点"杆高"选择相应的量取方式（杆高、直高、斜高，同时选择相应的天线类项），再输入准确的高度值如图 6-28 所示。点"确定"保存该点（会听到"嘟"的一声提示音）。

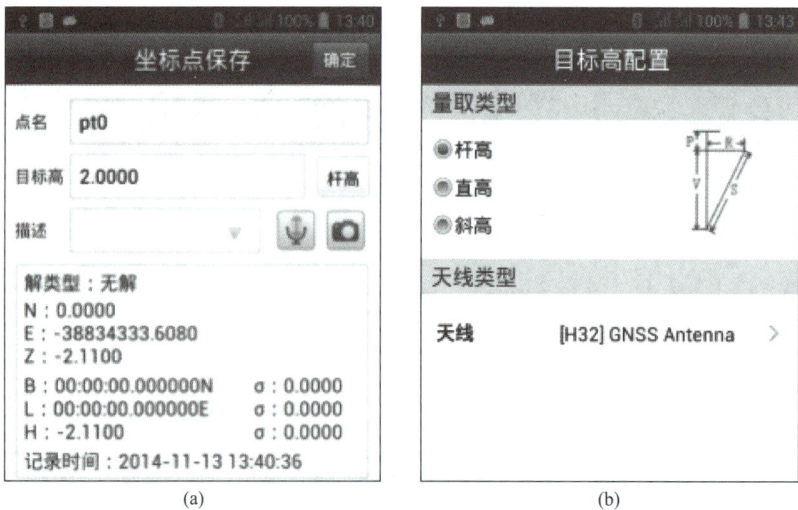

(a) (b)

图 6-28　坐标点保存和目标高配置界面

　　按返回键返回到项目界面，点"参数计算"进入界面后，计算类型处选"三参数"，然后点左下角"添加"弹出"点对坐标信息"界面，点按钮🔲调取之前采集的已知点，如图 6-29 所示。

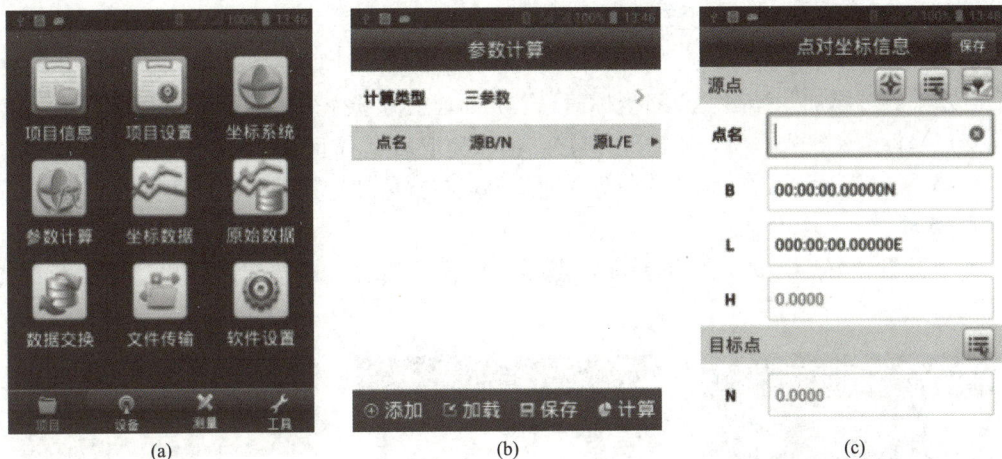

图 6-29　参数计算和已知点调取

　　把屏幕往上滑，目标点处输入该点正确坐标（X 输入 7 位，Y 输入 6 位），然后点右上角"保存"返回到参数计算界面，再点右下角"计算"软件自动算出三参数（小数点前面的数一般正负不大于 150），然后点"应用"参数自动保存到坐标系统里，如图 6-30 所示。

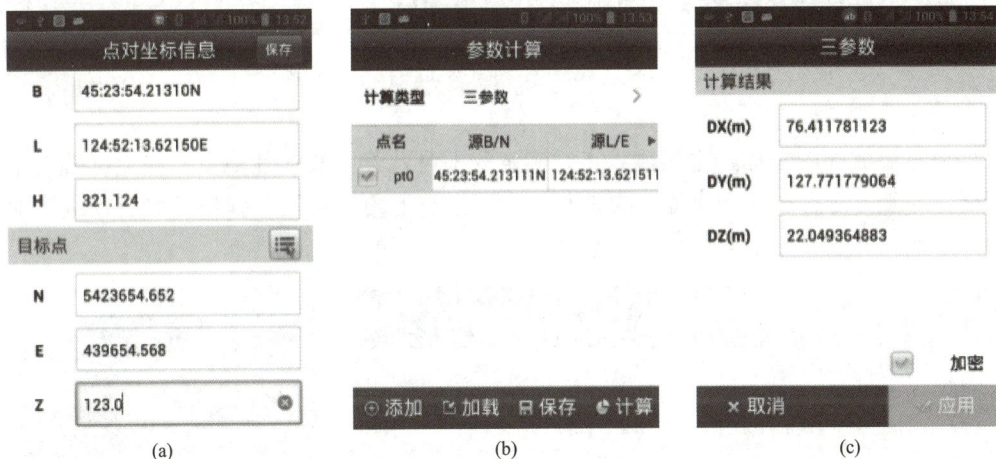

图 6-30　三参数计算

　　再返回主界面，选择测量—碎部测量采集数据。

　　建议找另外一个已知点检核一下，如果没问题再进行测量。

5. 四参数求解方法（至少两个已知点，一般自定义坐标系使用，标准的坐标系同样也可以使用）

　　已知点采集方法同上，点"参数计算"进入界面后，计算类型处选"四参数＋高程拟合"，然后点左下"添加"弹出"点对坐标信息"界面，上方选择采集的已知点，下方输入正确的已知点坐标，输入完成后点右上角"保存"，再继续添加其他点，全部添加完毕后，返回到参数计算界面，再点右下角"计算"软件自动算出四参数。

6. 七参数求解方法（至少三个已知点，但已知点必须为标准的 54、80 或 2000 坐标）

已知点采集方法同上，点"参数计算"进入界面后，计算类型处选"布尔沙七参数"，然后点左下方"添加"弹出"点对坐标信息"界面，上方选择采集的已知点，下方输入正确的已知点坐标（X 输入 7 位，Y 输入 6 位），输入完成后点右上角"保存"，再继续添加其他点，全部添加完毕后，返回到参数计算界面，再点右下角"计算"软件自动算出七参数。

7. 点放样

参数都设置好后，进入测量界面，点"点放样"然后点 → 按钮，弹出"选择放样点"对话框，如图 6-31 所示。

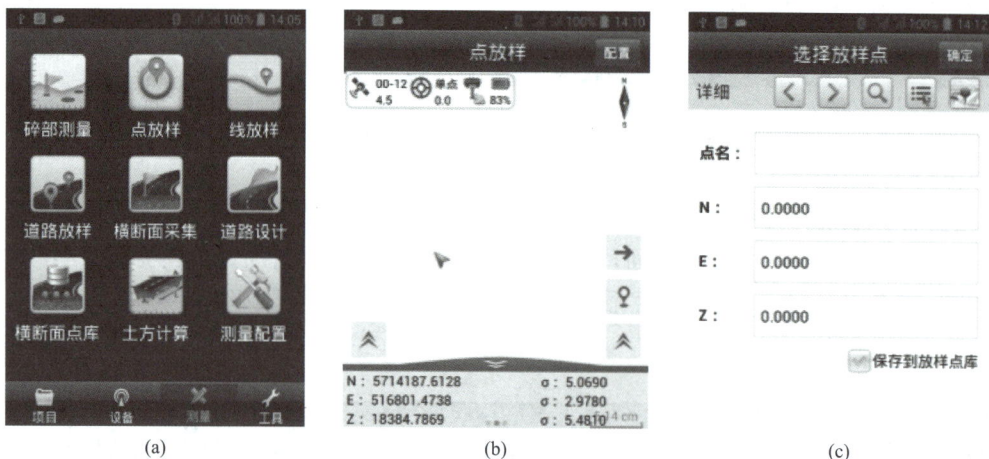

(a)	(b)	(c)

图 6-31　放样点的选择

如果有要放样的坐标，直接输入点"确定"即可，若要放样其他点，应点屏幕右上角 按钮，在上方选择相应的点库，再选相应点，点右上角"确定"弹出"是否继续"对话框，点"确定"就可以进行放样了，如图 6-32 所示。

(a)	(b)	(c)

图 6-32　其他放样点的选择

进入测量界面后，滑动下面的对话框，显示出放样提示以及距离等信息，如图 6-33 所示。

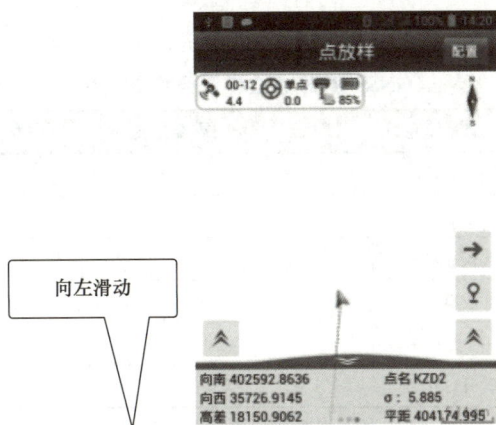

向左滑动

图 6-33 "点放样"对话框

❖ **任务实施**（表 6-20、表 6-21）

1. 按规定完成新建工程、设置仪器以及点校正的计算。

2. 然后开始放样指定点。

3. 放样完成后，各组做好后由老师对点校正计算的成果进行检核，并上交放样点设计坐标、测量坐标以及坐标残差记录检测数据。

4. 检查结束后应将仪器装箱，脚架收好，上交成果，计时结束。

仪器检查记录表　　　　　　　　　　　　　　　　表 6-20

序号	检查内容	检查结果		备注
		是	否	
1	仪器部件及附件是否齐全			
2	脚架和仪器的连接螺旋是否配套			
3	仪器箱锁、提手是否牢固			
4	手簿是否有破损			
5	手簿显示屏是否破损			

GNSS-RTK 点放样表格　　　　　　　　　　　　　表 6-21

测站信息	点名		X（m）		Y（m）		H（m）	
检查点信息	点名		ΔX（mm）		ΔY（mm）		ΔH（mm）	
放样点信息	设计坐标			实测坐标或坐标差值				
	X（m）	Y（m）	H（m）	ΔX（mm）		ΔY（mm）		ΔH（mm）

❖ 任务活动总结（表 6-22）

GNSS-RTK 点放样任务完成清单

表 6-22

序号	实施步骤（简写）	是否完成	是否存在疑问	是否解决
1	新建工程			
2	设置仪器			
3	点校正			
4	点放样			

学生签名：

任务完成情况自评：（A、B、C、D、E）

注：等级评价为 A、B、C、D、E 五级，在评价的等级符号上画圈。

地形图基本知识

项目描述

根据本部分所学地形图的基本知识，学会识读地形图。

知识目标

1. 理解比例尺精度的含义；
2. 掌握如何用图式符号正确地表示地物和地貌；
3. 了解图廓外注记的作用；
4. 理解地形图分幅和编号的方法。

能力目标

1. 具有全面正确识读地形图的能力。
2. 能够利用地形图为工程建设提供相关的基础资料。

知识点 1　地形图基本知识

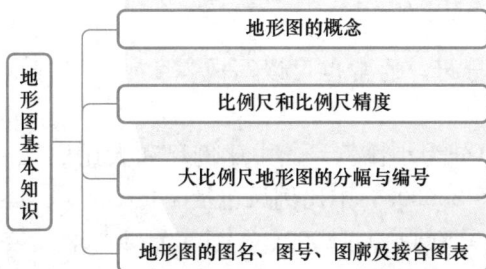

```
                    ┌──── 地形图的概念
                    │
          地        ├──── 比例尺和比例尺精度
          形        │
          图        │
          基        ├──── 大比例尺地形图的分幅与编号
          本        │
          知        │
          识        └──── 地形图的图名、图号、图廓及接合图表
```

7.1.1 地形图的概念

1. 地形

地面上有明显轮廓的，天然形成或人工建造的各种固定物体，如道路、房屋、河流、湖泊等称为地物。地球表面的高低起伏形态，如高山、丘陵、盆地等称为地貌。地貌没有明确的分界线。地物和地貌总称为地形。

2. 地形图

将地面上各种地物和地貌沿垂直方向投影到水平面上，并按一定的比例尺，用《地形图图式》统一规定的符号和注记，将其缩绘在图纸上，这种表示地物的平面位置和地貌起伏情况的图，称为地形图。图上主要表示地物平面位置的地形图，称为平面图。

根据地形图的表示方法不同，地图可分为传统地图和电子地图。传统地图按照传统的手工方法绘制于纸上，比例一定，不易更改，使用不方便，也不易保存。电子地图是利用现代计算机技术将地图表示的要素按照一定方法在计算机屏幕上表示出来。这种地图比例可以随意缩放，使用方便且容易保存。

3. 大比例尺地形图

由于地形图能客观形象地反映地面实际情况，所以城乡规划和各项工程建设都需要用到地形图。比例尺为1∶500、1∶1000、1∶2000及1∶5000的地形图称为大比例尺地形图，是工程建设勘测、规划、设计、施工及建后管理的重要基础资料。

7.1.2 比例尺和比例尺精度

1. 比例尺

地形图上任一线段的长度与它所代表的实地水平距离之比，称为地形图比例尺。对于地图或地形图，比例尺决定着地形图的图形大小、测量精度和内容的详细程度。

2. 比例尺种类

比例尺分为数字比例尺、图示比例尺和文字比例尺。

（1）数字比例尺。

数字比例尺是用分子为1，分母为整数的分数表示。设图上一线段长度为d，相应实地的水平距离为D，则该地形图的比例尺为

$$\frac{d}{D}=\frac{1}{M} \tag{7-1}$$

式中，M为比例尺分母，通常也可以写成$1∶M$。M越大，比值越小，比例尺就越小。

数字比例尺根据大小分为小比例尺、中比例尺和大比例尺。其中小比例尺包括1∶1000000、1∶500000、1∶200000；中比例尺包括1∶100000、1∶50000、1∶250000；大比例尺包括1∶10000、1∶5000、1∶2000、1∶1000、1∶500。在城市和工程设计、规划、施工中，需要用到不同的比例尺，如表7-1所示。

地形图比例尺的选择   表 7-1

比例尺	用途
1∶10000	城市总体规划、厂址选择、区域布置、方案比较
1∶5000	
1∶2000	城市详细规划、工程项目初步设计
1∶1000	建筑设计、城市详细规划、工程施工设计、竣工图
1∶500	

（2）图示比例尺。

为了便于应用，减少由于图纸伸缩而引起的使用中的误差，通常在地形图上绘制图示比例尺。图示比例尺常常绘制在地形图的下方，表示方法如图 7-1 所示，图中两条平行直线间距

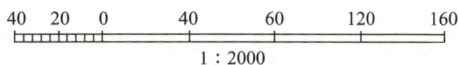

图 7-1 图示比例尺

为 2mm，以 4cm 为单位分成若干大格，左边一个大格又分成 10 等分，大小格分界处注以"0"，右边其他大格分界处标注实际长度。

使用时，先用分规在图上量取某线段的长度，然后用分规的右针尖对准图示比例尺右边的某个整分划，使分规的左针尖落在最左边的基本单位内。

（3）文字比例尺。

对于某些地形图、施工图，在图上直接写出 1cm 代表实地水平距离的长度，如图上 1cm 相当于地面距离 10m，即表示该图的比例尺为 1∶1000，这种比例尺的表示方法就是文字式比例尺。

综上所述，数字式比例尺能清晰表现地图缩小的倍数，图式比例尺可以直接在地图上量算，受图纸变形的影响小，文字式比例尺能清楚表示比例尺的含义。

3. 比例尺精度

在测量上，将地形图上 0.1mm 的长度所代表的实地水平距离，称为比例尺精度，一般用 ε 表示。显然，比例尺精度＝0.1mm×比例尺分母，即 $\varepsilon=0.1M$。

根据比例尺的精度，可确定测绘地形图时测量距离的精度。另外，如果规定了地形图上要表示的最短长度，根据比例尺的精度，可确定测图的比例尺。

工程常用的几种大比例尺地形图的比例尺精度如表 7-2 所示。

比例尺精度   表 7-2

比例尺	1∶500	1∶1000	1∶2000	1∶5000
比例尺精度	0.05	0.10	0.20	0.50

7.1.3 大比例尺地形图的分幅与编号

1. 分幅方法

大比例尺地形图常采用正方形分幅法，它是按照统一的纵、横坐标格网划分的。如

图 7-2 所示，它是以 1∶5000 的地形图为基础进行的正方形分幅。

2. 编号方法

（1）坐标编号。图号一般采用该图幅西南角坐标的公里数为编号，x 坐标在前，y 坐标在后，中间有短线连接。如图 7-3 所示，在 1∶5000 比例尺的地形图中，其西南角坐标为 $x=6.0$km，$y=2.0$km，因此，编号为"6-2"；格网 I 为 1∶2000 比例尺的地形图，其西南角坐标为 $x=7.0$km，$y=2.0$km，因此，编号为"7.0-2.0"；格网 II 1∶1000 比例尺的地形图，其西南角坐标为 $x=6.5$km，$y=3.0$km，因此，编号为"6.5-3.0"；格网 III 为 1∶500 比例尺的地形图，其西南角坐标为 $x=6.25$km，$y=3.5$km，因此，编号为"6.25-3.50"。

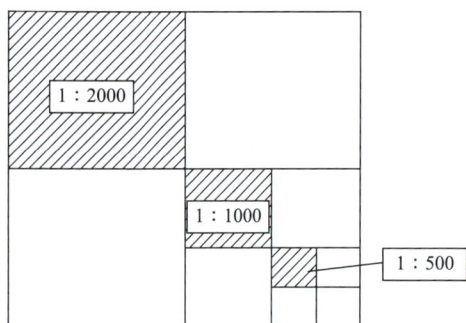

图 7-2　地形图的分幅

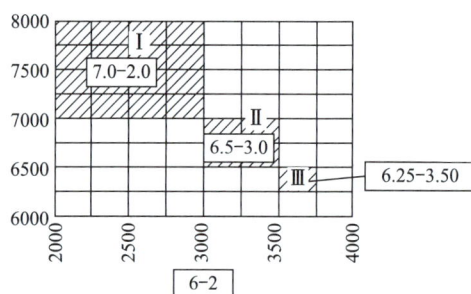

图 7-3　地形图的坐标编号

（2）数字顺序编号。如果测区范围比较小，图幅数量少，可采用数字顺序编号法，如图 7-4 所示。

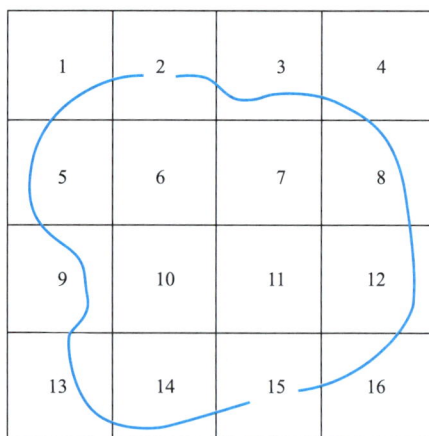

图 7-4　数字顺序编号

（3）基础分幅编号。在某较大区域，由于面积较大，而且需要测绘几种不同比例尺的地形图，因此编号时可以是以 1∶5000 比例尺图为基础，并作为包括在本图幅中的较大比例尺图幅的基本图号。基础图幅编号以西南角坐标为基础，其后加罗马数字 I、II、III 等，如图 7-5 所示。

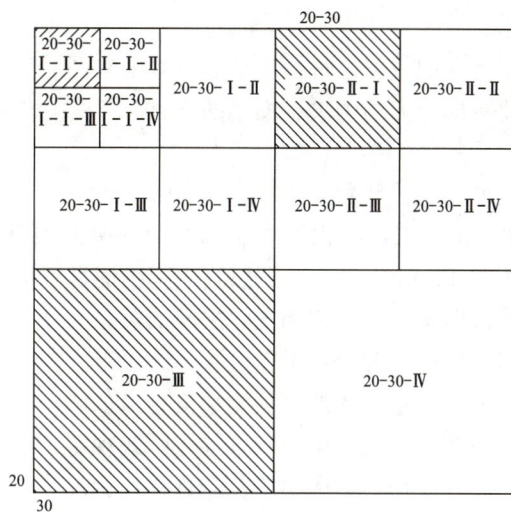

图 7-5　基础分幅编号

7.1.4　地形图的图名、图号、图廓及接合图表

1. 地形图的图名

每幅地形图都应标注图名，通常以图幅内最著名的地名、厂矿企业或村庄的名称作为图名。图名一般标注在地形图北图廓外上方中央，如图 7-6 所示。

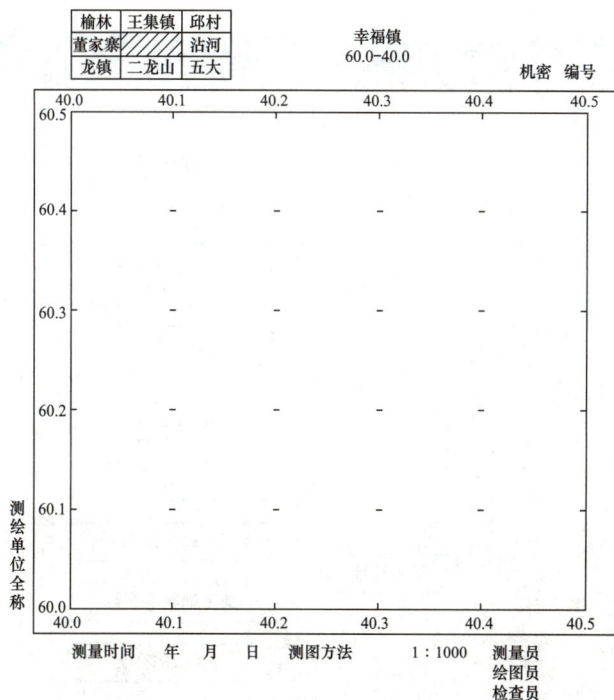

图 7-6　地形图

2. 图号

为了区别各幅地形图所在的位置，每幅地形图上都编有图号。图号就是该图幅相应分幅方法的编号，标注在北图廓上方的中央、图名的下方。

3. 图廓和接合图表

（1）图廓。图廓是地形图的边界线，有内、外图廓线之分。内图廓就是坐标格网线，也是图幅的边界线，用 0.1mm 细线绘出。外图廓线为图幅的最外围边线，用 0.5mm 粗线绘出。内、外图廓线相距 12mm，在内外图廓线之间注记坐标格网线的坐标值。

（2）接合图表。为了说明本幅图与相邻图幅之间的关系，便于索取相邻图幅，在图幅左上角列出相邻图幅图名，斜线部分表示本图位置。

为了让地形图的使用者了解地形图的有关测绘信息，如测图的时间、测图采用的坐标系统、高程系统、等高距、测图方法、图式版本等，图式规定，绘图时必须在图幅左下方说明中加以说明。其余的图外注记，如测绘单位全称、比例尺、测绘人员、密级等级均在图廓周边相应位置标注。

1 + X 证书

测绘地理信息数据获取与处理职业技能等级要求（初级）

工作领域	工作任务	职业技能要求
4. 地形图的认识	4.1 地形图读图	4.1.1 能分辨 1：500、1：1000、1：2000 图式 4.1.2 能进行数字线划图的读图

知识点 2 地形图图例

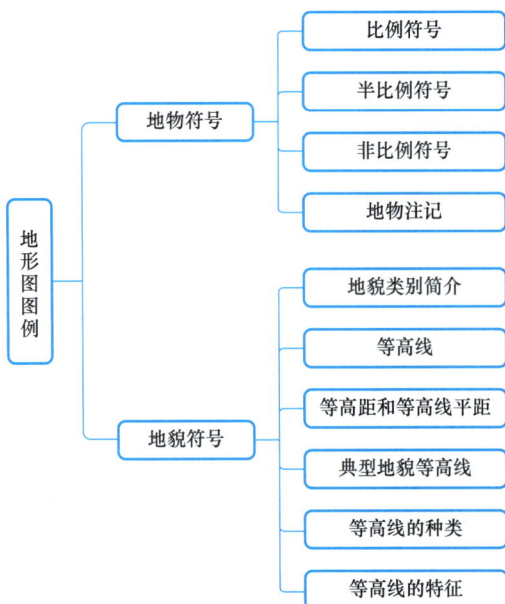

地形图图例
- 地物符号
  - 比例符号
  - 半比例符号
  - 非比例符号
  - 地物注记
- 地貌符号
  - 地貌类别简介
  - 等高线
  - 等高距和等高线平距
  - 典型地貌等高线
  - 等高线的种类
  - 等高线的特征

地形图上的地物和地貌都采用符号表示。为了测图和用图，我国颁布、实施了《国家基本比例尺地图图式》，用统一的地图图式符号来表示地物和地貌。它是测图和用图的重要依据。

7.2.1　地物符号

地形图上表示地物类别、形状、大小及位置的符号称为地物符号。主要包括测量控制点、水系、居民地及设施、交通、管线、境界等。

根据地物形状、大小和描绘方法的不同，地物符号分为比例符号、非比例符号、半比例符号和注记符号。

1. 比例符号

地物的形状和大小均按测图比例尺缩小，并用规定的符号绘在图纸上，这种地物符号称为比例符号。

2. 半比例符号

地物的长度可按比例尺缩绘，而宽度按规定尺寸绘出，这种符号称为半比例符号。用半比例符号表示的地物都是一些带状地物。

3. 非比例符号

有些地物轮廓较小，无法将其形状和大小按比例缩绘到图上，而采用相应的规定符号表示，这种符号称为非比例符号。非比例符号只能表示物体的位置和类别，不能用来确定物体的尺寸。

4. 地物注记

对地物加以说明的文字、数字或特有符号，称为地物注记。比如城镇、河流的名称，江河的流向、高程的大小等都以注记符号加以说明。

一个地物属于哪一种地物与测图比例尺有关，同一个地物在不同的比例尺下，属性可能有所变化，只有当比例尺确定以后才能确定是哪一种地物。

7.2.2　地貌符号

地貌是指地表面高低起伏的状态，它包括山地、丘陵和平原等。在图上通常采用等高线表示地貌。

1. 地貌类别简介

地面起伏小，大部分的地面倾斜角不超过 3°，比高不超过 20m 的称为平原；地面上有连绵不断的起伏，大部分的地面倾斜角为 3°～10°，比高不超过 150m 的称为丘陵地；地面显著起伏，大部分地面倾斜角为 10°～25°，比高在 150m 以上的称为山地；由高差很大的纵横山脉组成，大部分地面倾斜角在 25°以上的称为高山地。

2. 等高线

地面上高程相同的相邻各点连成的闭合曲线，称为等高线。如雨后地面上静止的积水，积水面与地面的交线就是一条等高线。

将这些等高线沿铅垂方向投影到水平面 H 上，并用规定的比例尺缩绘在图纸上，这就将小山用等高线表示在地形图上了，如图 7-7 所示。

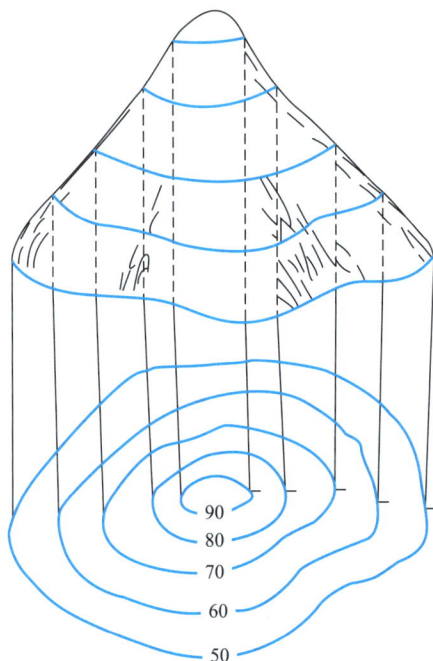

图 7-7　等高线

3. 等高距和等高线平距

相邻等高线之间的高差称为等高距，也称为等高线间隔，用 h 表示，等高距也称为基本等高距。地形图的基本等高距如表 7-3 所示。

地形图的基本等高距（单位：m）　　　　　　　　　表 7-3

地貌	比例尺			
	1：500	1：1000	1：2000	1：5000
平原	0.5	0.5	1	2
丘陵	0.5	1	2	5
山地	1	1	2	5
高山地	1	2	2	5

相邻等高线之间的水平距离称等高线平距，用 d 表示。计算公式如下：

$$i = \frac{h}{dM} \tag{7-2}$$

地面坡度 i 与等高线平距 d 成反比。地面坡度较缓，其等高线平距较大，等高线显得稀疏；地面坡度较陡，其等高线平距较小，等高线十分密集。

地物符号和地貌符号如表 7-4 所示。

地物和地貌符号　　　　　　　　　　　　　　　　表 7-4

编号	符号名称	1:500 1:1000	1:2000	编号	符号名称	1:500 1:1000	1:2000
1	一般房屋 混——房屋结构 3——房屋层数	混3	1.6	17	阶梯路		1.0
2	简单房屋			18	打谷场、球场		球
3	建筑中的房屋	建		19	时地		1.0 2.0 10.0 10.0
4	破坏房屋	破					
5	棚房	45° 1.6		20	花圃		1.6 1.6 10.0 10.0
6	架空房屋	混4 1.0 混 混4	1.0				
7	廊房	混3 1.0	1.0	21	有林地	1.6 松6	
8	台阶	0.6 1.0 1.0					
9	无看台的露天体育场	体育场		22	人工草地		2.0 3.0 10.0 10.0
10	游泳场	泳					
11	过街天桥			23	稻田	0.2 1.0	3.0 10.0 10.0
12	高速公路 a——收费站 0——技术等级代码	a 0 0.4					
13	等级公路 2——技术等级代码 (G325)——国道路线编码	2(G325) 0.2 0.4		24	常年湖	青湖	
				25	池塘	塘	塘
14	乡村路 a——依比例尺的 b——不依比例尺的	a 4.0 1.0 0.2 b 8.0 2.0 0.3					
15	小路	1.0 4.0 0.3		26	常年河 a——水涯线 b——高水界 c——流向 d——潮流向 涨潮 落潮	a b 0.15 c 3.0 1.0 0.5 d 7.0	
16	内部道路	1.0 1.0					

续表

编号	符号名称	1：500 1：1000	1：2000	编号	符号名称	1：500 1：1000	1：2000
27	喷水池	1.0 ↑ 3.6		39	下水（污水）、雨水检修井	⊕ 2.0	
28	GDS 控制点	▲ B 14 495.267 3.0		40	下水暗井	⊘ 2.0	
				41	煤气、天然气检修井	⊖ 2.0	
29	三角点 凤凰山——点名 394.468——高程	凤凰山 △ 394.468 3.0		42	热力检修井	⊕ 2.0	
30	导线点 116——等级、点号 84.46——高程	2.0 □ 116/84.46		43	电信检修井 a——电信人孔 b——电信手孔	a ⊗ 2.0 2.0 b ⊠ 2.0	
				44	电力检修井	⊙ 2.0	
31	埋石图根点 16——点号 84.46——高程	1.6 ◆ 16/84.46 2.6		45	地面下的管道	4.0 — — —污— — 1.0	
32	不埋石图根点 25——点号 62.74——高程	1.6 ○ 25/62.74		46	围墙 a——依比例尺的 b——不依比例尺的	a 10.0 b 10.0 0.3 0.6	
33	水准点 Ⅱ京石 5——等级、点名、点号 32.804——高程	2.0 ⊗ Ⅱ京石5/32.804		47	挡土墙	1.0 0.3 6.0	
				48	栅栏、栏杆	10.0 1.0	
34	加油站	1.6 ◗ 3.6 1.0		49	篱笆	10.0 1.0	
35	路灯	2.0 1.6 4.0 1.0		50	活树篱笆	6.0 1.0 0.6	
				51	铁丝网	10.0 1.0	
36	独立树 a——阔叶 b——针叶 c——果树 d——棕榈、椰子、槟榔	a 2.0 1.6 3.0 1.0 b 1.0 1.6 3.0 1.0 c 1.6 3.0 1.0 d 2.0 3.0 1.0		52	通信线（地面上的）	4.0	
				53	电线架		
				54	配电线（地面上的）	4.0	
				55	陡坎 a——加固的 b——未加固的	a 2.0 b	
37	独立树 棕榈、椰子、槟榔	2.0 3.0 1.0		56	散树、行树 a——散树 b——行树	a 1.6 b 10.0 1.0	
38	上水检修井	⊖ 2.0		57	一般高程点及注记 a——一般高程点 b——独立性地物的高程	a · 0.5 163.2	b ┴75.4

编号	符号名称	1:500 1:1000	1:2000	编号	符号名称	1:500 1:1000	1:2000
58	名称说明注记	友谊路中等线体 4.0(18k) 团结路中等线体 3.5(15k) 胜利路中等线体 2.75(12k)		60	高等线注记	_____25	
59	等高线 a——首曲线 b——计曲线 c——间曲线	a 0.15 b 1.0 6.0 0.15 c 0.3		61	示坡线	0.8	
				62	梯田坎	56.4 1.2	

4. 典型地貌等高线

（1）山头和洼地。

山头和洼地（又称盆地）的等高线都是一组闭合曲线，如图 7-8 所示。山头内圈等高线高程大于外圈等高线的高程，洼地则相反。示坡线是垂直于等高线并指示坡度降落方向的短线。示坡线往外标注是山头，往内标注的则是洼地。

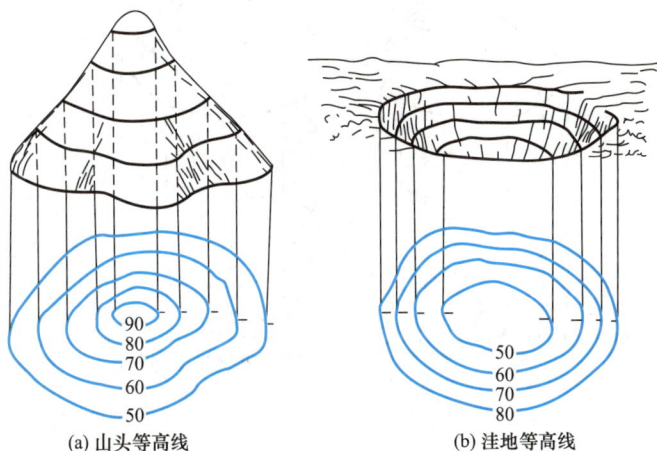

(a) 山头等高线 (b) 洼地等高线

图 7-8　山头与洼地的等高线

（2）山脊与山谷。

沿着一个方向延伸的高地称为山脊，山脊上最高点的连线称为山脊线或分水线。山脊的等高线是一组凸向低处的曲线。

在两山脊间沿着一个方向延伸的洼地称为山谷，山谷中最低点的连线称为山谷线。山谷的等高线是一组凸向高处的曲线。

山脊线和山谷线统称为地性线，与等高线正交，如图 7-9 所示。

图 7-9　山脊与山谷的等高线

（3）鞍部。

相邻两山头之间呈马鞍形的低凹部分称为鞍部，鞍部是两个山脊和两个山谷会合的地方。鞍部的等高线由两组相对的山脊和山谷的等高线组成，即在一圈大的闭合曲线内，套有两组小的闭合曲线，如图 7-10 所示。

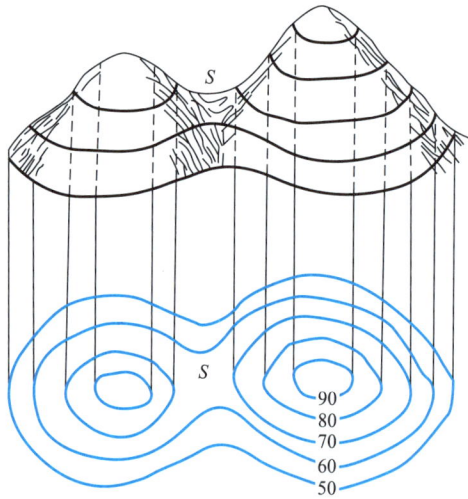

图 7-10　鞍部等高线

（4）陡崖和悬崖。

坡度在 70°以上的陡峭崖壁称为陡崖。陡崖处的等高线非常密集，甚至会重叠，因此，在陡崖处不再绘制等高线，改用陡崖符号表示。

上部向外突出，中间凹进的陡崖称为悬崖。上部的等高线投影到水平面时与下部的等高线相交，下部凹进的等高线用虚线表示。

陡崖与悬崖的示意图如图 7-11 所示。

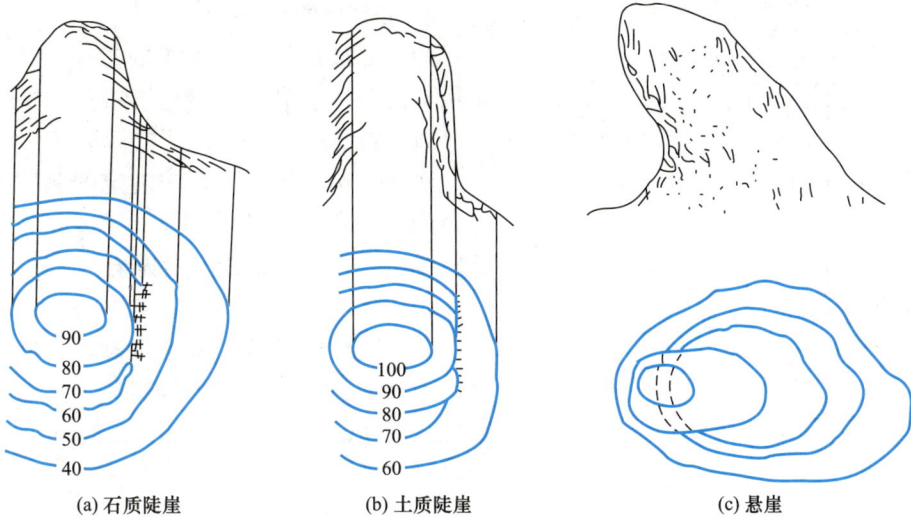

(a) 石质陡崖　　　　　　　(b) 土质陡崖　　　　　　　(c) 悬崖

图 7-11　陡崖与悬崖等高线

　　还有某些变形地貌，如滑坡、冲沟、崩崖等，其表示方法参见地形图图式。掌握典型地貌的等高线，就不难了解复杂的综合地貌。图 7-12 是某地区的综合地貌和其等高线图。

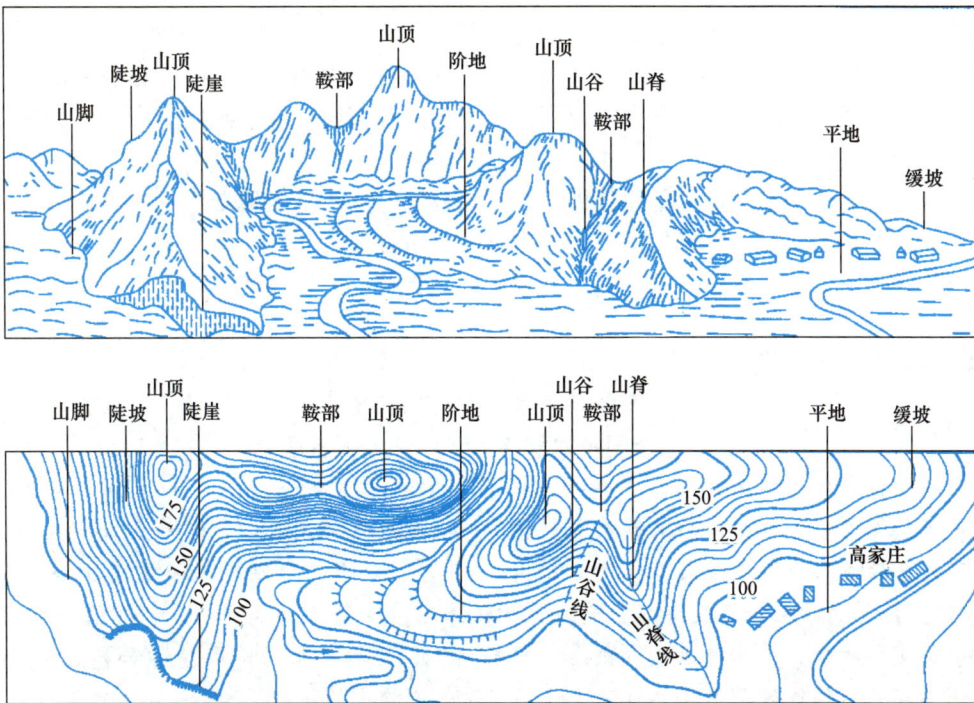

图 7-12　综合地貌和等高线

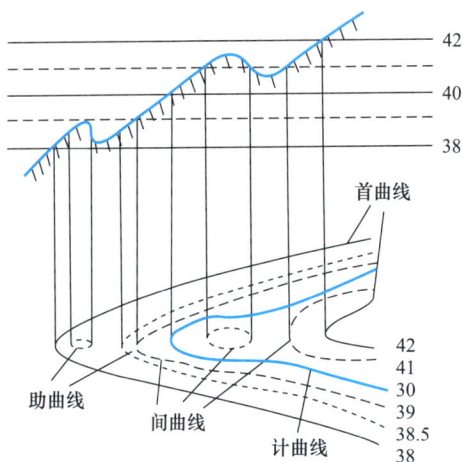

图 7-13　四种类型等高线

5. 等高线的种类

为了更详尽地表示地貌的特征，地形图上常用下面四种类型的等高线，如图 7-13 所示。

（1）首曲线。

在同一幅地形图上，按规定的基本等高距描绘的等高线称为首曲线，也称基本等高线。首曲线用 0.15mm 的细实线描绘。

（2）计曲线。

凡是高程能被 5 倍基本等高距整除的等高线称为计曲线，也称加粗等高线。计曲线要加粗描绘并注记高程。计曲线用 0.3mm 的粗实线绘出。

（3）间曲线。

为了显示首曲线不能表示出的局部地貌，按二分之一基本等高距描绘的等高线称为间曲线，也称半距等高线。间曲线用 0.15mm 的细长虚线表示。

（4）助曲线。

用间曲线不能表示的局部地貌，按四分之一基本等高距绘制的等高线称为助曲线。助曲线用 0.15mm 的细短虚线表示。

6. 等高线的特征

（1）等高性：同一条等高线上各点的高程相同。

（2）闭合性：等高线必定是闭合曲线。如不在本幅图内闭合，则必在相邻的图幅内闭合。所以，在描绘等高线时，凡在本幅图内不闭合的等高线，应绘到内图廓，不能在图幅内中断。

（3）非交性：除在悬崖、陡崖处外，不同高程的等高线不能相交。

（4）正交性：山脊、山谷的等高线与山脊线、山谷线正交。

（5）疏密性：等高线越稠密，则坡度越大；越稀疏，则坡度越小。

工匠故事

寒暑几砺剑，匠心做测绘

——记全国技术能手、龙江测绘人杜国福

杜国福参加测绘工作二十三年来，一直拼搏奉献在测绘生产一线。2015 年，他代表黑龙江省参加第四届全国测绘地理信息行业职业技能竞赛，荣获团体二等奖、个人第五名的成绩，同年荣获全省杰出青年岗位能手称号；2020 年，被省总工会授予"龙江工匠"的称号，又获得国务院政府特殊津贴；2022 年获得第十六届"全国技术能手"荣誉称号。工作中他秉承测绘人吃苦耐劳、无私奉献的进取精神和精益求精、严谨细实的工作作风，用实际行动诠释了新时代测绘人的担当。

2014 年，杜国福所在中队承担大小兴安岭四千余幅地形图的更新任务，他负责该项目前期的像控测量。大小兴安岭测区地形复杂，道路较少，四分之三以上都是森林，但为了满足地形图的精度，有些像控点又必须布设在森林的深处。身为组长的杜国福勇挑重担、冲锋在前，带领三名队员在早上 8 点出发，徒步 23km，完成 4 个像控点联测，回到驻地已经是深夜两点多了。为了保证第二天的工作顺利进行，杜国福按照路程的远近、难易程度给每个队员分配任务，经常工作结束就已经是凌晨四点了，他只能简单地打个盹儿，六点起床继续工作。经过 2 个月的艰苦奋斗，外业像控测量工作终于圆满完成。在内外业的通力合作下，中队圆满完成了比例尺地形图更新任务，填补了该地区空白，这些数据产品为数字伊春、数字黑河等项目提供了基础数据支撑。

知识点 3　地形图识读

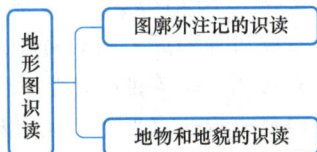

```
地形图识读 ┬ 图廓外注记的识读
          └ 地物和地貌的识读
```

　　地形图是规划、设计、施工过程中不可缺少的基础资料。地形图的识读是设计、施工人员应掌握的基本技能之一。读图就是依据人们所掌握的地形图的基本知识去判别和阅读地形图上所包含的内容。根据地形图的内容，地形图的识读包括图廓外注记的识读以及地物和地貌的识读两部分。

7.3.1　图廓外的标记识读

　　根据图外的注记，了解图名、编号、图的比例尺、所采用的坐标和高程系统、图的施测时间等内容，以确定图幅所在位置，图幅所包括的长、宽和面积等，根据施测时间可以确定该图幅是否能全面反映现实状况，是否需要修测与补测等。

7.3.2　地物和地貌的识读

　　地物和地貌是地形图阅读的重要内容。读图时应先了解和记住部分常用的地形图图式，熟悉各种符号的确切含义，掌握地物符号的四种分类，还要能根据等高线的特性及表示方法判读各种地貌，将其形象化、立体化，详细内容参见本章第二节内容。读图时应纵观全局，仔细阅读地形图上的地物，如控制点、居民点、交通路线、通信设备、农业状况和文化设施等，了解这些地物的分布、方向、面积及性质，同时了解图中有关平原、丘陵、洼地、山脊、山谷、鞍部等地貌的状况，并根据地物和地貌关系将其内容有机结合，从而读懂整幅图。

中国第一份区域性地图——《汉图》

中国的测绘技术源远流长，自古以来就有对地形、地貌、道路等地理信息的记录与描述。汉朝是中国古代测绘技术的开端，人们开始注重地理信息的测量、记录与描述，对山川地形、河流水系、土地面积等各种地理信息进行了详尽的研究与记录。

在汉初时期，中国第一份区域性地图——《汉图》就出现了。该地图记录了中国战国时期的版图，内容涵盖了各种地理特征和政治疆域信息。这份地图不仅具有较高的艺术价值，还体现了当时测绘技术的水平和进步。除了制图技术，汉代的测绘技术还包括对水利和农业的测量。当时的政府高度重视水利工程的建设，将大量的人力、物力投入到了水利工程的开发和维护中。更好地管理和利用灌溉系统，需要精确地测量河流、水渠、水库等各种水利设施。汉朝制定了专门的测量法规，例如《十二经》。

值得一提的是，汉代的测绘技术不仅仅应对了实际需求，它在文化交流和认识世界方面的贡献更为重要。当时的境内外都有大量的商贸交流和军事征战，想要更好地了解目标区域的地理特征和人文景观，需要进行详尽的测量和记录。这些记录不仅促进了文化交流，并让当时的人们更好地认识世界，也为后来测绘技术的发展提供了重要的数据基础。

课后习题

1. 什么是地物？什么是地貌？什么是地形？
2. 地形图主要包括哪些要素？
3. 什么是比例尺精度？在测绘工作中有何作用？
4. 在一幅地形图中，等高线、等高线平距、地面坡度之间有什么关系？
5. 等高线有哪几种类型？等高线具有哪些特征？

实训

任务　地形图的识读

❖ 任务描述
识读"长儒村"地形图。

❖ 任务步骤分解
图外注记识读

☞ 步骤 1：图廓外注记识读

1. "长儒村"地形图的比例尺为（　　　）。

2. 若图上两点间的长度为 0.210m，则实地两点间的实际水平距离是多少？

☞ 步骤 2：地貌识读

1. 图中基本等高距是（　　　）。

2. 简述地形图中的地貌特征。

☞ 步骤 3：地物识读

1. 埋石图根导线点 12 的高程是（　　　）。

2. 简述图 7-14 中出现的地物符号和有关注记。

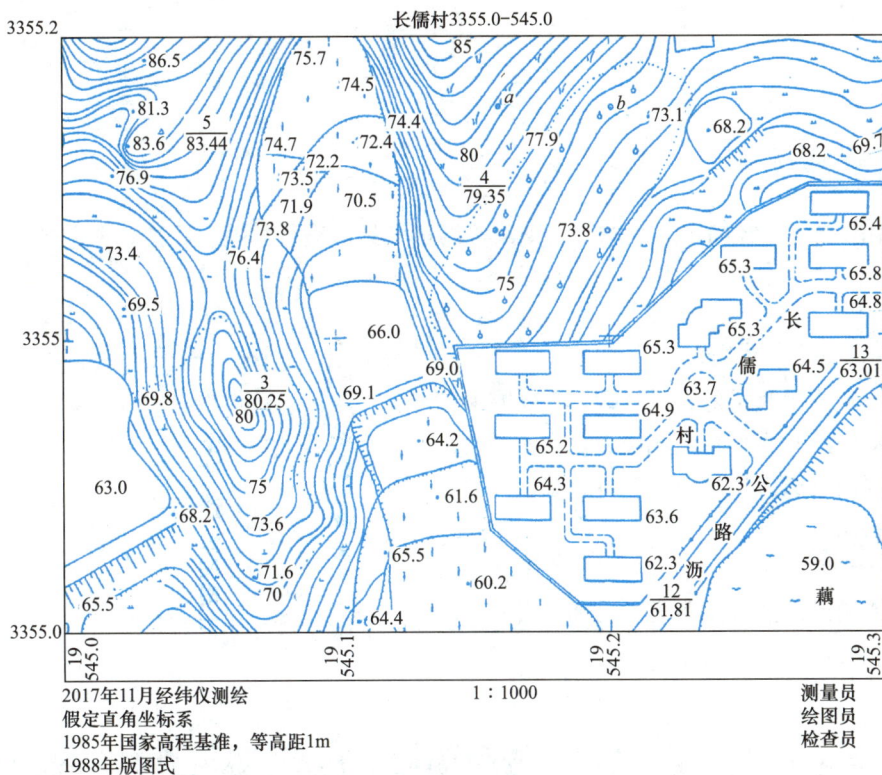

图 7-14　地形图示例

❖ **任务活动总结**（表 7-5）

地形图识读任务完成清单				表 7-5
序号	实施步骤（简写）	是否完成	是否存在疑问	是否解决
1	图廓外注记识读			
2	地貌识读			
3	地物识读			

学生签名：

任务完成情况自评：（A、B、C、D、E）

注：等级评价为 A、B、C、D、E 五级，在评价的等级符号上画圈。

教学单元8

施 工 测 量

项目描述

使用水准仪、经纬仪、全站仪、钢尺等测量工具，进行角度、距离、高差的基本测设工作。

知识目标

1. 了解施工测量的目的、内容、特点和原则。
2. 掌握已知水平距离测设、已知水平角测设、已知高程测设。
3. 掌握平面点位测设的基本方法。

能力目标

1. 能测设已知水平距离、已知水平角、已知高程。
2. 能测设平面点的位置。

知识点 1 施工测量概述

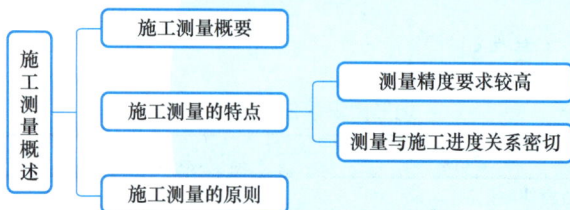

施工测量概述
— 施工测量概要
— 施工测量的特点 — 测量精度要求较高
                  — 测量与施工进度关系密切
— 施工测量的原则

8.1.1 施工测量概要

施工测量是在施工阶段所进行的测量工作，包括施工控制测量、检查验收与竣工测量以及变形测量等。施工测量的主要工作是将设计图纸上的建筑物和构筑物，按其设计的平面位置和高程，通过测量手段和方法，用线条、桩点等可见标志，在现场标定出来，作为施工的依据。

施工控制测量指为了保证放样精度和统一坐标系统，事先在施工场地上进行的前期测量工作。检查验收测量指为了检查每道工序施工后建筑物和构筑物的尺寸是否符合设计要求而进行的测量工作。竣工测量指为了确定竣工后建筑物和构筑物的真实位置和高程，进行的事后测量工作。变形测量指在施工过程和使用过程中，为了监测重要建筑物和构筑物，位置和高程的变化情况，而进行的周期性测量工作。

在土建工程中，项目开工到竣工的测量工作一般包括以下内容。

1. 开工前的测量工作

（1）建立施工场地的测量控制。

（2）场地的平整测量及土方计算。

（3）建（构）筑物的定位及放线测量。

2. 施工过程中的测量工作

（1）构（配）件安装时的定位测量和标高测量。

（2）施工质量的检验测量，比如墙、柱的垂直度、地坪的平整度等。

（3）某些重要建（构）筑物的变形和基础沉降的观测。

（4）为编制竣工图，随时需要积累资料而进行的测量工作。

3. 完工后的测量工作

（1）配合竣工验收，检查工程质量的测量工作。

（2）为绘制竣工图，全面进行一次竣工图测量。

（3）对于大型或复杂建（构）筑物，随着施工的进展，测定其在水平和竖直方向产生的位移和沉降，收集整理各种变形资料，作为鉴定工程质量和验证工程设计、施工是否合理的依据，为今后工程项目的管理和运营提供依据。

由此可见，施工测量贯穿整个施工过程。从场地平整、建筑物定位、基础施工，到建筑物构件的安装等工序，都需要进行施工测量，才能使建（构）筑物各部分的尺寸、位置符合设计要求。

本章先介绍最基本、最常用的施工测量方法，即基本测量要素：水平距离、水平角和高程，以及地面点位的测设方法。

8.1.2　施工测量的特点

1. 测量精度要求较高

为了保证建（构）筑物位置的准确，以及其内部几何关系的准确，满足使用、安全与美观等方面的要求，应以较高的精度进行施工测量。但不同种类的建（构）筑物，其测量精度要求有所不同。同类建（构）筑物在不同的工作阶段，其测量精度要求也有所不同。

对不同种类的建（构）筑物，工业建筑的测量精度要求高于民用建筑，高层建筑的测量精度要求高于低（多）层建筑，桥梁工程的精度要求高于道路工程。以工业建筑为例，钢结构的工业建筑测量精度要求高于钢筋混凝土结构的工业建筑，自动化和连续性的工业建筑测量精度要求高于一般的工业建筑，装配式工业建筑的测量精度要求高于非装配式工业建筑。

对同类建（构）筑物来说，测设整个建（构）筑物的主轴线，以便确定其相对其他地物的位置关系时，其测量精度要求可相对低一些；而测设建（构）筑物内部有关联的轴线，以及在进行构件安装放样时，精度要求则相对高一些。

2. 测量与施工进度关系密切

施工测量直接为工程施工服务，一般每道工序施工前都要先进行放样测量，为了不影响施工的正常进行，应按照施工进度及时完成相应的测量工作。特别是现代工程项目，规模大，机械化程度高，施工进度快，对放样测量的密切配合提出了更高的要求。

在施工现场，各工序经常交叉作业，运输频繁，并有大量土方填挖和材料堆放，使测量作业的场地条件受到影响，视线有可能被遮挡，测量桩点被破坏等。因此各种测量标志必须埋设稳固，并设在不易破坏和触动的位置，此外还应经常检查，如有损坏应及时修复，以满足现场施工测量的需要。

为了满足施工进度对测量的要求，应提高测量人员的操作熟练程度，并要求测量小组各成员之间配合良好。此外，应事先根据设计图、施工进度、现场情况和测量仪器设备条件，研究采用效率最高的测量方法，并准备好所有相应的测设数据。一旦具备作业条件，就应尽快进行测量，在最短的时间内完成测量工作。

8.1.3 施工测量的原则

为了满足较高的施工测量精度要求，应使用经过检校的测量仪器和工具进行测量作业。测量作业的工作程序应符合"先整体后局部、先控制后细部"的一般原则。内业计算和外业测量时均应细心操作，注意复核，防止出错，测量方法和精度应符合有关的测量规范和施工规范的要求。

知识点 2　测设的基本工作

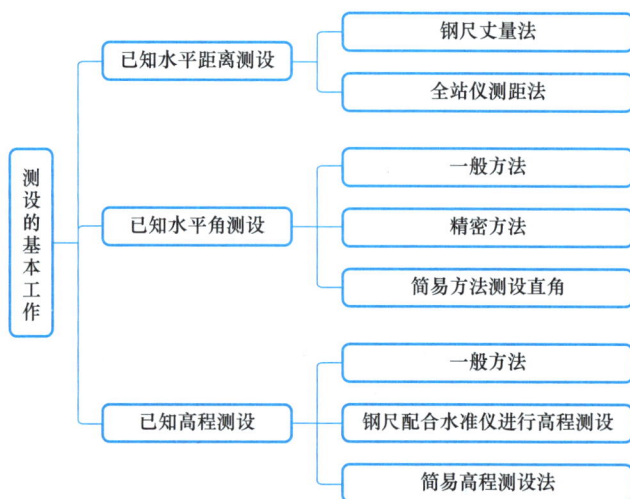

测设又称放样，即把设计图纸上的建（构）筑物的平面位置和高程，按设计要求，用测量仪器以一定的方法和精度在地面上确定下来，并设置标志作为施工的依据。测设的三项基本工作是水平距离测设、水平角测设和高程测设。

8.2.1　已知水平距离测设

1. 钢尺丈量法

（1）一般方法。

当已知方向在现场已用直线标定，且测设的已知水平距离小于钢卷尺的长度时，测设的一般方法很简单，只需将钢尺的零端与已知起点对齐，沿已知方向水平拉紧、拉直钢尺，在钢尺上读数等于已知水平距离的位置定点即可。为了校核和提高测设精度，可将钢尺移动 10～20cm，用钢尺始端的另一个读数对准已知起点，再测设一次，定出另一个端点。若两次点位的相对误差在限差以内，则取两次端点的平均位置作为端点的最后位置。

如图 8-1 所示，A 为已知起点，A 至 B 为已知方向，D 为已知水平距离，P' 为第一次测设所定的端点，P'' 为第二次测设所定的端点，则 P' 和 P'' 的中点 P 即为最后所定的点。AP 即所要测设的水平距离 D。

图 8-1　距离测设的一般方法

若已知方向在现场已用直线标定，测设长度大于钢卷尺的长度，则应分段测设，尺段读数之和等于测设长度即可。在测设的两点间，应往返丈量距离，如误差在一般量距的容许范围内，则取往返丈量的平均值作为欲测设的水平距离，并将端点位置加以调整。

当已知方向没有在现场标定出来，只是在较远处给出另一定向点时，则要先定线再量距。对建筑工程来说，若起点与定向点的距离较短，一般可用拉一条细线绳的方法定线；若起点与定向点的距离较长，则要用经纬仪定线。方法如下：将经纬仪安置在已知点上，对中整平，照准远处的定向点，固定照准部，望远镜视线即为已知方向，沿此方向一边定线一边量距，使终点至起点的距离之和等于测设长度。

（2）精密方法。

当测设精度要求较高（1/10000 以上）时，使用钢尺必须经过尺长鉴定，测量时还需要使用拉力计和温度计，以控制钢尺拉力和测定温度，进行相应的尺长改正（图 8-2）。

按照上述一般方法在地面测设出的水平距离，还应加上尺长、温度和高差 3 项的改正数，但改正数的符号与精确量距时的符号相反，即：

$$S = D - \Delta l_d - \Delta l_t - \Delta l_h$$

$$\Delta l_h = -\frac{h^2}{2D}$$

$$\Delta l_d = \frac{\Delta l}{l_0} \cdot D \tag{8-1}$$

$$\Delta l_t = \alpha \cdot D \cdot (t - t_0)$$

式中，S——实地测设的距离；

$\quad\quad D$——待测设的水平距离；

Δl_d——尺长改正数；

l_0 和 Δl——所用钢尺的名义长度和尺长改正数；

Δl_t——温度改正数；

α——钢尺的线膨胀系数，取 $1.25×10^{-5}$；

t——测设时的温度；

t_0——钢尺的标准温度，一般为 20℃；

Δl_h——倾斜改正数；

h——线段两端点的高差。

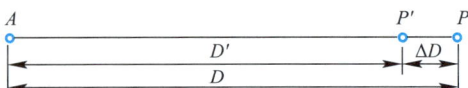

图 8-2　距离测设的精密方法

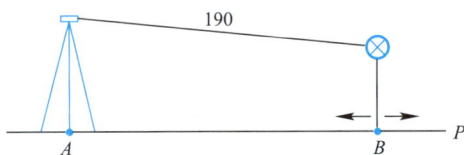

图 8-3　全站仪测设水平距离

2. 全站仪测距法

如图 8-3 所示，在 A 点安置全站仪，进入距离测量模式，输入温度、气压和棱镜常数。照准测设方向上的另一点 P，用望远镜视线指挥棱镜立在测设的方向 AP 上，按平距（HD）测量键，根据测量的距离与设计的放样距离之差，指挥棱镜前后移动，当距离差为 0 时，打桩定点（B），则 AB 即为测设的距离。

现代的全站仪瞄准位于 B 点附近的棱镜后，能够直接显示出全站仪与棱镜之间的水平距离 D'，因此，可以通过前后移动棱镜使其水平距离 D' 等于待测设的已知水平距离 D 时，即可定出 B 点。用望远镜视线指挥棱镜立在测设的方向上，按平距（HD）测量键，根据测量的距离与设计的放样距离之差，指挥棱镜前后移动，当距离差为 0 时，打桩定点，则 AB 即为测设的距离。

为了检核，将反光镜安置在 B 点，测量 AB 的水平距离，若不符合要求，则再次改正，直至在允许范围之内为止。

8.2.2　已知水平角测设

水平角测设是根据地面上已有的一个点和从该点出发的一个已知方向，按设计的已知水平角值，在地面上标定出另一个方向。水平角测设的仪器工具主要是经纬仪，测设时按精度要求不同，分为一般方法和精密方法。

1. 一般方法

如图 8-4 所示，设 O 为地面上的已知点，OA 为已知方向，要顺时针方向测设已知水平角 β（例如 $69°28'12''$）。

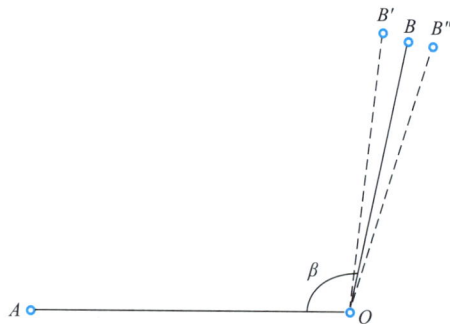

图 8-4　水平角测设的一般方法

测设方法是：

（1）在 O 点安置经纬仪，对中整平。

（2）盘左状态瞄准 A 点，置零，使水平度盘读数为 $0°00'00''$，然后旋转照准部，当水平度盘读数为 β（例如 $69°28'12''$）时，固定照准部，在此方向上合适的位置定出 B' 点。

（3）倒转望远镜成盘右状态，用同样的方法测设 β 角，定出 B'' 点。

（4）取 B' 和 B'' 的中点 B，则 $\angle AOB$ 就是要测设的水平角。

采用盘左和盘右两种状态进行水平角测设并取其中点，可以校核所测设的角度是否有误，同时可以消除由于经纬仪视准轴与横轴不垂直，以及横轴与竖轴不垂直等仪器误差所引起的水平角测设误差。

如果是逆时针方向测设水平角，则旋转照准部，使水平度盘读数为 360° 减去所要测设的角值（如上例为 $360°-69°28'12''=290°31'48''$），在此方向上定点。为了减少计算工作量和操作方便，也可在照准已知方向点时，将水平度盘读数配置为所要测设的角值（如上例的 $69°28'12''$），然后旋转照准部，使水平度盘读数为 $0°00'00''$ 时定点。

实际工作中，可能已知起始边和测设边的方位角，例如根据已知坐标和设计坐标反算方位角，则测设时不必计算其所夹的水平角，而直接按方位角进行测设。例如图 8-4 中已知方向 OA 的方位角为 $272°36'48''$，设计方向 OB 的方位角为 $11°52'12''$，测设时照准已知方向点 A 时，将水平度盘读数配置为 OA 的方位角 $272°36'48''$，旋转照准部，使水平盘读数为 $11°52'12''$，固定照准部，在此方向上定点即得 OB 方向。

2. 精密方法

当测设水平角的精度要求较高时，可采用垂线改正法，以提高测设精度。如图 8-5 所示，第一步是用盘左按一般方法测设已知水平角，定出一个临时点 B'。第二步是用测回法精密测量出 $\angle AOB'$ 的水平角 β'（精度要求越高，则测回数越多）。设 β' 与已知值 β 的差为 $\Delta\beta$，若 $\Delta\beta$ 超出了限差要求（$\pm10''$），则应对 B' 进行改正。改正方法是先根据 $\Delta\beta$ 和 AB' 的长度，计算从 B' 至改正后的位置 B 的距离 d，即：

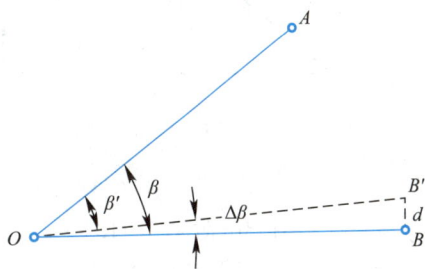

图 8-5　水平角测设的精密方法

$$d = AB' \times \frac{\Delta\beta}{\rho} \tag{8-2}$$

式中，$\rho=206265''$，$\Delta\beta$ 以秒为单位。在现场过 B' 作 AB' 的垂线，若 $\Delta\beta$ 为正值，说明实际测设的角值比设计角值大，应沿垂线往内改正距离 d；反之，若 $\Delta\beta$ 为负值，则应沿垂线往外改正距离 d，改正后得到 B 点，$\angle AOB$ 即为符合精度要求的测设角。

例如，若图 8-5 中，$\Delta\beta=-56''$，$AB'=68$m，则：

$$d = 68 \times \frac{56''}{206265} \approx 0.018 \text{（m）} 。$$

由于 $\Delta\beta$ 为负值，应过 B' 沿 AB' 的垂线往外改正 0.018m。

3. 简易方法测设直角

在小型、简易型以及临时建筑和构筑物的施工过程中，经常需要测设直角，如果测设水平角的精度要求不高，也可以不用经纬仪，而使用钢尺或皮尺，按简易方法进行测设。

（1）勾股定理法测设直角。

如图 8-6 所示，勾股定理指直角三角形斜边（弦）的平方等于对边（股）与底边（勾）的平方和，即：

$$c^2 = a^2 + b^2$$

据此原理，只要使现场上一个三角形的三条边长满足上式，该三角形即为直角三角形，从而得到我们想要测设的直角。

在实际工作中，最常用的做法是利用勾股定理的特例"勾 3 股 4 弦 5"测设直角。如图 8-7 所示，设 AB 是现场已有的一条边，要在 A 点测设与 AB 成 90° 的另一条边，做法是先用钢尺在 AB 线上量取 3m 定出 P 点，再以 A 点为圆心、4m 为半径在地面上画圆弧，然后以 P 点为圆心、5m 为半径在地面上画圆弧，两圆弧相交于 C 点，则 $\angle BAC$ 即为直角。

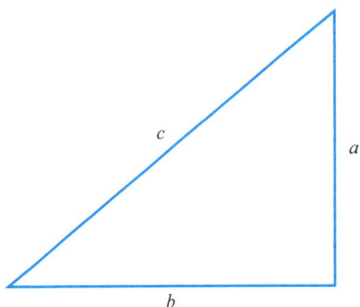

图 8-6　勾股定理图

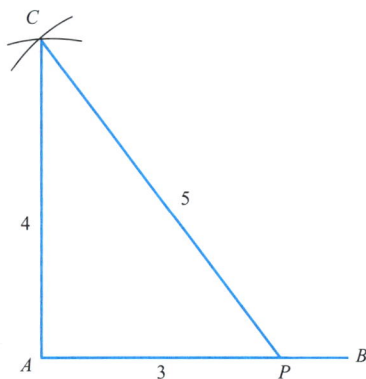

图 8-7　按勾股定理测设

也可用一把皮尺，将刻划为 0m 和 12m 处对准 A 点，在刻划为 3m 处和 9m 处同时拉紧皮尺，并让 3m 处对准直线 AB 上的任意位置，在 9m 处定点 C，则 $\angle BAC$ 便是直角。

如果要求直角的两边较长，可将各边长保持 3：4：5 的比例，同时放大若干倍，再进行测设。

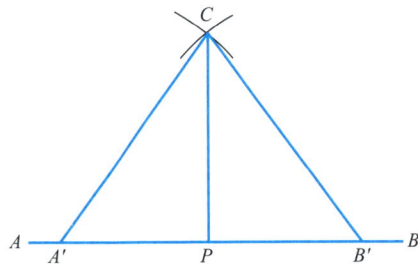

（2）中垂线法测设直角。

如图 8-8 所示，AB 是现场上已有的一条边，要过 P 点测设与 AB 成 90° 的另一条边，可用钢尺在直线 AB 上定出与 P 点距离相等的两个临时点 A' 和 B'，再分别以 A' 和 B' 为圆心，以大于 PA' 的长度为半径，画圆弧相交于 C 点，则 PC 为 $A'B'$ 的中垂线，即 PC 与 AB 成 90°。

图 8-8　中垂线法测设直角

8.2.3　已知高程测设

1. 一般方法

测设已知高程就是根据已知点的高程，通过引测，把设计高程标定在固定的位置上。

如图 8-9 所示，已知高程点 A，其高程为 H_A，需要在 B 点标定出已知高程为 H_B 的位置。方法如下：在 A 点和 B 点中间位置安置水准仪，精平后读取 A 点的标尺读数 a，则仪器的视线高程为 $H_i = H_A + a$，由图可知测设已知高程为 H_B 的 B 点标尺读数 b 应为

图 8-9　已知高程测设

$$b = H_i - H_B = H_A + a - H_B$$

将水准尺紧靠 B 点木桩的侧面上下移动，直到尺上读数为 b 时，沿尺底画一横线，此线即为设计高程 H_B 的位置。测设时应始终保持水准管气泡居中。

在建筑设计和施工中，为了计算方便，通常把建筑物的室内设计地坪高程用 ± 0.000 标高表示，建筑物的基础、门窗等高程都是以 ± 0.000 为依据进行测设。因此，首先要在施工现场利用测设已知高程的方法测设出室内地坪高程的位置。

如图 8-10 所示，某点 P 的设计高程为 $H_P = 81.200\mathrm{m}$，附近一水准点 A 的高程为 $H_A = 81.345\mathrm{m}$，现要将 P 点的设计高程测设在一个木桩上，其测设步骤如下。

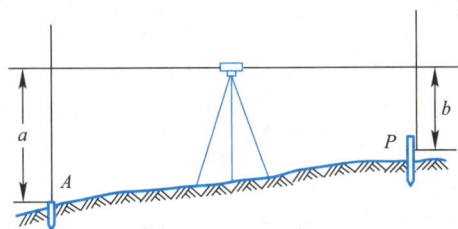

图 8-10　高程测设

（1）在水准点 A 和 P 点木桩之间安置水准仪，后视立于水准点上的水准尺，调节附合气泡居中，读中线读数 $a = 1.458\mathrm{m}$。

（2）计算水准仪前视 P 点在水准尺上的应读读数 b。根据图 8-10 可列出下式：

$$b = H_A + a - H_P$$

将有关已知数据代入上式得

$$b = 81.345 + 1.458 - 81.200 = 1.603 \text{（m）}$$

（3）前视靠在木桩一侧的水准尺，调节附合气泡居中，上下移动水准尺，当读数恰好为 $b = 1.603\mathrm{m}$ 时，在木桩侧面沿水准尺底边画一横线，此线就是 P 点的设计高程（81.200m）。

也可先计算视线高程 $H_{视}$，再计算应读读数 b，即：

$$H_{视} = H_A + a \tag{8-3}$$

$$b = H_{视} - H_P \tag{8-4}$$

这种算法的好处是，当在一个测站上测设多个设计高程时，先按式（8-3）计算视线高程 $H_{视}$，然后每测设一个新的高程，只需将各个新的设计高程代入式（8-4），便可得到相应的前视水准尺应读读数，简化计算工作，因此在实际工作中用得更多。

2. 钢尺配合水准仪进行高程测设

当需要向深坑底或高楼面测设高程时，因水准尺长度有限，中间又不便安置水准仪转站观测，可用钢尺配合水准仪进行高程的传递和测设。

如图 8-11 所示，已知高处水准点 A 的高程 $H_A = 95.267\mathrm{m}$，需测设低处 P 的设计高程（$H_P = 88.600\mathrm{m}$）。

施测时，在坑边架设一吊杆，杆顶吊一根零点向下的钢尺，尺的下端挂一重量相当于

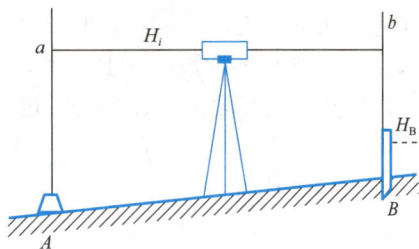

钢尺检定时拉力的重物，在地面上和坑内各安置一台水准仪。先在高处安置水准仪，读取 A 点上水准尺的读数 $a_1 = 1.642\text{m}$ 和钢尺上的读数 $b_1 = 9.216\text{m}$，然后在低处安置水准仪，读取钢尺上的读数 $a_2 = 1.358\text{m}$，由图 8-11 所示，可得 P 点上水准尺的应读读数 b_2 的算式为

$$b_2 = H_A + a_1 - (b_1 - a_2) - H_P$$

由该式算得

$$b_2 = 95.267 + 1.642 - (9.216 - 1.358) - 88.600 = 0.451 (\text{m})$$

上下移动低处 P 点的水准尺，当读数恰好为 $b_2 = 0.451\text{m}$ 时，沿尺底边画一横线，即设计高程标志。

从低处向高处测设高程的方法与此类似。如图 8-12 所示，已知低处水准点 A 的高程 H_A，需测设高处 P 点的设计高程 H_P。先在低处安置水准仪，读取读数 a_1 和 b_1，再在高处安置水准仪，读取读数 a_2，则高处水准尺的应读读数 b_2 为

$$b_2 = H_A + a_1 + (a_2 - b_1) - H_P$$

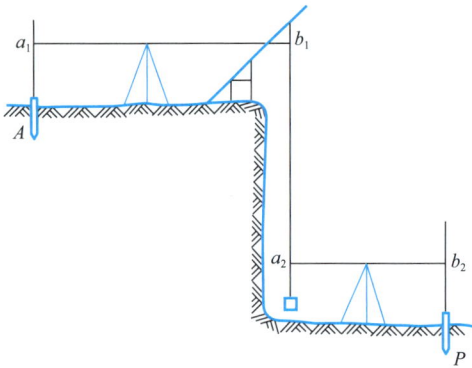

图 8-11 悬挂钢尺法往基坑下测设高程

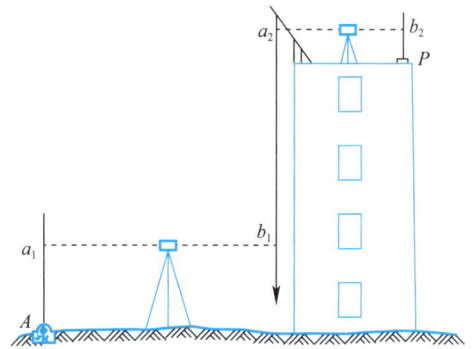

图 8-12 悬挂钢尺法往楼面上测设高程

钢尺配合水准仪进行高程测设，相较于一般方法，只是中间多了一个往下 $(b_1 - a_2)$ 或往上 $(a_2 - b_1)$ 传递水准仪视线高程的过程。如果现场不便直接测设高程，也可先用钢尺配合水准仪将高程引测到低处或高处的某个临时点上，再在低处或高处按一般方法进行高程测设。

3. 简易高程测设法

在施工现场，当距离较短、精度要求不太高时，施工人员常利用连通管原理，用一条装有水的透明胶管，代替水准仪进行高程测设，方法如下。

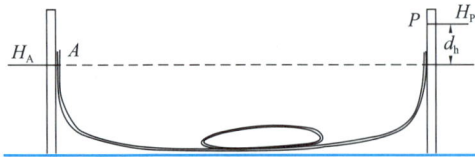

图 8-13 用连通水管进行高程测设

如图 8-13 所示，设墙上有一个高程标志 A，其高程为 H_A，想在附近的另一面墙上，测设另一个高程标志 P，其设计高程为 H_P。方法为将装有水的透明胶管的一端放在 A 点处，另一端放在 P 点处，两端同时抬高或者降低水管，使 A 端水管水面与高程标志对齐，在 P 处与水管水面对齐的高度作一临时标志 P'，则 P' 的高程等于 H_A，然后根据设计高程与已知高程的差 $d_h(d_h = H_P - H_A)$，以 P' 为起点垂直往上 $(d_h$ 大于 0 时) 或往下 $(d_h$

小于 0 时）量取 d_h，作标志 P，则此标志的高程为设计高程。

例如，若 $H_A=78.368\text{m}$，$H_P=78.000\text{m}$，则 $d_h=78.000-78.368=-0.368$（m），按上述方法标出与 H_A 同高的 P' 点后，再往下量取 0.368m 定点，即可得到设计高程标志。

使用这种方法时，应注意水管内不能有气泡，在观察管内水面与标志是否同高时，应使眼睛与水面高度一致，此外，不宜连续用此法往远处传递和测设高程。

知识拓展

测设坡度线

在平整场地、铺设管道及修筑道路等工程中，往往要按一定的设计坡度（倾斜度）进行施工，这时需要在现场测设坡度线，作为施工的依据。根据坡度大小、场地条件的不同，坡度线测设的方法有水平视线法和倾斜视线法。

1. 水平视线法

当坡度不大时，可采用水平视线法。如图 8-14 所示，A、B 为设计坡度线的两个端点，A 点设计高程 $H_A=56.487\text{m}$，坡度线长度（水平距离）$D=110\text{m}$，设计坡度 $i=-1.5\%$，要求在 AB 方向上每隔 $d=20\text{m}$ 打一个木桩，并在木桩上定出一个高程标志，使各相邻标志的连线符合设计坡度。设附近有一水准点 M，其高程 $H_M=56.128\text{m}$，测设方法如下：

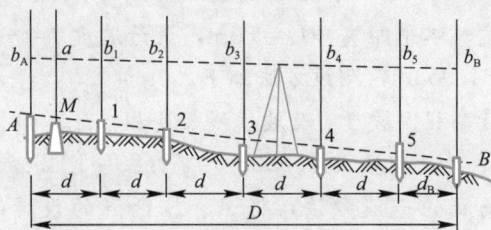

图 8-14　水平视线法测设坡度线

（1）在地面上沿 AB 方向，依次测设间距为 d 的中间点 1、2、3、4、5，在点上打好木桩。

（2）计算各桩点的设计高程。

先计算按坡度 i 每隔距离 d 相应的高差 h。

$$h=i\cdot d=-1.5\%\times20=-0.3\ (\text{m})$$

再计算各桩点的设计高程，其中：

第 1 点：$H_1=H_A+h=56.487-0.3=56.187$（m）

第 2 点：$H_2=H_1+h=56.187-0.3=55.887$（m）

同法算出其他各点设计高程即 $H_3=55.587\text{m}$，$H_4=55.287\text{m}$，$H_5=54.987\text{m}$，最后根据 H_5 和剩余的距离计算 B 点的设计高程，则

$$H_B=54.987+(-1.5\%)\times(110-100)=54.837\ (\text{m})$$

注意，B 点设计高程也可用下式算出：

$$H_B=H_A+i\cdot D$$

此公式可用来检核上述计算是否正确，例如，按此式计算得 $H_B=56.487+(-1.5\%)\times110=54.837$ （m），说明高程计算正确。

（3）在合适的位置（与各点通视，距离相近）安置水准仪，后视水准点上的水准尺，设读数 $a=0.866$ m，先代入式 $H_i=H_A+a$，计算仪器视线高：

$$H_i=H_M+a=56.128+0.866=56.994 \text{（m）}$$

再根据各点设计高程，依次代入式 $b=H_i-H_B$ 计算测设各点时的应读前视读数，例如 A 点为

$$b_A=H_i-H_A=56.994-56.487=0.507 \text{（m）}$$

1 号点为

$$b_1=H_i-H_1=56.994-56.187=0.807 \text{（m）}$$

同理得 $b_2=1.107$ m，$b_3=1.407$ m，$b_4=1.707$ m，$b_5=2.007$ m，$b_B=2.157$ m。

（4）将水准尺依次贴靠在各木桩的侧面，上下移动尺子，直至尺读数为 b 时，沿尺底在木桩上画一横线，该线即在 AB 坡度线上。也可将水准尺立于桩顶上，读前视读数 b'，再根据应读数和实际读数的差 $l=b-b'$，用小钢尺自桩顶往下量取高度 l 并画线。

2. 倾斜视线法

当坡度较大时，坡度线两端高差太大，不便按水平视线法测设，这时可采用倾斜视线法。如图 8-15 所示，A、B 为设计坡度线的两个端点，A 点设计高程 $H_A=132.600$ m，坡度线长度（水平距离）$D=80$ m，设计坡度 $i=-10\%$，附近有一水准点 M，其高程 $H_M=131.958$ m，测设方法如下。

（1）根据 A 点设计高程、坡度 i 及坡度线长度 D，计算 B 点设计高程，即：

$$H_B=H_A+i\cdot D=132.600-10\%\times80=124.600 \text{（m）}$$

（2）按测设已知高程的一般方法，将 A、B 两点的设计高程测设在地面的木桩上。

（3）在 A 点（或 B 点）上安置水准仪，使基座上的一个脚螺旋在 AB 方向上，其余两个脚螺旋的连线与 AB 方向垂直（图 8-16），粗略对中并调节与 AB 方向垂直的两个脚螺旋，使之基本水平，量取仪器高 I（设 $I=1.453$ m）。通过转动 AB 方向上的脚螺旋和微倾螺旋，使望远镜十字丝横丝对准 B 点（或 A 点）水准尺上等于仪器高（1.453m）处，此时仪器的视线与设计坡度线平行，同一点上视线比设计坡度线高 1.453m。

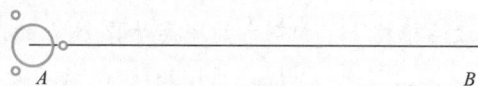

图 8-15　倾斜视线法测设坡度线　　　　图 8-16　水准仪安置

（4）在 AB 方向的中间各点的木桩侧面立水准尺，上下移动水准尺，直至尺上读数等于仪器高（1.453m）时，沿尺底在木桩上画线，则各桩画线的连线就是设计坡度线。

由于经纬仪可方便地照准不同高度和不同方向的目标，因此也可在一个端点上安置经纬仪来测设各点的坡度线标志。这时经纬仪可按常规对中整平和量取仪器高，直接照准立于另一个端点水准尺上等于仪器高的读数，固定照准部和望远镜，得到一条与设计坡度线平行的视线，据此视线在各中间桩点上绘坡度线标志的方法同水准仪法。

知识点 3　测设平面点位的基本方法

```
                        ┌── 直角坐标法
                        │
                        ├── 极坐标法
测设平面点位的基本方法 ──┤
                        ├── 角度交会法
                        │
                        └── 距离交会法
```

8-2微课
点的平面
位置测设

在确定建（构）筑物的平面位置时，设计图上并不一定直接提供有关的水平距离和水平角数据，而是提供一些主要点的设计坐标（x，y），那么如何测设出点的平面位置呢？

测设点位的基本方法有直角坐标法、极坐标法、角度交会法和距离交会法等。在实际工作中，可根据施工控制网的布设形式、控制点的分布、地形情况、放样精度要求以及施工现场条件等，选用适当的方法进行测设。

8.3.1　直角坐标法

当施工现场已布设互相垂直的建筑基线或建筑方格网时，可采用此方法，更为简便。

如图 8-17 所示，已知建筑方格网控制点 A、B 和 C 三点坐标，AB 平行于 y 轴，AC 平行于 x 轴。现以根据 A 点测设角点 P 为例介绍用直角坐标法测设点 P 的方法和步骤。

（1）根据 A 点和 P 点的坐标计算测设数据 a 和 b，其中 a 是 P 到 AB 的垂直距离，b 是 P 到 AC 的垂直距离：

$$a = x_P - x_A$$

$$b = y_P - y_A$$

（2）将经纬仪安置于 A 点，对中、整平，后视 B 点方向。

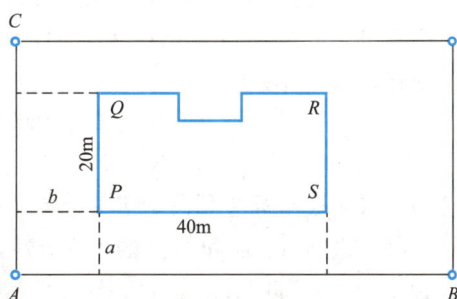

图 8-17　建筑方格网与建筑物定位点

（3）以 A 点为起点，用大钢尺沿 B 点方向量取 b，并钉上木桩，然后再准确量取 b，钉上小钉。

（4）安置经纬仪，对中、整平，后视 B 点方向。旋转 $90°$，沿视线方向量取 a，并钉上木桩，然后再准确量取 a，钉上小钉，该点为 P 点。用同样的方法放样出点 S。

（5）用大钢尺量取 P 和 S 的距离检查是否与设计距离相符，误差是否在允许范围内，然后计算放样精度。

【例 8-1】 已知 A 点坐标为（568.265，256.478），P 点坐标为（602.400，298.500），现场测设平面点 P。

解题过程：

（1）根据已知坐标计算放样数据 a 和 b。

$$a = 602.400 - 568.265 = 34.135(\text{m})$$
$$b = 298.500 - 256.478 = 42.022(\text{m})$$

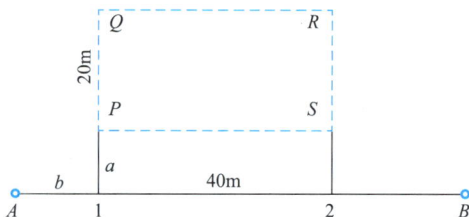

图 8-18　直角坐标法测设点位

（2）现场测设 P 点。

如图 8-18 所示，安置经纬仪于 A 点，盘左位置，照准 B 点，沿视线方向用大钢尺测设距离 b（34.135m），定出点 1。

再将经纬仪安置于点 1，照准 B 点，逆时针方向测设 $90°$ 角，沿视线方向测设距离 a（42.022m），即可定出 P 点。

用同样方法可以测设出其他控制点 Q、R、S。最后检查四个角是否等于 $90°$，各边长度是否等于设计长度，若误差在测量规范允许范围内，即认为测设符合精度要求。

8.3.2　极坐标法

1. 极坐标法的原理与方法

极坐标法是在控制点上测设一个角度和一段距离来确定点的平面位置，适用于待定点距离控制点较近且便于量距的情况。若用全站仪测设，则不受这些条件限制，用全站仪按极坐标法测设点的平面位置则更为方便，甚至不需要预先计算放样数据。

如图 8-19 所示，现场已有的测量控制点 A、B，其坐标为已知，待测设点 P，其坐标为已知。采用极坐标法测设 P 点的方法如下。

（1）根据 A、B 和 P 点的坐标计算，测设数据 D_{AP} 和 β_A，其中 D_{AP} 是 P、A 两点之间的水平距离，β_A 是边 AB 与边 AP 的夹角 $\angle PAB$。

根据坐标反算公式得

$$D_{AP} = \sqrt{(x_P - x_A)^2 + (y_P - y_A)^2}$$

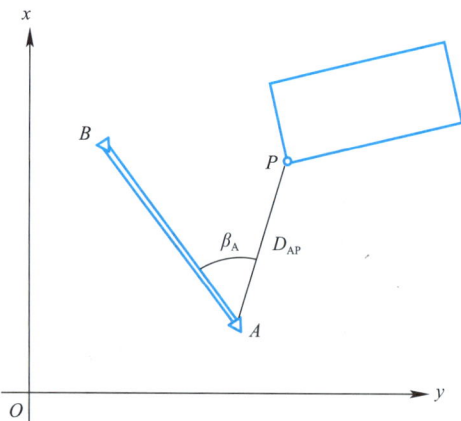

图 8-19　极坐标法测设点位

$$\alpha_{AB} = \arctan \frac{y_B - y_A}{x_B - x_A}$$

$$\alpha_{AP} = \arctan \frac{y_P - y_A}{x_P - x_A}$$

需注意的是，计算器算出来的象限角，应根据所在象限转化成坐标方位角，即：

$$\beta_A = \alpha_{AP} + 360° - \alpha_{AB}$$

（2）现场测设 P 点。

将经纬仪安置于 A 点，对中整平后瞄准 B 点定向。顺时针方向转动照准部，转动 β_A 角以定出 AP 方向。由 A 点沿 AP 方向用钢尺测设水平距离 D_{AP}，即可测设出平面点 P。

2. 全站仪极坐标法测设点位

若使用全站仪按极坐标法放样点的平面位置，可直接将全站仪安置在 A 点，后视瞄准 B 点，对中整平后将仪器调至放样模式下，按仪器上的提示分别输入测站点 A、后视点 B 及待测设点 P 的坐标，仪器即自动计算并显示水平角 β 及水平距离 D，水平转动仪器直至角差度数显示为 $0°00'00''$，此视线方向即为需测设的方向。在该方向上指挥持棱镜者前后移动棱镜，直到距离改正值显示为零，则棱镜所在位置即为要放样的 P 点。

8.3.3　角度交会法

角度交会法是根据在两个以上测站测设角度所定的方向线，交会出点的平面位置。在待定点离控制点较远或量距较困难的地区，常用此法。如图 8-20 所示，A、B、C 为控制点，P 为待测设点，其坐标均为已知，测设方法如下。

（1）根据 A、B 点和 P 点的坐标计算测设数据 β_A 和 β_B，即水平角 $\angle PAB$ 和水平角 $\angle PBA$，其中：

$$\beta_A = \alpha_{AB} - \alpha_{AP}$$

$$\beta_B = \alpha_{BP} - \alpha_{BA}$$

（2）现场测设 P 点。

图 8-20　角度交会法测设点位

在 A 点安置经纬仪，照准 B 点，逆时针测设水平角 β_A，定出一条方向线，在 B 点安置另一台经纬仪，照准 A 点，顺时针测设水平角 β_B，定出另一条方向线，两条方向线的交点的位置就是 P 点。在现场立一根测钎，由两台仪器指挥其前后左右移动，直到两台仪器的纵丝能同时照准测钎，在该点设置标志即得到 P 点。

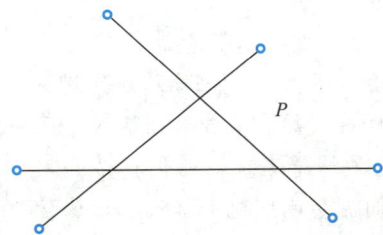

图 8-21　角度交会示误三角形

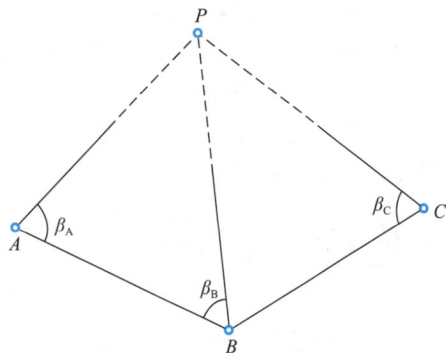

为了检核和提高测设精度，可根据控制点 B、C 和待测设点 P 的坐标计算水平角 β_C。在现场测设时，将第三台经纬仪安置于 C 点，照准 B 点，顺时针测设水平角 β_C，定出第三条方向线。理论上三个方向应交于一点，但由于观测误差的影响，三个方向一般不交于一点，在现场将每个方向用两个小木桩标定在地面上，拉线形成一个示误三角形，如图 8-21 所示。如果示误三角形最大边长不超过允许范围，则取该三角形的重心定点，作为欲测设 P 点的地面位置。

角度测设法不需测设水平距离，在量距困难的情况（如桥墩定位）应用较多，但计算工作量较大，且需要两台以上经纬仪同时配合作业，效率比极坐标法低。

8.3.4　距离交会法

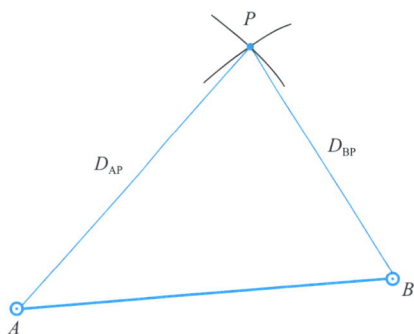

图 8-22　距离交会法测设点位

距离交会法是根据测设的两段距离交会出点的平面位置。这种方法在场地平坦、量距方便，且控制点离测设点不超过一尺段长度时，使用较多。如图 8-22 所示，P 是待测设点，其设计坐标已知，附近有 A、B 两个控制点，其坐标也已知，测设方法如下。

（1）根据 A、B 点和 P 点的坐标计算测设数据 D_{AP}、D_{BP}，即 P 点至 A、B 的水平距离，其中：

$$D_{AP} = \sqrt{\Delta x_{AP}^2 + \Delta y_{AP}^2}$$
$$D_{BP} = \sqrt{\Delta x_{BP}^2 + \Delta y_{BP}^2}$$

（2）现场测设 P 点。

在现场用一把钢尺分别从控制点 A、B 以水平距离 D_{AP}、D_{BP} 为半径画圆弧，其交点即为 P 点的位置。也可用两把钢尺分别从 A、B 量取水平距离 D_{AP}、D_{BP}，摆动钢尺，其交点即为 P 点的位置。

距离交会法计算简单，不需使用经纬仪，现场操作简便，但距离不能超过一尺段的长度且场地要比较平坦。

中 国 智 慧

测量是整个工程的灵魂

测量员是工地的领航者，他们手中的测量尺就像航海家的望远镜，指引着工人前进的方向，确保工程的每一步都精确无误。

工地上，测量员像忠诚的守卫，细心地保护着每一条导线，每一丝误差都要精确到位。工地测量不仅是技术，更是艺术。他们通过自己的智慧和经验，将复杂的建筑体转化为一组组精确的数据。

他们自始至终都在干一件事——测绘。

吴昭璞在一大队中是绝对的主力，他带着最简单的设备，做着最专业、最危险的测绘。1960 年，他接到任务到新疆南湖戈壁进行测绘。他带队扛着设备、带着水桶踏入"死亡禁地"。南湖戈壁的腹地沙地被烤得滚烫，他们携带的用来照明的蜡烛已融化成了液体。抵达腹地的第二天，他们惊恐地发现水桶漏了，珍贵的水早已流失在戈壁沙地中。

　　形势危急，吴昭璞下了决断，要求大家尽快撤离。两人一组往外撤，他留下来看守仪器和资料。队员们不肯走，吴昭璞直接下了命令。他很清楚仪器资料根本带不出去，他更清楚留在这里往往意味着死亡。生死面前，他把生的希望留给了队友，他叫那个工人赶快先走，否则两个人都保不住生命。

　　他永远留在了南湖沙漠，仪器和资料却完好无损地运回了西安。吴昭璞的遗物被人们保存起来留作纪念，他的精神将永远伴随这支队伍成长。

课后习题

1. 激光铅直仪在建筑施工测量时，可用来进行（　　）。

A. 标高测量控制　　B. 基坑轴线投测　　C. 导线网测量　　D. 垂直控制网投测

2. 将 30°30′00″ 化成度应该是（　　）。

A. 30.5°　　　　B. 30.3°　　　　C. −30.3°　　　　D. −30.5°

3. 建筑基线的布设点数不能少于（　　）。

A. 1个　　　　B. 2个　　　　C. 3个　　　　D. 无数个

4. 建筑物放线龙门板上表面的标高是（　　）。

A. −0.500m　　B. ±0.000m　　C. +0.500m　　D. +1.000m

5. 已知高程控制点 A，其高程 $H_A=152.456$m，现要在定位桩 N 上标出建筑物的 ±0.000m，并且已知 ±0.000m 的设计高程为 $H_{设计}=152.243$m，仪器架在 A、N 两点之间，在 A 点上水准尺的后视读数 $a=0.987$m。则 N 桩尺的前视读数 b 为（　　）。

A. 0.987m　　B. 1.000m　　C. 1.200m　　D. 1.213m

实训

任务 1　测设边长为 3m 的等腰直角三角形

❖ **任务描述**

已知 O 点为等腰三角形的顶点，试测设边长为 3m 的等腰直角三角形 AOB。（O 点和起始方向可以自己选定。）

❖ **任务步骤分解**

☞ 步骤 1：电子经纬仪或全站仪的安置

1. 在 O 点安置电子经纬仪，包括（　　）和（　　）。

2. 经纬仪精确整平，需调节（　　）螺旋。

A. 目镜调焦螺旋　　B. 物镜调焦螺旋　　C. 微倾螺旋　　　　D. 脚螺旋

☞ 步骤 2：测设点 A

瞄准后视点并用钢尺测出 3m 的点 A

☞ 步骤 3：测设点 B

旋转 $90°$，沿视线方向量取 3m，钉上木桩，然后再准确量取 3m，钉上小钉，此为点 B。

☞ 步骤 4：误差校核及精度计算

用钢尺量取 A 和 B 的距离，检查是否与设计距离相符，误差是否在允许范围内，然后计算放样精度。

某段距离的平均值为 100m，其往返较差为 +20mm，则相对误差为 (　　)。

A. 0.02/100　　　　B. 0.002　　　　　C. 1/5000　　　　D. 1/200

❖ 任务实施（表 8-1～表 8-3）

仪器检查记录表　　　　表 8-1

序号	检查内容	检查结果		备注
		是	否	
1	仪器部件及附件是否齐全			
2	仪器各轴转动是否灵活，无杂声			
3	各螺旋是否正常工作			
4	物镜、目镜有无裂纹或是否清晰			
5	脚架和仪器的连接螺旋是否配套			
6	仪器箱锁、提手是否牢固			
7	棱镜是否有破损			
8	电子经纬仪显示屏是否破损			
9	钢尺刻度是否清晰			

电子经纬仪使用情况表　　　　表 8-2

项目	要求	完成情况			备注
		顺利	有些困难	很难	
测前准备	检查电子经纬仪各项指标正常、电源电量充足				
安置仪器	进行对中、整平				
基本设置	基本参数设置正确				
字母含义	字母含义对应准确清晰				
棱镜架设	棱镜架设正确				

❖ 任务活动总结

测设边长为 3m 的等腰直角三角形任务完成清单　　　　表 8-3

序号	实施步骤（简写）	是否完成	是否存在疑问	是否解决
1	安置电子经纬仪			
2	测设边长 3m 的等腰直角三角形			
3	精度评价			

学生签名：

任务完成情况自评：（A、B、C、D、E）

注：等级评价为 A、B、C、D、E 五级，在评价的等级符号上画圈。

任务 2　测设已知高程

❖ 任务描述

用水准仪测设已知高程点，测设满足限差：高程误差不大于 5mm。

❖ 任务步骤分解

☞ 步骤 1：定点

在地面上选定一个已知高程控制点 A（可以选在建筑物的台阶上或固定的路边石块上），已知 H_A ＝118.500m，做好标志。

1. 水准仪的（　　）应平行于仪器竖轴。

A. 视准轴　　　　B. 圆水准器轴　　　C. 十字丝横丝　　　D. 管水准器轴

2. 自动安平水准仪是借助安平机构的补偿元件、灵敏元件和阻尼元件的作用，使望远镜十字丝中央交点能自动得到（　　）状态下的读数。

A. 视线水平　　　　B. 视线倾斜　　　　C. 任意

☞ 步骤 2：测设

在 A 点附近测设一个已知高程点 B，该点设计高程 $H_{B设}$ ＝119.000m（该点可以测设在树干上或附近定好的木桩上或附近建筑物的墙面上），画上红线作为标志。

1. 已知 A 点的高程为105m，B 点的高程为80m，则 A、B 两点的高差 h_{AB} 为（　　）。

A. 25m　　　　　　B. 185m　　　　　　C. −25m　　　　　　D. −185m

2. 某水准点 A 的高程为126.546m，水准仪在该点上的标尺读数为1.658m，现欲测设出高程为127.248m 的 B 点，则 B 点上标尺读数为多少时，尺底高程为测设的高程？请绘出示意图。

❖ 任务实施

1. 按分解步骤至少进行一个设计高程的测设。

2. 完成测设记录成果表、检核表。

3. 检查结束后应将仪器装箱，脚架、钢尺收好，上交成果，计时结束。

❖ 任务活动总结（表 8-4）

测设已知高程点任务完成清单　　　　　　　　　　　　　　　　表 8-4

序号	实施步骤（简写）	是否完成	是否存在疑问	是否解决
1	安置水准仪			
2	测设已知高程点			
3	完成内业计算			

学生签名：

任务完成情况自评：(A、B、C、D、E)

注：等级评价为 A、B、C、D、E 五级，在评价的等级符号上画圈。

任务3 极坐标法测设

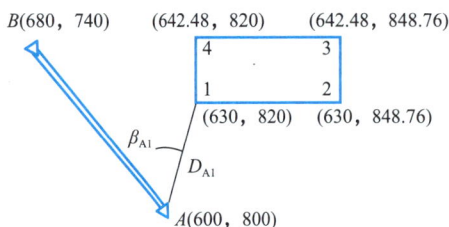

图 8-23　测量坐标

❖ **任务描述**

如图 8-23 所示，建筑物的长轴为 28.76m，短轴为 12.48m，四个大角的主轴线交点坐标见图。附近有平面控制点 A 和 B，其坐标见图。A 点的实地位置及 AB 方向由教师指定。

试用极坐标法测量建筑物的点位。

❖ **任务步骤分解**

☞ 步骤1：测设数据计算

（1）用坐标反算公式，计算 A 至 B 的坐标方位角 a_{AB} 以及 A 至各轴线交点的坐标方位角 a_{A1}、a_{A2}、a_{A3} 和 a_{A4}。

（2）用坐标反算公式，计算 A 至各轴线交点的水平距离 D_{A1}、D_{A2}、D_{A3} 和 D_{A4}。

☞ 步骤2：现场测设

（1）安置经纬仪，配置水平度盘读数为 $α_{AB}$；

（2）松开照准部制动螺旋，顺时针方向旋转照准部。当水平度盘读数为 Q_{A1} 时，制动照准部。在望远镜视线方向上测设水平距离 D_{A1}，在地面上打桩定点，即得到交点1。

（3）再旋转照准部，当水平度盘读数为 $α_{A2}$ 时，在望远镜视线方向上测设水平距离 D_{A2}。在地面上打桩定点，即得到交点2。

（4）用同样的方法，依次测设交点3和交点4。

☞ 步骤3：校核

用钢尺丈量各相邻桩点之间的水平距离，与相应的设计轴线长相比较。其距离误差应小于 $±1/3000$。

1.在距离丈量中衡量精度的方法是用（　　）。

A. 往返较差　　　　B. 相对误差　　　　C. 闭合差　　　　D. 平均值

2.往返丈量直线 AB 的长度为：$D_{AB}=126.72m$，$D_{BA}=126.76m$，则其相对误差为（　　）。

A. $K=1/3100$　　B. $K=1/3200$　　C. $K=0.000315$　　D. $K=1/3000$

安置经纬仪于1、2、3、4各点，测量各内角，与 $90″$ 相比较，其角度误差应小于 $1'$。

已知 A、B 为控制点，其坐标 $x_A=485.389m$，$y_A=620.832m$，$x_B=512.815m$，$y_B=882.320m$。P 为待测设点，其设计坐标为 $x_P=704.458m$，$y_P=720.256m$，计算用极坐标法测设所需的测设数据，并说明测设步骤。

❖ **任务实施**

1.按分解步骤完成外业测量工作。

2.测量结束后，完成内业计算。

3. 检查结束后应将仪器装箱，脚架收好，上交成果，计时结束。

❖ **任务活动总结**（表 8-5）

极坐标法测设任务完成清单　　　　　　　　　　　　　　表 8-5

序号	实施步骤（简写）	是否完成	是否存在疑问	是否解决
1	坐标反算			
2	测量水平角			
3	测量距离			
4	完成内业计算			

学生签名：

任务完成情况自评：（A、B、C、D、E）

注：等级评价为 A、B、C、D、E 五级，在评价的等级符号上画圈。

思考有没有其他办法测设？

Chapter 09

教学单元9

建筑施工测量

项目描述

本项目讲述建筑施工测量，主要包括民用建筑施工测量、高层建筑施工测量、工业建筑施工测量、烟囱或水塔施工测量等。

知识目标

1. 掌握民用建筑的定位放线、细部轴线放样、建筑基础的施工测量，墙体的施工测量。
2. 掌握高层建筑的定位、基础施工、轴线投测和高程传递。
3. 掌握工业建筑厂房矩形控制网的测设，厂房柱列轴线与柱基测设，厂房预制构件安装测量。
4. 掌握烟囱或水塔施工测量。

能力目标

1. 能进行多层民用建筑施工测量工作。
2. 能进行高层建筑的施工测量。
3. 能进行工业建筑的施工测量。
4. 能进行烟囱或水塔的施工测量。

知识点 1　施工场地控制测量

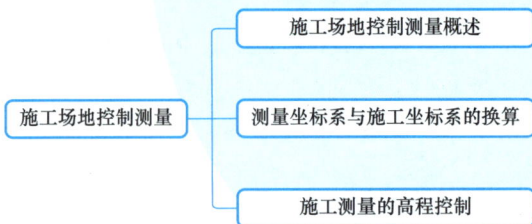

施工场地控制测量
- 施工场地控制测量概述
- 测量坐标系与施工坐标系的换算
- 施工测量的高程控制

9.1.1　施工场地控制测量概述

在勘测阶段所建立的测图控制网，由于当时设计位置尚未确定，所以无法考虑满足施工测量精度与密度的要求，而且在施工现场，由于大量的土方填挖，原来布置的测图控制点往往会被破坏掉。因此，在施工前应在建筑场地重新建立施工控制网，以供建筑物的施工放样和变形观测等使用。相对于测图控制网来说，施工控制网具有控制范围小、控制点密度大、精度要求高、受干扰性大，使用频繁等特点。

在大中型建筑施工场地上，施工控制网一般布置成正方形或矩形网格，称为建筑方格网。当建筑物面积不大、结构又不复杂时，只需布置一条或几条基线作平面控制，称为建筑基线。当建立方格网有困难时，常用导线或导线网作为施工测量的平面控制网。

施工控制网同样遵循"先整体，后局部，先控制，后碎部"的原则，由高精度到低精度进行布设。然后以此为基础，测设各个建筑物和构筑物的位置。施工测量的平面控制，对于一般民用建筑可采用导线网和建筑基线，对于工业建筑区则常采用建筑方格网，高程控制根据施工精度需要可采用四等水准或图根水准网。当布设的水准点不够用时，建筑基线点、建筑方格网点以及导线点也可兼作高程控制点。

1. 建筑基线

建筑基线是建筑场地的施工控制基准线，在场地中央放样一条长轴线或者若干条与其垂直的短轴线，它适用于建筑设计总平面图布置比较简单的小型建筑场地。

建筑基线的布设形式是根据建筑物的分布，场地地形条件等因素来确定的。如图 9-1 所示，其常见的形式有一字形、L 形、T 形或十字形。建筑基线的形式可以灵活多样，适合于各种地形条件。

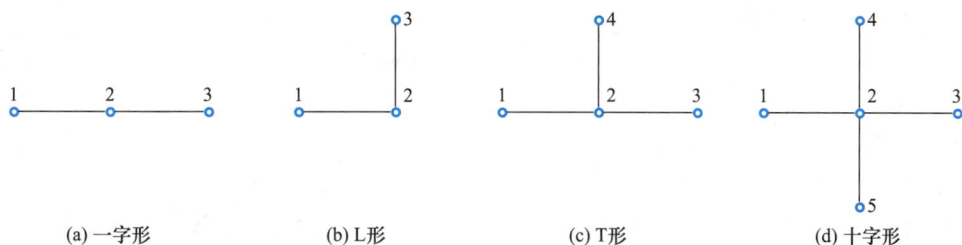

(a) 一字形　　　(b) L形　　　(c) T形　　　(d) 十字形

图 9-1　建筑基线的布设

设计建筑基线时应注意以下几点。

建筑基线应平行或垂直于主要建筑物的轴线，以便使用比较简单的直角坐标法来进行建筑物的放样。

建筑基线点应不少于 3 个，以便检测建筑基线点有无变动。

① 可布成建筑基线主点间应相互通视，边长为 100～400m，点位应便于永久保存。

② 主点在不受损失损坏的情况下，应尽量靠近主要建筑物，且平行主体建筑的主轴线。

③ 建筑基线的测设精度应满足施工放样的要求。

2. 建筑基线的布设要求

建筑基线应尽可能靠近拟建的主要建筑物，并与主要轴线平行或垂直，长的基准线尽可能布设在场地中央，以便使用比较简单的直角坐标法进行建筑物定位。

① 建筑基线上基线点应不少于 3 个，以便相互检核。

② 建筑基线应尽可能与施工场地的建筑红线相联系。

③ 基线点位应选在通视良好和不易被破坏的地方，为能长期保存，要埋设永久性的混凝土桩。

3. 建筑基线的测设方法

根据施工场地的条件不同，建筑基线的测设方法有以下两种。

（1）根据建筑红线测设建筑基线。

由城市测绘部门测定的建筑用地边界线，称为建筑红线。在城市建设区，建筑红线可用作建筑基线测设的依据。如图 9-2 所示，AB、AC 为建筑红线，1、2、3 为建筑基线点，利用建筑红线测设建筑基线的方法如下。

首先，从 A 点沿 AB 方向量取 d_2 定出 P 点，沿 AC 方向量取 d_1 定出 Q 点。

然后，过 B 点作 AB 的垂线，沿垂线量取 d_1 定出 2 点，作出标志；过 C 点作 AC 的垂线，沿垂线量取 d_2 定出 3 点，作出标志；用细线拉出直线 $P3$ 和 $Q2$，两条直线的交点即为 1 点，作出标志。

最后，在 1 点安置经纬仪，精确观测 $\angle 213$，其与 $90°$ 的差值应小于 $\pm 20''$。

（2）根据附近已有控制点测设建筑基线。

在新建筑区，可以利用建筑基线的设计坐标和附近已有控制点的坐标，用极坐标法测设建筑基线。如图 9-3 所示，A、B 为附近已有控制点，1、2、3 为选定的建筑基线点。测设方法如下。

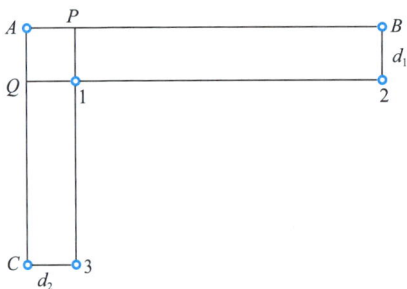

图 9-2　根据建筑红线测设建筑基线

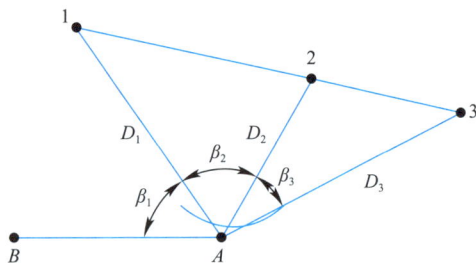

图 9-3　根据控制点测设建筑基线

首先，根据已知控制点和建筑基线点的坐标，计算出测设数据 β_1、D_1、β_2、D_2、β_3、D_3。然后，用极坐标法测设 1、2、3 点。

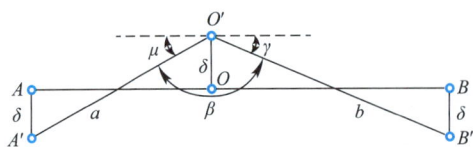

图 9-4　基线点调整

由于存在测量误差，测设的基线点往往不在同一直线上，且点与点之间的距离与设计值也不完全相符，因此，需要精确测出已测设直线的折角 β' 和距离 D'，并与设计值相比较。如图 9-4 所示，如果 $\Delta\beta = \beta' - 180°$ 超过 $\pm 15''$，则应对 1′、2′、3′点在与基线垂直的方向上进行等量调整，调整量按下式计算。

$$a = \delta b \tag{9-1}$$

式中，δ 为各点的调整值（m）；

　　　a、b 分别为 OA、OB 的长度（m）。

如果测设距离超限，如 $\dfrac{\Delta D}{D} = \dfrac{D' - D}{D} > \dfrac{1}{1000}$，则以 O 点为准，按设计长度沿基线方向调整 A'、B' 点。

4. 建筑方格网

在平坦地区的大中型工业厂房，通常都是沿着互相平行或互相垂直的方向布置控制网点，构成正方形或矩形格网，这种施工测量平面控制网称为建筑方格网，如图 9-5 所示。建筑方格网具有使用方便、计算简单、精度较高等优点。它不仅可以作为施工测量的依据，还可以作为竣工总平面图施测的依据。建筑方格网的布置和测设较为复杂，一般由专业测量人员进行。

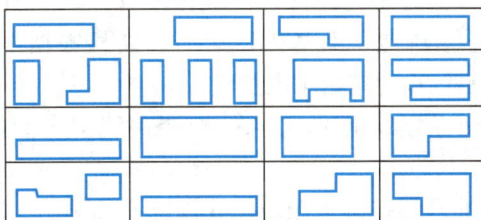

图 9-5　根据建筑红线测设建筑基线

9.1.2　测量坐标系与施工坐标系的换算

施工坐标系亦称建筑坐标系，为便于进行建筑物的放样，其坐标轴一般应与建筑物主轴线相同或平行。因为施工坐标系与测量坐标系往往不一致，所以施工测量前常常需要进行施工坐标系与测量坐标系的坐标换算。

如图 9-6 所示，设 XOY 为测量坐标系，$X'O'Y'$ 为施工坐标系，(x_0, y_0) 为施工坐标系的原点 O' 在测量坐标系中的坐标，α 为施工坐标系的纵轴 $O'X'$ 在测量坐标系中的方位角。设已知 P 点的施工坐标为 (x'_P, y'_P)，可按下式将其换算为测量坐标 (x_P, y_P)。

$$\begin{pmatrix} x_P \\ y_P \end{pmatrix} = \begin{pmatrix} x_0 \\ y_0 \end{pmatrix} + \begin{pmatrix} \cos\alpha & -\sin\alpha \\ \sin\alpha & \cos\alpha \end{pmatrix} \begin{pmatrix} x'_P \\ y'_P \end{pmatrix}$$

若已知 P 点的测量坐标 (x_P, y_P)，则可将其换算为施工坐标 (x'_P, y'_P)。

$$\begin{pmatrix} x'_P \\ y'_P \end{pmatrix} = \begin{pmatrix} \cos\alpha & \sin\alpha \\ -\sin\alpha & \cos\alpha \end{pmatrix} \begin{pmatrix} x_P - x_0 \\ y_P - y_0 \end{pmatrix}$$

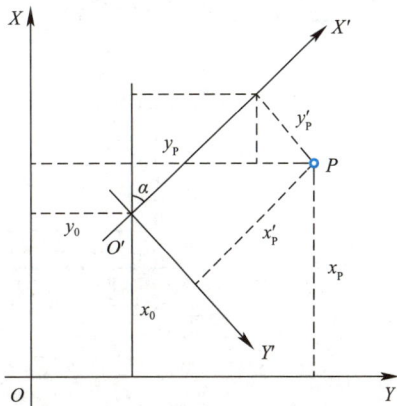

图 9-6　施工坐标与测量坐标的转换

9.1.3 施工测量的高程控制

在一般情况下，施工场地平面控制点也可兼作高程控制点，高程控制网分首级网和加密网，相应的水准点称为基本水准点和施工水准点。

国家高程控制测量主要是用水准测量方法进行国家水准网的布测。国家水准网是全国范围内施测各种比例尺地形图和各类工程建设的高程控制基础，并为地球科学研究提供精确的高程资料，如研究地壳垂直形变的规律，各海洋平均海水面的高程变化，以及其他有关地质和地貌的研究等。

国家水准网的布设也是采用由高级到低级、从整体到局部，逐级控制、逐级加密的原则。国家水准网分4个等级布设，一、二等水准测量路线是国家的精密高程控制网。一等水准测量路线构成的一等水准网是国家高程控制网的骨干，同时也是研究地壳和地面垂直运动以及有关科学问题的主要依据，每隔 15～20 年沿相同的路线重复观测一次。构成一等水准网的环线周长根据不同地形的地区，一般在 1000～2000km。在一等水准环内布设的二等水准网是国家高程控制的全面基础，其环线周长根据不同地形的地区在 500～750km。一、二等水准测量统称为精密水准测量。

我国一等水准网由 289 条路线组成，其中 284 条路线构成 100 个闭合环，共计埋设各类标石 2 万余座。

二等水准网在一等水准网的基础上布设。我国已有 1138 条二等水准测量路线，总长为 13.7 万 km，构成 793 个二等环。

三、四等水准测量直接提供地形测图和各种工程建设所必需的高程控制点。三等水准测量路线一般可根据需要在高级水准网内加密，布设附合路线，并尽可能互相交叉，构成闭合环。单独的附合路线长度应不超过 200km；环线周长应不超过 300km。四等水准测量路线一般以附合路线布设于高级水准点之间，附合路线的长度应不超过 80km。

知识点 2　民用建筑施工测量

```
                        ┌── 测设前的准备工作
                        │
                        ├── 主轴线测设
                        │
民用建筑施工测量 ────────┼── 定位测量
                        │
                        ├── 基础施工测量
                        │
                        └── 主体施工测量 ──┬── 轴线投测
                                          │
                                          └── 高程传递
```

9.2.1　测设前的准备工作

民用建筑是指住宅、医院、办公楼和学校等，民用建筑施工测量就是按照设计要求，配合施工进度，将民用建筑的平面位置和高程测设出来。民用建筑的类型、结构和层数各不相同，因而施工测量的方法和精度要求也有所不同，但施工测量的过程是基本一样的，主要包括建筑物定位、细部轴线放样、基础施工测量和墙体施工测量等。本节以一般民用建筑为例，介绍施工测量的基本方法。

1. 熟悉图纸

设计图纸是施工测量的主要依据，测设前应充分熟悉各种有关的设计图纸，以便了解施工建筑物与相邻地物的相互关系，以及建筑物本身的内部尺寸关系，准确无误地获取测设工作中所需要的各种定位数据。与测设工作有关的设计图纸主要有以下几种。

（1）建筑总平面图（图 9-7）。从建筑总平面图上可以了解拟建建筑物与周围道路、周围控制点、周围已有建筑物之间的尺寸关系，是测定建筑物位置和高程的重要依据。

（2）底层以及各标准层平面图（图 9-8）。建筑物的底层和标准层均标明了楼层内部各轴线之间的尺寸关系，是测设建筑物细部轴线的依据。

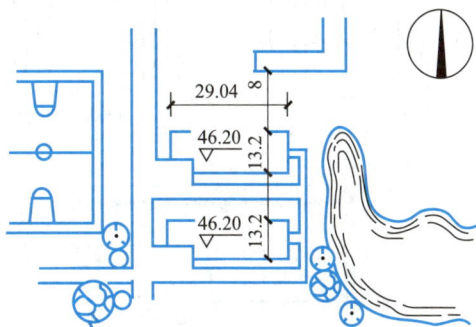

图 9-7　建筑总平面图

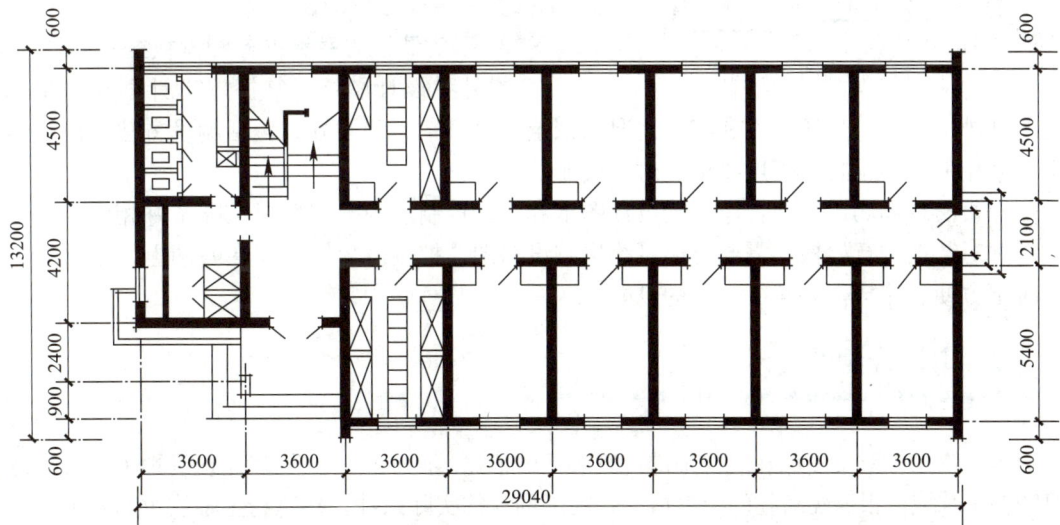

图 9-8　建筑平面图

（3）基础平面图（图 9-9）以及基础详图（图 9-10）。基础平面图和基础详图标明了基础的形式、基础的平面布置、基础中心或中线的位置、基础边线与定位轴线之间的尺寸关系、基础横断面的形状和大小以及基础不同部位的设计高程，是测设基槽开挖边线和开挖深度的依据。

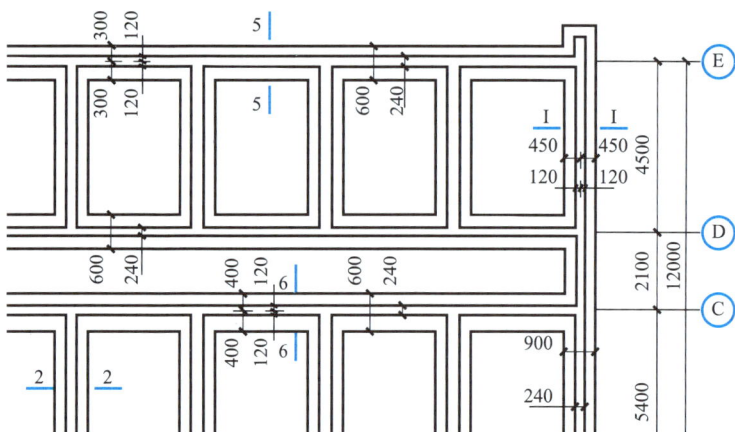

图 9-9 基础平面图

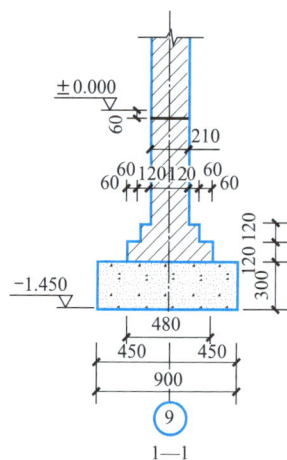

图 9-10 基础详图

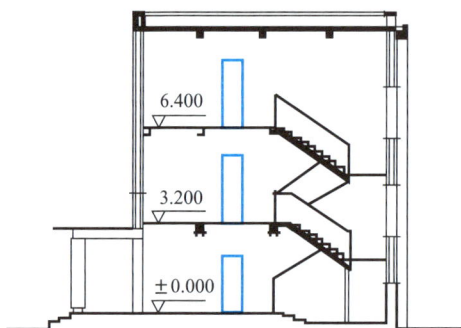

图 9-11 立面图和剖面图

（4）立面图和剖面图（图 9-11）。立面图和剖面图标明了室内地坪、门窗、楼梯平台、楼板和屋面等的高程，是测设建筑物各部位高程位置的依据。

2. 现场踏勘

为了解施工现场上地物、地貌以及现有测量控制点的分布情况，应进行现场踏勘，以便根据实际情况考虑测设方案。

3. 确定测设方案和准备测设数据

在熟悉设计图纸，掌握施工计划和施工进度的基础上，结合现场条件和实际情况，拟定测设方案。测设方案包括测设方法、测设步骤、采用的仪器工具、精度要求、时间安排等。

在每次现场测设之前，应根据设计图纸和测量控制点的分布情况，准备好相应的测设数据并对数据进行检核，需要时还可绘出测设略图，把测设数据标注在略图上，使现场测设时更方便、快捷，并减少出错的可能。

9.2.2 主轴线测设

建筑物主轴线是多层建筑物细部位置放样的依据。施工前，应先在建筑场地上测设出建筑物的主轴线。根据建筑物的布置情况和施工场地的实际条件，建筑物主轴线可布置成三点直线形、三点直角形、四点丁字形及五点十字形等各种形式。主轴线的布设形式与作为施工控制的建筑基线相似。主轴线无论采用何种形式，主轴线的点数一般不得少于 3 个。

1. 根据建筑红线测设主轴线

在城市建设中，新建建筑物均由规划部门给设计或施工单位规定建筑物的边界位置。由城市规划部门批准并经测定的具有法律效用的建筑物边界线，称为建筑红线。建筑红线一般与道路中心线相平行。

在图 9-12 中，Ⅰ、Ⅱ、Ⅲ 三点为地面上测设的场地边界点，其连线 Ⅰ-Ⅱ、Ⅱ-Ⅲ 称为建筑红线。建筑物的主轴线 AO、OB 就是根据建筑红线来测设的。由于建筑物主轴线和建筑红线平行或垂直，所以用直角坐标法来测设主轴线就比较方便。当 A、O、B 三点在地面上标出后，应在 O 点架设经纬仪，检查 $\angle AOB$ 是否等于 $90°$。OA、OB 的长度也要进行实量检验，如误差在容许范围内，即可作合理的调整。

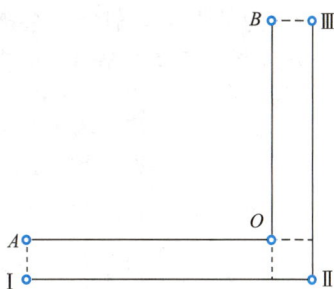

图 9-12　根据建筑红线测设主轴线

2. 根据建筑方格网测设主轴线

在施工现场有建筑方格网控制时，可根据建筑物各角点的坐标，利用单元 8 介绍的直角坐标法来测设主轴线。

3. 根据现有建筑物测设主轴线

在现有建筑群内新建或扩建时，设计图上通常给出拟建的建筑物与原有建筑物或道路中心线的位置关系数据，建筑物主轴线就可根据给定的数据在现场测设。图 9-13 中所表示的是几种常见的情况，画有斜线的为现有建筑物，未画斜线的为拟建的多层建筑物。图 9-13（a）中拟建的多层建筑物轴线 AB 在现有建筑物轴线 MN 的延长线上。测设直线 AB 的方法如下：先作 MN 的垂线 MM' 及 NN'，并使 $MM'=NN'$，然后在 M' 处架设经纬仪，作 $M'N'$ 的延长线 $A'B'$（使 $N'A'=d_1$），在 A'、B' 处架设经纬仪，作垂线可得 A、B 两点，其连线 AB 即所要确定的直线。一般也可以用线绳紧贴 MN 进行穿线，在线绳的延长线上定出直线 AB。图 9-13（b）是按上法定出 O 点后旋转 $90°$，根据有关数据定出直线 AB。在图 9-13（c）中，拟建的多层建筑物平行于原有的道路中心线，其测设方法是先定出道路中心线位置，然后用经纬仪测设垂线和量距，定出拟建建筑物的主轴线。

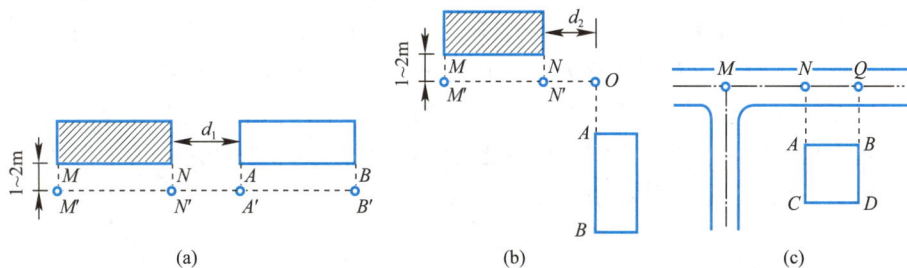

图 9-13　根据现有建筑物测设主轴线

9.2.3　定位测量

1. 房屋基础放线

在建筑物主轴线的测设工作完成之后，应立即将主轴线的交点用木桩标定于地面上，并在桩顶上钉小钉作为标志，再根据建筑物平面图，将其内部开间的所有轴线一一测出。然后检查房屋各轴线之间的距离，其误差不得超过轴线长度的 1/2000。最后根据中心轴线，用石灰在地面上撒出基槽开挖边线，以便开挖。

施工开槽时，轴线桩会被挖掉。为方便施工，在一般多层建筑物施工中，常在基槽外一定距离（至少 1.5m）外钉设龙门板（图 9-14）。

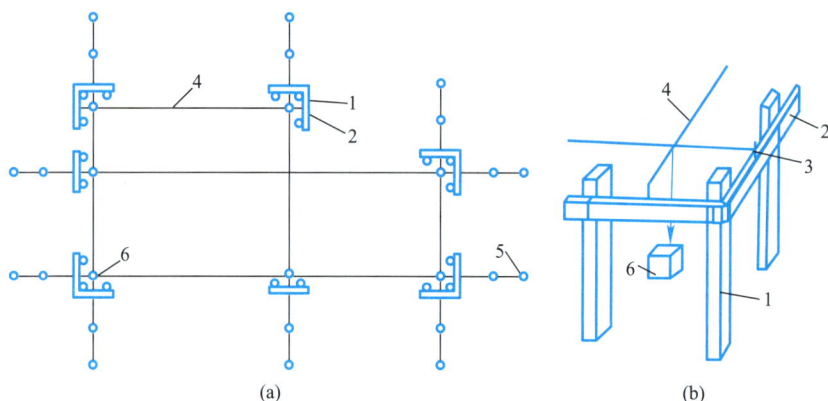

图 9-14　龙门板与轴线控制桩

1—龙门桩；2—龙门板；3—轴线钉；4—线绳；5—轴线控制桩；6—轴线桩

钉设龙门板的步骤为：先钉设龙门桩，再根据建筑场地的水准点，在每个龙门桩上测设 ±0.000 高程线。然后沿龙门桩上测设的 ±0.000 高程线钉设龙门板，龙门板高程的测定容许误差为 ±5mm。最后根据轴线桩，用经纬仪将墙、柱的轴线投到龙门板顶面上，并钉小钉标明，所钉之小钉称为轴线钉。投点容许误差为 ±5mm。在轴线钉之间拉紧钢丝，可吊垂球以随时恢复轴线桩点（图 9-14（b））。

2. 轴线控制桩的测设

龙门板由于在挖槽施工时不易保存，目前已较少采用。现在多采用在基槽外各轴线的延长线上测设轴线控制桩的方法，如图 9-14（a）所示，作为开槽后各阶段施工中确定轴线位置的依据。房屋轴线的控制桩又称引桩。在多层建筑物施工中，引桩是向上层投测轴线的依据。引桩一般钉在基槽开挖边线 2m 以外的地方，在多层建筑物施工中，为便于向上投点，应在较远的地方测定，如附近有固定建筑物，最好把轴线投测在建筑物上。在一般小型建筑物放线中，引桩多根据轴线桩测设；在大型建筑物放线时，为了保证引桩的精度，一般都是先测引桩，再根据引桩测设轴线桩。

9.2.4　基础施工测量

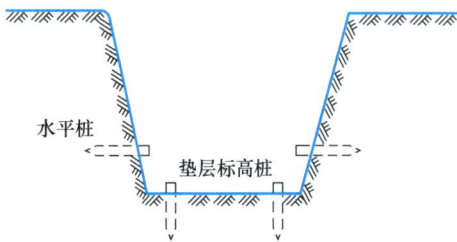

图 9-15　基槽高程测设

1. 基槽抄平

建筑施工中的高程测设，又称为抄平。为了控制基槽的开挖深度，当基槽挖到离槽底设计高 0.3～0.5m 时，应用水准仪在槽壁上测设一些水平的小木桩（水平桩），使木桩的上表面离槽底的设计高程为一固定值，如图 9-15 所示。必要时，可沿水平桩的上表面拉上白线绳作为清理槽底和铺设基础垫层时掌握高程的依据。高程点的测量容许误差为±10mm。

2. 垫层中线投测与高程控制

垫层铺设好以后，根据轴线控制桩或龙门板上的轴线钉，用经纬仪把轴线投测到垫层上，然后在垫层上用墨线弹出墙中心线和基础边线，以便砌筑基础。垫层高程可以在槽壁弹线，或者在槽底钉入小木桩进行控制，若垫层上支有模板，则可直接在模板上弹出高程控制线。

3. 防水层抄平与轴线投测

当基础墙砌筑到±0.000位置下一层砖时，应用水准仪测设防水层的高程，其测量容许误差为±5mm。防水层做好后，根据轴线控制桩或龙门板上的轴线钉进行投点，其投点容许误差为±5mm。然后将墙轴线和墙边线用墨线弹到防水层面上，并延伸和标注到基础墙的立面上。

9.2.5 主体施工测量

1. 轴线投测

在多层建筑墙身砌筑过程中，为了保证建筑物轴线位置正确，可用经纬仪把轴线投测到各层楼板边缘或柱顶上。每层楼板中心线应测设长线（列线）1～2条，短线（行线）2～3条，其投点容许误差为±5mm。然后根据由下层投测上来的轴线，在楼板上分间弹线。如图9-16，投测时，把经纬仪安置在轴线控制桩上，后视首层墙底部的轴线标志点，用正倒镜取中的方法，将轴线投到上层楼板边缘或柱顶上。当各轴线投到楼板上之后，要用钢尺实量其间距作为校核，其相对误差不得大于1/2000。经校核合格后，方可开始该层的施工。为了保证投测质量，使用的仪器一定要经检验校正，安置仪器时一定要严格对中、整平。为了防止投点时仰角过大，经纬仪距建筑物的水平距离要大于建筑

图 9-16   轴线投测

物的高度，否则应采用正倒镜延长直线的方法将轴线向外延长到建筑物的总高度以外，或附近的多层或高层建筑屋顶面上，并可在轴线上安置经纬仪，以首层轴线为准，逐层向上投测。

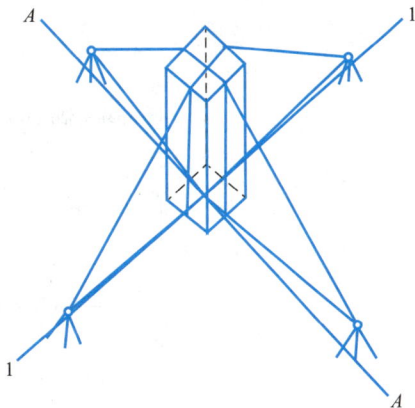

2. 高程传递

在多层建筑物施工中，要由下层梯板向上层传递高程，以便使楼板、门窗口、室内装修等工程的高程符合设计要求。高程传递一般可采用以下几种方法进行。

9-1微课
建筑物轴线投测和高程传递

（1）利用钢尺直接丈量。

在高程精度要求较高时，可用钢尺沿某一墙角自±0.000起向上直接丈量，把高程传递上去。然后根据由下面传递上来的高程，将其作为该层墙身砌筑和安装门窗、过梁及室内装修、地坪抹灰时掌握高程的依据。

（2）吊钢尺法。

在楼梯间悬吊钢尺（钢尺零点朝下），用水准仪读数，把下层高程传到上层。如

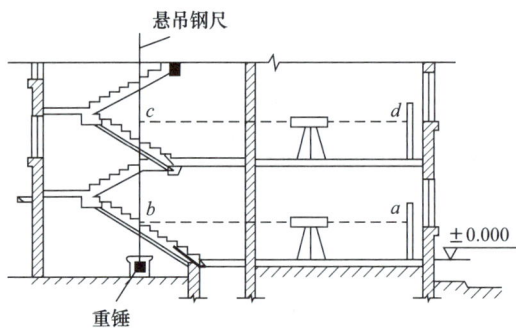

图 9-17　吊钢尺法测量高程

图 9-17 所示，二层楼面的高程 H_2 可根据一层楼面高程 H_1 计算求得

$$H_2 = h_1 + a + (c - b) - d \quad (9\text{-}2)$$

（3）普通水准测量法。

使用水准仪和水准尺，按普通水准测量方法沿楼梯间也可将高程传递到各层楼面。

《工程测量标准》GB 50026—2020 规定的建筑物施工放样的允许偏差如表 9-1 所示。

建筑物施工放样的允许偏差　　　　　　　　　表 9-1

项目	内容		测量允许偏差（mm）
基础桩位放样	单排桩或群桩中的边桩		±10
	群桩		±20
各施工层上放线	轴线点		±4
	外廓主轴线长度 L（m）	$L \leqslant 30$	±5
		$30 < L \leqslant 60$	±10
		$60 < L \leqslant 90$	±15
		$90 < L \leqslant 120$	±20
		$120 < L \leqslant 150$	±25
		$150 < L \leqslant 200$	±30
		$L > 200$	按 40% 的施工限差取值
	细部轴线		±2
	承重墙、梁、柱边线		±3
	非承重墙边线		±3
	门窗洞口线		±3

知识点 3　高层建筑施工测量

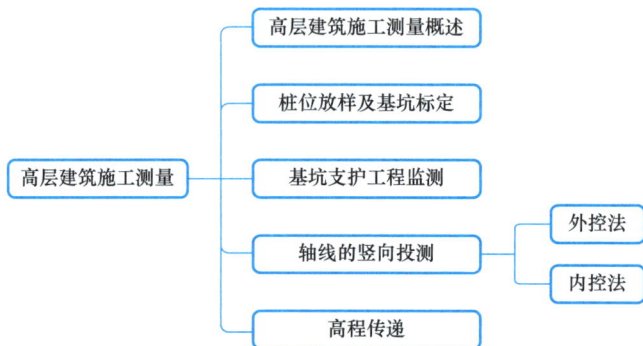

200

9.3.1　高层建筑施工测量概述

高层建筑物的施工测量有别于一般建筑物的施工测量。由于建筑层数多、高度高以及结构竖向偏差直接影响工程质量和受力情况，故高层建筑施工测量的主要问题是控制竖向偏差。高层建筑施工所选用的仪器和测量方法要适应结构类型、施工方法和场地情况。另外，高层建筑物由于建筑结构复杂，设备和装修标准较高，特别是高速电梯的安装等，对施工测量精度要求亦高，各种限差在设计图纸中均有详细说明。现在，不少高层建筑物的建筑平面、立面造型新颖且复杂多变，故要求开工前先制定施测和仪器配备方案，并经工程指挥部组织有关专家论证后方可实施。高层建筑施工测量还须执行严格复核、审核制度，如定位、放线等工作要进行自检、复检，合格后再由主管监理部门验收。

高层建筑施工的有关精度要求如下。

(1) 高层建筑物的平面控制网和主轴线，应根据复核后的红线桩或坐标点准确地测量。平面网中的控制线应包括高层建筑物的主要轴线，间距宜为 30～50m，并组成封闭图形，其测距精度应高于 1/10000，测角精度应高于 20″。

(2) 测量竖向垂直度时，每隔 3～5 条轴线选取一条竖向控制轴线。各层均应由初始控制线向上投测。层间垂直度测量偏差不应超过 3mm。高层建筑物全高垂直度测量偏差不应超过 $3H/10000$（H 为建筑物总高度），且应满足以下要求：

当 30m$<H\leq$60m 时，测量偏差不大于 10mm；当 60m$<H\leq$90m 时，测量偏差不大于 15mm；当 $H>$90m 时，测量偏差不大于 20mm。

(3) 建筑物的高程控制网应根据复核后的水准点或已知高程点引测，引测高程可用附合测法或往返测法，闭合差不应超过 $\pm 5\sqrt{n}$ mm（n 为测站数）或 $\pm 20\sqrt{L}$ mm（L 为测线长度，以 km 为单位）。

(4) 建筑物楼层高程由首层 ± 0.000 高程控制。当建筑物高度超过 30m 或 50m 时，应另设高程控制线。层间测量偏差不应超过 ± 3mm，建筑物总高测量偏差不应超过 $3H/10000$（H 为建筑物总高度），且应满足以下要求：

当 30m$<H\leq$60m 时，测量偏差不大于 ± 10mm；当 60m$<H\leq$90m 时，测量偏差不大于 ± 15mm；当 $H>$90m 时，测量偏差不大于 ± 20mm。

9.3.2　桩位放样及基坑标定

1. 桩位放样

在软土地基区的高层建筑常用桩基，一般都打入钢管桩或钢筋混凝土预制桩。由于高层建筑的上部荷重主要由钢管桩或钢筋混凝土预制桩承受，所以对桩位要求较高，其定位偏差不得超过有关规范的规定。为此在定桩位时必须按照建筑施工控制网，实地定出控制轴线，再按设计的桩位图中所示尺寸逐一定出桩位，定出的桩位之间尺寸必须再进行一次校核，以防定错。

2. 基坑标定

高层建筑由于采用箱形基础和筏形基础较多，所以其基坑较深，有时深达 20 多米。

在开挖其基坑时，应当根据规范和设计所规定的（高程和平面）精度完成土方工程。对于基坑轮廓线的测定，常用的方法有以下几种。

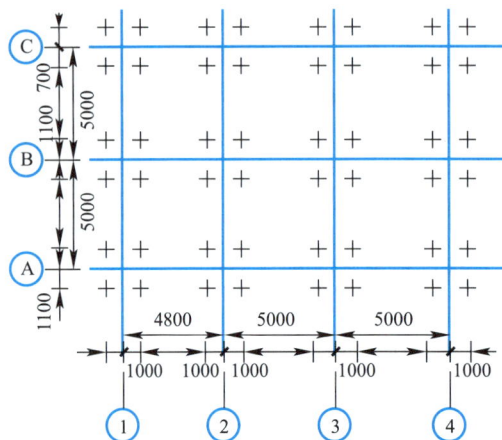

图 9-18　桩位图（单位：mm）

（1）投线交会法。

根据建筑物的轴线控制桩（图 9-18），利用经纬仪投线交会测设出建筑物所有外围的轴线桩，然后按设计图纸用钢尺定出其开挖基坑的边界线。

（2）主轴线法。

建筑方格网一般都确定一条或两条主轴线。主轴线的形式有 L 形、T 形或十字形等布置形式。这些主轴线是作为建筑物施工的主要控制依据。因此，当建筑物放样时，按照建筑物柱列线或轮廓线与主轴线的关系，在建筑场地上定出主轴线后，然后根据主轴线逐一定出建筑物的轮廓线。

（3）极坐标法。

由于高层建筑物的造型格调从单一的方形向多面体形等复杂的几何图形发展，这样使建筑物的放样定位具有了一定的复杂性，极坐标法是比较灵活的放样定位方法。具体做法是：首先按设计要素如轮廓坐标与施工控制点的关系，计算其方位角及边长，在控制点上按其计算所得的方位角和边长，逐一测定点位。将建筑物的所有轮廓点位定出后，再检查是否满足设计要求。

总之，根据施工场地的具体条件和建筑物几何图形的繁简情况，测量人员可选择最合适的方法进行放样定位，再根据测设出的建筑物外围轴线定出其开挖基坑的边界线。

9.3.3　基坑支护工程监测

高层建筑物大多设有地下室，施工时会出现深基坑工程。从地表开挖基坑的最简单办法是放坡大开挖，既经济又方便。在城市，由于施工场地狭窄，不可能采用放坡开挖施工，而常采用深基坑支护措施，其目的是保证在挖土时边壁的稳定。基坑支护结构的变形以及基坑对周围建筑物的影响，目前尚不能根据理论计算准确地得到定量的结果，因此，对基坑支护工程的现场监测就显得十分必要。现场监测所取得的数据与预测值相比较，能可靠地反映工程施工所造成的影响，能较准确地以量的形式反映这种影响的程度。现场监测数据还能为基坑施工及周围环境保护的技术决策和采取应变措施提供有效的依据。基坑支护工程的沉降监测可参看本单元 9"建筑变形监测"部分，这里仅介绍基坑支护工程水平位移监测方法。

（1）视准线法。

水平位移观测方法有很多，诸如视准线法、引张线法、导线法以及前方交会法等。结合施工工地的特点，对支护工程多采用视准线法。如图 9-19 所示，建立一条基线 AB，利用精密经纬仪测定

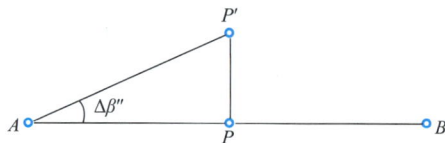

图 9-19　视准线法测定水平位移

小角 $\Delta\beta$，从而可计算出 P 点的水平位移值 δ，即：

$$\Delta=\frac{\Delta\beta}{\rho}S \tag{9-3}$$

式中，S 是测站点 A 到观测点 P 之间的水平距离，$\rho=206265''$。

在视准线测小角法中，平距 S 只需丈量一次，在以后的各期观测中，可认为其值不变，因此，这种方法简便易行，在施工场地被广泛采用。但此法也有缺点，对于一般的长方形基坑，需要布设四条基线进行观测。一方面，安置经纬仪的次数多，会大大降低工作效率；另一方面，在城市市区工地施工现场，要想布设四条基线比较困难。

（2）全站仪监测法。

① 观测原理。

对任何形状的基坑现场，用全站仪来监测只需建立一条基准线 AB（图 9-20），其测量原理如下：对某测点 i，利用全站仪同时测定水平角 β_i 和水平距离 D_i，则可利用观测值（β_i，D_i）来计算出该点的施工坐标值 (x_i, y_i)，即：

$$\begin{cases} x_i=x_A+D_i\cos(\alpha_{AB}+\beta_i) \\ y_i=y_A+D_i\sin(\alpha_{AB}+\beta_i) \end{cases} \tag{9-4}$$

式中，x_i，y_i 为基准点 A 的施工坐标值；α_{AB} 为基准线 AB 的方位角。

两期结果之差（Δx_i，Δy_i）即该期间内 i 点的水平位移，其中 Δx_i 为南北轴线方向的位移值，Δy_i 为东西轴线方向的位移值。

② 注意事项。

a. 基准点 A 最好做成强制对中式的观测墩，这样可以消除对中误差，同时提高了工作效率，而且在繁杂的工地上也易于得到保护。

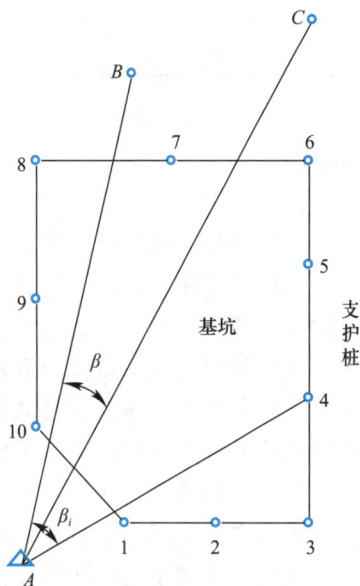

图 9-20　用全站仪观测水平位移

b. 基准方向至少选两个，如 B 和 C，每次观测时可以检查基准线 AB 与 AC 间的夹角 β，以便间接检查 A 点的稳定性。另外，B 点和 C 点应选取尽可能远离基坑的建筑物上的明显标志点。

c. 观测点应做在圈梁上，应稳固且尽可能明显；如用水泥把小直径钢筋（头部刻划十字）埋在圈梁上，这样可提高水平角 β_i 和水平距离 D_i 的测量精度，从而提高成果质量。

d. 监测成果应及时反馈，与建设单位、监理单位、施工单位及时沟通，及时解决施工中出现的问题。

9.3.4　轴线的竖向投测

高层建筑物施工测量中的主要问题是控制垂直度，即将建筑物基础轴线准确地向高层引测，并保证各层相应的轴线位于同一竖直面内，控制竖向偏差，使轴线向上投测的偏差值不超限。轴线向上投测时，要求竖向误差在本层内不超过 3mm，建筑物整体累计误差

值不应超过 $3H/10000$（H 为建筑物总高度），且不应大于表 9-2 中的规定值。

轴线竖向投测限差（允许偏差）　　　　表 9-2

项目		限差（mm）
每层（层间）		±3
建筑总高（全高）H（m）	$H \leqslant 30\text{m}$	±5
	$30\text{m} < H \leqslant 60\text{m}$	±10
	$60\text{m} < H \leqslant 90\text{m}$	±15
	$90\text{m} < H \leqslant 120\text{m}$	±20
	$120\text{m} < H \leqslant 150\text{m}$	±25
	$150\text{m} < H \leqslant 200\text{m}$	±30
	$H > 200\text{m}$	按 40% 的施工限差取值

高层建筑物轴线的竖向投测方法，主要有外控法和内控法两种，下面分别介绍这两种方法。

1. 外控法

外控法是在建筑物外部，利用经纬仪，根据建筑物的轴线控制桩来进行轴线的竖向投测。高层建筑物的基础工程完工后，经纬仪安置在轴线控制桩上，将建筑物主轴线精确地投测到建筑物底部，并设立标志，以供下一步施工与向上投测之用。另外，以主轴线为基准，重新把建筑物角点投测到基础顶面，并对原来作的柱列轴线进行复核。随着建筑物的升高，要逐步将轴线向上投测传递。外控法向上投测建筑物轴线时，是将经纬仪安置在远离建筑物的轴线控制桩上，分别以正、倒镜两次投测点的中点，得到投测在该层上的轴线点。按此方法分别在建筑物纵、横主轴线的控制桩上安置经纬仪，就可在同一层楼面上投测出轴线点。楼面上纵、横轴线点连线构成的交点，即是该层楼面的施工控制点。

当建筑物楼层增至相当高度（一般为 10 层以上）时，经纬仪向上投测的仰角增大，投点精度会随着仰角的增大而降低，且观测操作也不方便。因此必须将主轴线控制桩引测到远处的稳固地点或附近大楼的屋面上，以减小仰角。为了保证投测质量，使用的经纬仪必须经过严格的检验校正，尤其是照准部水准管轴应严格垂直于仪器竖轴。安置经纬仪时必须使照准部水准管气泡严格居中。

2. 内控法

高层建筑物轴线的竖向投测目前大多使用锤球或铅垂仪等仪器，利用内控法来进行。根据使用仪器的不同，内控法有吊线坠法、准直仪法、激光经纬仪法等。

（1）吊线坠法。

吊线坠法一般用于高度在 50～100m 的高层建筑施工中。可用 10～20kg 重的特制线坠和直径 0.5～0.8mm 钢丝悬吊，在 ±0.000 首层地面上以靠近高层建筑结构四周的轴线点为准，逐层向上悬吊引测轴线和控制结构的竖向偏差。如南京市金陵饭店主楼（高110.75m）和北京市中央彩电中心主楼（高 112m）就是采用吊线坠法作为竖向偏差的检测方法，效果很好。在用此法施测时，要采取一些必要措施，如用铅直的塑料管套着坠线，以防风吹，并采用专用观测设备，以保证精度。

（2）准直仪法（天顶、天底准直仪）。

准直仪又称垂准仪，置平仪器上的水准管气泡后，仪器的视准轴即处于铅垂位置，可以据此向上或向下投点。若采用内控法，首先应在建筑物底层平面轴线桩位置预埋标志；其次在施工时，要在每层楼面相应位置处都预留孔洞，供铅垂仪照准及安放接收屏之用（见图 9-21）。

（3）激光经纬仪法。

激光经纬仪是利用配套的激光附件装配在经纬仪上组成的仪器。激光附件由激光目镜、光导管、氦氖激光器和激光光源组成。

使用激光经纬仪时，将仪器安置在地面控制点上，严格对中、整平，接通电源，即可发出激光。在楼板的预留孔上放置一个激光接收靶，看到激光后，通过对讲机指挥仪器操作员调节激光光斑大小，旋转经纬仪一周，取光斑轨迹的中心即可。

另外，用经纬仪或全站仪加上弯管目镜亦可进行内投法投测。

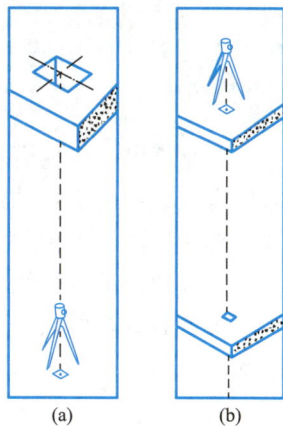

(a)　　(b)

图 9-21　铅垂仪投点

9.3.5　高程传递

在高层建筑物施工中，要由下层楼面向上层传递高程，使上层楼板、门窗口、室内装修等工程的高程符合设计要求。标高竖向传递不超限，如表 9-3 所示，传递高程的方法与多层建筑物高程传递的方法相同。

标高竖向传递限差（允许偏差）　　　　表 9-3

项目		限差（mm）
每层（层间）		±3
建筑总高（全高）H（m）	H<30m	±5
	30m<H≤60m	±10
	60m<H≤90m	±15
	90m<H≤120m	±20
	120m<H≤150m	±25
	150m<H≤200m	±30
	H>200m	按 40%的施工限差取值

知识点 4　工业厂房施工测量

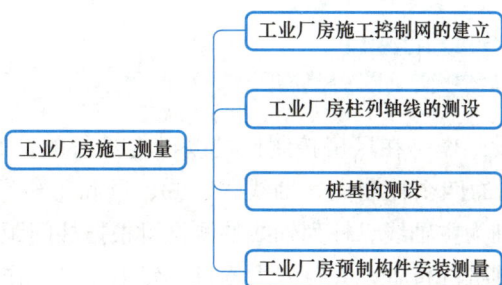

工业厂房施工测量
- 工业厂房施工控制网的建立
- 工业厂房柱列轴线的测设
- 桩基的测设
- 工业厂房预制构件安装测量

9.4.1 工业厂房施工控制网的建立

工业厂房一般规模较大，内部设施复杂，有的厂房之间还有流水线生产设施，因此对厂房位置和内部各轴线的尺寸都有较高的精度要求。为保证精度，工业厂房的测设，通常要在厂区施工控制网的基础上测设对厂房起直接控制作用的厂房控制网，作为测设厂房位置和内部各轴线的依据。由于厂房多为排柱式建筑，跨距和间距大，但隔墙少，平面布置简单，所以厂房施工中多采用由柱列轴线控制桩组成的矩形方格网，作为厂房控制网。

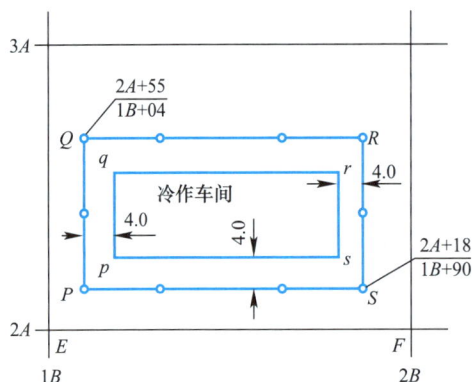

图 9-22　厂房控制网

1. 厂房控制点坐标的设计

厂房控制网的四个角点，称为厂房控制点，点位设在基坑开挖范围以外一定距离处。其坐标是根据厂房四个角点的已知坐标推算出来的。如图 9-22 所示，p、q、r、s 为厂房角点，P、Q、R、S 为厂房控制点，设四边的间距均为 4m，若厂房角点 s 的坐标为 $A=222$m，$B=186$m，则相应的厂房控制点 S 点的坐标为

$$A=222-4=218(\mathrm{m})$$
$$B=186+4=190(\mathrm{m})$$

其余各点的坐标可以同法推算而得。其中坐标 $A=218$m 也可表示为 $2A+18$，坐标 $B=190$m 也可表示为 $1B+90$。

2. 厂房控制网格的测设

厂房控制网是以厂区控制网为依据进行测设的，如图 9-22 所示，厂区控制网为建筑方格网，可根据建筑方格网点 E、F 和厂房控制网角点的坐标计算测设数据，利用 EF 边，用直角坐标法将厂房控制网的四个角点测设在地面上，打下大木桩，在桩顶上作出标志点。然后用经纬仪检查 $\angle PQR$、$\angle QRS$ 是否为 90°，其与 90°之差应小于 $\pm 10''$。用钢尺检查 PS 和 QR 的长度，其与设计边长的相对误差也应小于 1/10000。若误差在容许范围内，钉一小铁钉固定，以示 P、Q、R、S 的点位。

为了便于标定柱列轴线，还应在厂房控制网的边线上，每隔柱子间隔（一般 6m）的整数倍（如 24m、48m 等）测设一对距离指示桩，用来加密厂房控制网。

9.4.2 工业厂房柱列轴线的测设

厂房柱列轴线的测设工作是在厂房控制网的基础上进行的。如图 9-23 所示，P、Q、R、S 是厂房矩形控制网的四个控制点，轴线Ⓐ、Ⓑ、Ⓒ和①～⑨等轴线均为柱列轴线，其中定位轴线Ⓑ轴和⑤轴为主轴线。柱列轴线的测设可根据柱间距和跨间距，用钢尺沿矩形网四边量出各轴线控制桩的位置，并打入大木桩，钉上小钉，作为测设基坑和施工安装

的依据。为此，要先设计厂房控制网角点和主要轴线的坐标，根据建筑场地的控制点测设这些点位，然后按照厂房跨距和柱列间距定出柱列轴线。测设后，检查轴线间距，其误差不得超过 1/2000。

最后，依据中心轴线用石灰在地面上撒出基槽开挖边线。由于施工时中心桩会被挖掉，因此，一般在基槽外各轴线的延长线上测设轴线（一般为 1.0～1.5m）的列桩，作为开挖后各施工阶段各主轴线定位的依据。

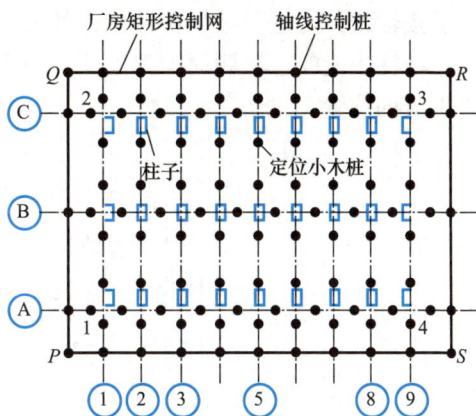

图 9-23　柱列轴线与柱基的测设

9.4.3　桩基的测设

1. 柱基轴线的测设

柱基测设就是根据基础平面图和基础大样图的有关尺寸，把基坑开挖的边线用白灰标示出来，以便开挖。为此，安置两台经纬仪在相应的轴线控制桩（如图 9-23 中的Ⓐ、Ⓑ、Ⓒ和①、②等点）上，得出各柱基的位置（即定位轴线的交点）。

在进行柱基测设时，应注意定位轴线不一定都是基础中心线，有时一个厂房的柱基类型不一，尺寸各异，放样时应特别注意。

2. 基坑标高测设

当基坑挖到一定深度时，应在坑壁四周离坑底设计高程 0.3～0.5m 处设置几个水平桩，作为基坑修坡和清底的高程依据。此外，还应在基坑内测设出垫层的高程，即在坑底设置小木桩，使桩顶面恰好等于垫层的设计高程。

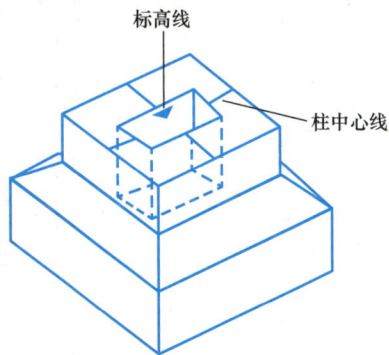

图 9-24　杯型基础

3. 基础模板的定位

打好垫层以后，根据坑边定位小木桩，用拉线的方法，吊垂球把柱基定位线投到垫层上，用墨斗弹出墨线，用红漆画出标记，作为柱基立模板和布置基础钢筋网的依据。立模时，将模板底线对准垫层上的定位线，并用垂球检查模板是否竖直。将柱基顶面设计高程测设在模板内壁。拆模后，用经纬仪根据控制桩在杯口面上定出柱中心线（图 9-24），再用水准仪在杯口内壁定出±0.000 标高线，并画出"▽"标志，以此线控制杯底标高。

9.4.4　工业厂房预制构件安装测量

1. 厂房柱子安装测量

（1）柱子安装前的准备工作。

柱子安装前，应对基础中心线及其间距、基础顶面和杯底标高等进行复核，再把每根柱子按轴线位置进行编号，并检查各尺寸是否满足图纸设计要求，检查无误后才可弹出墨线。在柱子上的三个侧面，弹出柱子中心线，并根据牛腿面设计高程，用钢尺量出柱下口水平线的位置。

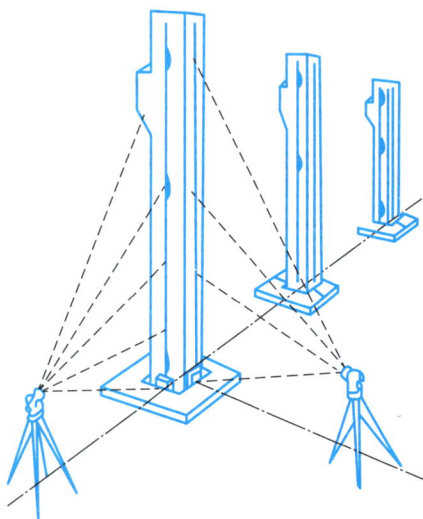

图 9-25　柱子的竖直校正

然后将柱子上弹的高程线与杯口内的高程线比较，以确定每一杯口内的抄平层厚度。过高时应凿去一层，用水泥砂浆抹平，过低时用细石混凝土补平。最后再用水准仪进行检查，其容许误差为±3mm。

（2）柱子安装测量。

柱子安装的要求是保证其平面和高程位置符合设计要求，柱身铅直。预制的钢筋混凝土柱子插入杯形基础的杯口后，应使柱子三面的中心线与杯口中心线对齐吻合，用木楔或钢楔作临时固定，如有偏差可用锤子敲打，楔子拨正，其容许偏差小于$H/1000$（其中 H 为柱长，单位为米）。然后用两台经纬仪安置在约1.5倍柱高距离的纵、横两条轴线附近，同时进行柱身的竖直校正（图 9-25）。

经过严格检验校正的经纬仪在整平后，其视准轴上、下转动成一竖直面。据此，可用经纬仪进行柱子的竖直校正。先用纵丝瞄准柱子根部的中心线，制动照准部，缓缓抬高望远镜，观察柱子中心线偏离纵丝的方向，指挥用钢丝绳拉直柱子，直至从两台经纬仪中观测到的柱子中心线从下而上都与十字丝纵丝重合为止。最后，在杯口与柱子的缝隙中浇入混凝土，以固定柱子的位置。

（3）校正柱子时应注意的两个问题。

① 在施工现场进行柱子校正测量时，由于施工现场障碍物多，或因柱子间距短，仪器无法仰视，故将仪器偏离柱中心线一边来进行校正较为方便。但这种做法只能在柱子上下中心点在同一垂直面上时应用，如果柱子上下中心点不在同一垂直面上，就不能用此法。

② 吊装和校正柱子都是露天作业，会受到风吹日晒的影响。如某工程项目曾发生了一列柱子校正后隔了一天全部发生偏斜，超过了允许误差范围的现象。查找原因，发现在夏天，柱子一直受阳光暴晒，使朝阳面和背阳面温差过大。这种情况是由于在焊接过程中，吊车梁、房架等都还没有完全安装就位、焊接好而发生的。

2. 吊车梁安装测量（图 9-26）

吊车梁的安装测量主要是保证吊车梁中线位置和梁的标高满足设计要求。

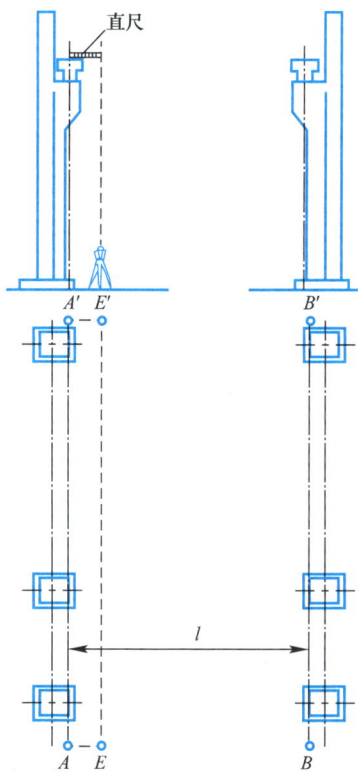

图 9-26　吊车梁及轨道安装测量

（1）吊车梁安装时的高程测量。

吊车梁顶面的标高应符合设计要求。根据水准点用水准仪检查柱子上所画±0.000标志的高程，其误差不得超过±5mm。如果误差超限，则以检查结果作为修平牛腿面或加垫块的依据，并改正原±0.000高程位置，重新画出该标志。

（2）吊车梁安装时的中线测量。

根据厂房控制网的控制桩或杯口柱列中心线，按设计数据在地面上定出吊车梁中心线的两端点，打入大木桩进行标记。然后用经纬仪将吊车梁中心线投测到每个柱子的牛腿面的侧边上，并弹以墨线，投点容许误差为±3mm。投点时如果与有些柱子的牛腿不通视，可以用从牛腿面向下吊垂球的方法解决中心线的投点问题。吊装时，应使吊车梁中心线与牛腿上中心线对齐。

3. 吊车轨道安装测量

吊车轨道安装测量的目的是保证轨道中心线、轨顶标高均符合设计要求。

（1）在吊车梁上测设轨道中心线。

当吊车梁安装以后，再用经纬仪从地面把吊车梁中心线（即吊车轨道中心线）投到吊车梁顶上，如果与原来画的梁顶几何中心线不一致，则按新投的点用墨线重新弹出吊车轨道中心线，作为安装轨道的依据。

由于安置在地面中心线上的经纬仪不可能与吊车梁顶面通视，因此一般采用中心线平移法，如图9-26所示，在地面平行于 AA' 轴线、间距为1m处测设 EE' 轴线。然后安置经纬仪于 E 点，瞄准 E' 点进行定向。抬高望远镜，使从吊车梁顶面伸出的长度为1m的直尺端正好与纵丝相切，则直尺的另一端即为吊车轨道中心线上的点。

然后用钢尺检查同跨两中心线之间的跨距 l，与其设计跨距之差不得大于10mm。经过调整后，用经纬仪将中心线方向投到特设的角钢或屋架下弦上，作为安装时用经纬仪校直轨道中心线的依据。

（2）吊车轨道安装时的高程测量。

在轨道安装前，要用水准仪检查梁顶的高程。每隔3m在放置轨道垫块处测一点，以测得的结果与设计数据之差作为加垫块或抹灰的依据。在安装轨道垫块时，应重新测出垫块高程，使其符合设计要求，以便安装轨道。梁面垫块高程的测量容许误差为±2mm。

（3）吊车轨道检查测量。

轨道安装完毕后，应全面进行一次轨道中心线、跨距及轨道高程的检查，以保证能安全架设和使用吊车。

表9-4为柱子、桁架或梁安装测量的偏差表。

柱子、桁架或梁安装测量的偏差表   表9-4

测量内容		允许偏差（mm）
钢柱垫板标高		±2
钢柱±0.000标高检查		±2
预制混凝土柱±0.000标高检查		±3
柱子垂直度检查	钢柱牛腿	5
	柱高10m以内	10
	柱高10m以上	$H/1000$，且≤20

续表

测量内容	允许偏差（mm）
桁架和实腹梁、桁架和钢架的支承结点间相邻高差的偏差	±5
梁间距	±3
梁面垫板标高	±2

知识点 5　烟囱和水塔施工测量

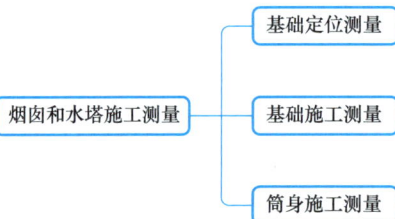

烟囱和水塔施工测量
- 基础定位测量
- 基础施工测量
- 筒身施工测量

烟囱或水塔的共同特点是：基础面积小、主体高、抗倾覆性能差，其对称轴通过基础圆心的铅垂线。所以施工测量的主要任务就是控制中心位置，以确保烟囱或水塔的主体竖直。

9.5.1　基础定位测量

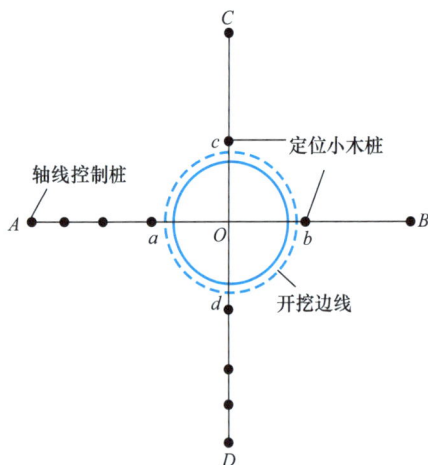

图 9-27　烟囱的放线定位

根据图纸的设计要求和计算数据，利用已有控制点或与已有建筑物的位置尺寸关系，在地面上测设出烟囱的中心位置 O，然后在 O 点安置经纬仪，测设出以 O 为交点的互相垂直的两条定位轴线 AB 和 CD，并埋设控制桩 A、B、C、D。控制桩至交点 O 的距离一般应为烟囱高的 1.5 倍，如图 9-27 所示。为便于校核桩位有无变动，以及在施工过程中检查烟囱中心位置的方便，可适当多设置几个轴线控制桩。在基坑开挖边线外侧的轴线上测设四个定位小木桩 a、b、c、d，以便修坡和恢复基础中心位置使用。

9.5.2　基础施工测量

烟囱中心 O 点定出后，以 O 为圆心，基础底部半径 r 和基坑放坡坡度 b 为半径 R，即：（$R=r+b$）画圆，并用灰线标出挖坑范围。

210

　　浇灌基础混凝土时，根据定位小木桩，在基础中心处埋设角钢，用经纬仪准确地在角钢顶面测出烟囱的中心位置，并刻上"十"字线，作为烟囱竖向投点和控制筒身半径的依据。

9.5.3　筒身施工测量

　　烟囱筒身向上砌筑时，其筒身中心线、直径、收坡应严格控制。不论是砖烟囱还是钢筋混凝土烟囱，筒身施工时都要随时将烟囱中心点引测到施工作业面上。一般高度在100m以下的烟囱，常采用线锤引测。即在施工作业面上固定一长木方，用细钢丝悬吊8～12kg重的线锤，移动木方，直到垂球尖对准基础中心为止。此时钢丝在木方上的位置即为烟囱的中心。一般砖烟囱每升高一步架（约1.2m），混凝土烟囱每提升一次模板（约2.5m），都应将基础中心引测到作业面上。高度在100m以上的烟囱用激光铅垂仪引测。

　　另外，烟囱每砌完10m左右，须用经纬仪检查一次中心位置。检查时，将经纬仪分别置于A、B、C、D控制点上，照准基础侧面上的轴线标志，用正、倒镜分中的方法，分别将轴线投测到施工作业面上，并作标记。然后按标记拉线，两线交点即为烟囱中心点。将此中心点与用线锤引测的中心点相比较，进行检核。当筒身高度为100m或100m以下时，其偏差值不应超过所砌高度的1.5/1000，且不大于100mm；当筒身高度在100m以上时，其偏差值不应大于所砌高度的1/1000且不大于100mm。

　　另外，在检查烟囱中心线的同时，还应检查筒身水平截面尺寸。以引测的中心线为圆心，按施工作业面上烟囱的设计半径，用木杆尺画圆，如图9-28所示，以检查烟囱壁位置是否正确。

　　任何施工高度的设计半径都可根据设计图计算得出。如图9-29所示，高度为H'时的设计半径R'为

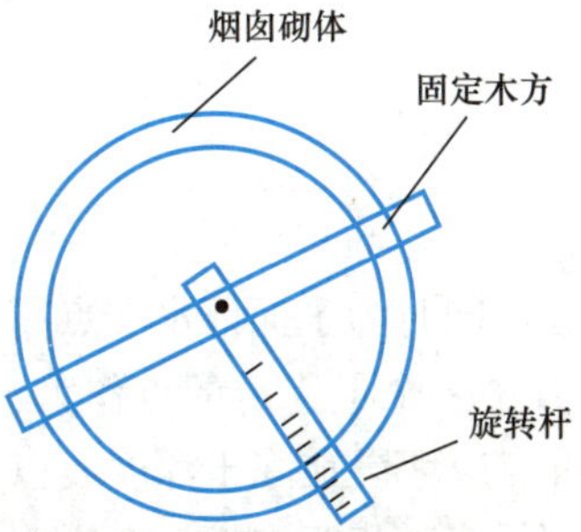

图 9-28　烟囱壁位置的检查

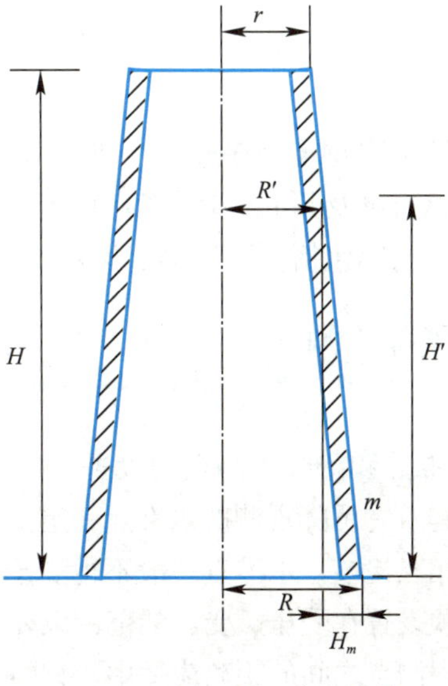

图 9-29　任一断面半径计算

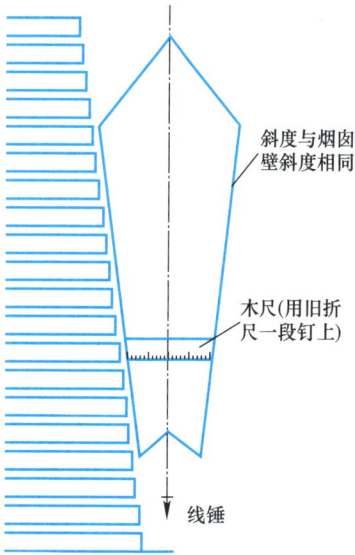

图 9-30 倾斜度靠尺板

钢尺向上量取高度。

$$R' = R - H' \times m \tag{9-5}$$

式中，R——筒身底面设计半径；

m——收坡系数。

其计算式为

$$m = \frac{R - r}{H} \tag{9-6}$$

式中，r——筒身顶面的设计外半径；

H——筒身设计高度。

筒身外壁的坡度及表面平整，应随时用靠尺板挂线检查，如图 9-30，靠尺板的斜边是按烟囱壁的收坡制作的。检测时，将靠尺板紧靠烟囱外壁，如果尺中所悬挂的垂球线恰好与靠尺板的中线相重合，说明筒壁的收坡符合设计要求。

对于烟囱的标高控制，一般用水准仪在烟囱底部的外壁上测出一条 ± 0.500m 的标高线，以此标高线直接用

知识点 6　建筑变形监测

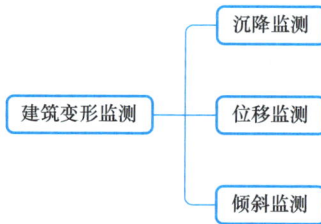

为保证工程建筑物在施工、使用和运行中的安全，以及为建筑设计积累资料，通常需要对工程建筑物及其周边环境的稳定性进行观测，这种观测称为建筑物的变形监测。变形监测的主要内容包括沉降监测、倾斜监测、位移监测和裂缝监测等。

9.6.1　沉降监测

1. 水准点和沉降观测点的设置

作为建筑物沉降观测的水准点一定要有足够的稳定性，同时为了保证水准点高程的正确性和便于相互检核，水准点一般不得少于 3 个，可选择其中一个最稳定的点作为水准基点。水准点必须设置在受压、受震的范围以外，冰冻地区水准点应埋设在冻土深度线以下 0.5m。水准点和观测点之间的距离应适中，相距太远会影响观测精度，相距太近又会影响水准点的稳定性，从而影响观测结果的可靠性，通常水准点和观测点之间的距离以 60～100m 为宜。

进行沉降观测的建筑物、构筑物上应埋设沉降观测点。观测点的数量和位置，应能全面反映建筑物、构筑物的沉降情况。一般观测点是均匀设置的，但在荷载有变化的部位、平面形状改变处、沉降缝的两侧、具有代表性的支柱和基础上、地质条件改变处等，应加设足够的观测点。沉降观测点的埋设可参考图 9-31。

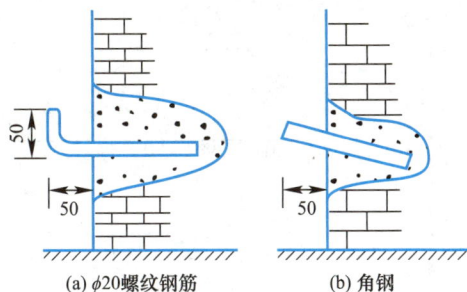

图 9-31　沉降观测点埋设

变形测量的基准点应定期复测。复测周期应视基准点所在位置的稳定情况确定，在建筑施工过程中宜 1～2 月复测一次，点位稳定后宜每季度或每半年复测一次。当观测点变形测量成果出现异常，或当测区受到地震、洪水、爆破等外界因素影响时，应及时进行复测，并对其稳定性进行分析。

其中一个基准点的高程可自行假定，或由国家水准点引测而来，其他水准点的高程则采用水准测量方法，按闭合水准路线或往返水准路线进行观测，基准点及工作基点水准测量的精度级别应不低于沉降或位移观测的精度级别。水准测量的限差要求见表 9-5，表中 n 为测站数。

水准测量的限差表（单位：mm）　　　表 9-5

级别		水准仪等级（最低）	基辅分划读数之差	基辅分划所测高差之差	往返较差及附合或环线闭合差	单程双测站所测高差较差	检测已测测段高差之差
一级		DS05	0.3	0.5	$\leqslant 0.3\sqrt{n}$	$\leqslant 0.2\sqrt{n}$	$\leqslant 0.45\sqrt{n}$
二级		DS1	0.3	0.5	$\leqslant 1.0\sqrt{n}$	$\leqslant 0.7\sqrt{n}$	$\leqslant 1.5\sqrt{n}$
三级	光学测微法	DS1	1.0	1.5	$\leqslant 3.0\sqrt{n}$	$\leqslant 2.0\sqrt{n}$	$\leqslant 4.5\sqrt{n}$
	中丝读数法	DS3	2.0	3.0			

2. 沉降观测的一般规定

（1）观测周期。一般待观测点埋设稳固后，且在建（构）筑物主体开工前，即进行第一次观测。在建筑物主体施工过程中，一般为每盖 1～2 层观测一次；大楼封顶或竣工后，一般每月观测一次，如果沉降速度减缓，可改为 2～3 个月观测一次，直到沉降量 100d 不超过 1mm 时，观测才可停止。

（2）观测方法和仪器要求。对于多层建筑物的沉降观测，可采用 DS3 水准仪用普通水准测量方法进行。对于高层建筑物的沉降观测，则应采用 DS1 精密水准仪，用二等水准测量方法进行。为了保证水准测量的精度，观测时视线长度一般不得超过 50m，前、后视距离要尽量相等。

（3）沉降观测的工作要求。沉降观测是一项较长期的连续观测工作，为了保证观测成果的正确性，应尽可能做到"三定"：①固定观测人员；②固定的仪器；③按规定的日期、方法及既定的路线、测站进行观测。

3. 沉降观测的成果整理

每次观测结束后，应检查记录中的数据和计算是否准确，精度是否合格，然后把各次观测点的高程，列入成果表中，并计算两次观测之间的沉降量和累计沉降量，同时也要注

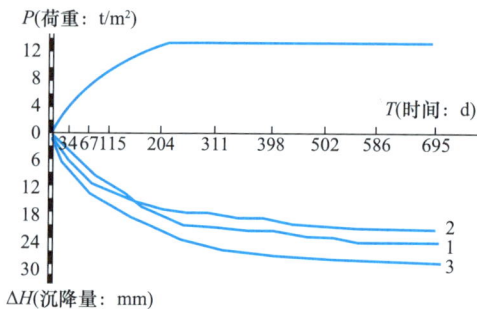

图 9-32　沉降曲线图

明观测日期和荷载情况。为了更清楚地表示沉降、荷重、时间三者的关系，还要画出各观测点的沉降、荷重、时间关系曲线图，如图 9-32 所示。

4. 沉降观测中常遇到的问题及其处理

（1）曲线在首次观测后即发生回升现象。

在第二次观测时即发现曲线上升，至第三次后，曲线又逐渐下降。发生此种现象，一般都是由于首次观测成果存在较大误差所引起的。此时，应将第一次观测成果作废，而采用第二次观测成果作为首测成果。

（2）曲线在中间某点突然回升。

此种现象多半是因水准基点或沉降观测点被触碰所致，如水准基点被压低，或沉降观测点被撬高。此时，应仔细检查水准基点和沉降观测点的外形有无损伤。若众多沉降观测点出现此种现象，则水准基点被压低的可能性很大，此时可改用其他水准点作为水准基点来继续观测，并再埋设新的水准点，以保证水准点个数不少于 3 个；若只有一个沉降观测点出现此种现象，则多半是该点被撬高；若观测点被撬后已松动，则需另行埋设新点；若点位尚牢固，则可继续使用。对于该点的沉降量计算，则应进行合理处理。

（3）曲线自某点起渐渐回升。

此种现象一般是水准基点下沉所致。此时，应根据水准点之间的高差来判断出最稳定的水准点，以此作为新的水准基点，将原来下沉的水准基点废除。另外，埋在裙楼上的沉降观测点，受主楼的影响，可能会出现渐渐回升现象，这属于正常现象。

（4）曲线的波浪起伏现象。

曲线在后期呈现微小波浪起伏现象，是测量误差所造成的。曲线在前期波浪起伏之所以不突出，是因为下沉量大于测量误差；但到后期，由于建筑物下沉极微或已接近稳定，因此在曲线上就出现测量误差比较突出的现象。此时，可将波浪曲线改为水平线，并适当地延长观测的间隔时间。

9.6.2　位移监测

位移观测的任务是测定建筑物（基础以上部分）在平面上随时间流逝而变化的大小及方向的移动量。位移观测首先要在建筑物旁埋设测量控制点，再在建筑物上设置位移观测点。

1. 角度前方交会法

利用前方交会法对观测点进行角度观测，计算观测点的坐标，由两期之间的坐标差计算该点的水平位移。

2. 基准线法

有些建筑物只要求测定某特定方向上的位移量，如大坝在水压力方向上的位移量，这种情况可采用基准线法进行水平位移观测。观测时，先在位移方向的垂直方向上建立一条基准线，如图 9-33

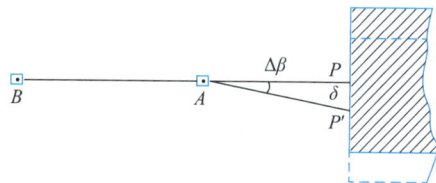

图 9-33　基准线法观测水平位移

所示，A、B 为控制点，P 为观测点，只要定期测量出观测点 P 与基准线 AB 的角度变化值 $\Delta\beta$ 即可，其位移量可按式（9-7）计算。

$$\delta = D_{AP} \cdot \frac{\Delta\beta''}{\rho''} \tag{9-7}$$

式中，D_{AP} 为 A，P 两点间水平距离。

9.6.3　倾斜监测

建筑物产生倾斜的原因主要有地基承载力不均匀，建筑物体型复杂，形成不同荷载；施工未达到设计要求，承载力不够；受外力作用（例如风荷、地下水抽取、地震等）。建筑物倾斜观测是利用水准仪、经纬仪、垂球或其他专用仪器来测量建筑物的倾斜度 α。

1. 水准仪观测法

建筑物的倾斜观测可采用精密水准测量的方法，如图 9-34 所示，定期测出基础两端点的不均匀沉降量 Δh，再根据两点间的距离 L，即可算出基础的倾斜度 α。

$$\alpha = \frac{\Delta h}{L} \tag{9-8}$$

如果知道建筑物的高度 H，则可推算出建筑物顶部的倾斜位移值 δ。

$$\delta = \alpha \cdot H = \frac{\Delta h}{L} \cdot H \tag{9-9}$$

2. 经纬仪观测法

利用经纬仪测量出建筑物顶部的倾斜位移值 δ，再计算出建筑物的倾斜度 α。

$$\alpha = \delta / H \tag{9-10}$$

利用经纬仪测量建筑物顶部的倾斜位移值 δ 的方法主要有以下两种：

（1）角度前方交会法。

图 9-35 为一俯视图，图中 P' 为烟囱顶部中心位置，P 为底部中心位置，在烟囱附近布设基线 AB，安置经纬仪于 A 点，测定顶部 P' 两侧切线与基线的夹角，取其平均值，

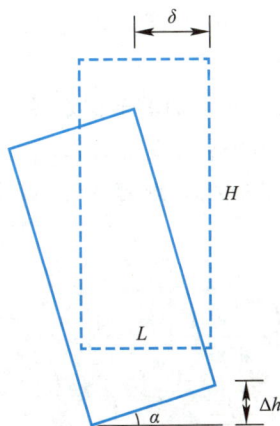

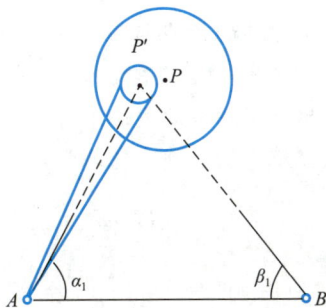

图 9-34　倾斜观测　　　　图 9-35　前方交会观测倾斜度

215

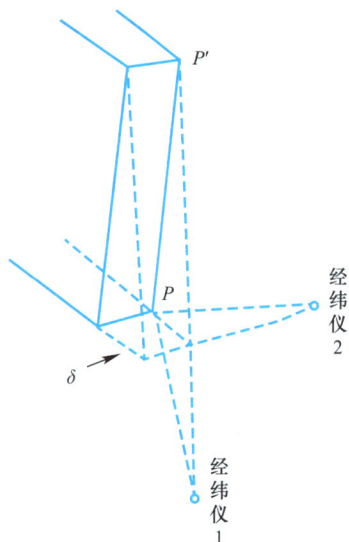

图 9-36　经纬仪投影法观测

如图中的 α_1；再安置仪器于 B 点，测定顶部 P' 两侧切线与基线的夹角，取其平均值，如图中的 β_1。利用前方交会公式可计算出 P' 的坐标，同法可得 P 点的坐标，则 P'、P 两点间的平距 $D_{PP'}$ 由坐标反算公式求得，实际上 $D_{PP'}$ 即为倾斜位移值 δ。

（2）经纬仪投影法

此法为利用两架经纬仪交会投点的方法，将建筑物向外倾斜的一个上部角点投影至平地，量取与下面角点的倾斜位移值 δ（图 9-36）。

3. 悬挂垂球法

此法是测量建筑物上部倾斜的最简单方法，适合内部有垂直通道的建筑物。从上部挂下垂球，根据上、下在同一位置上的点，直接测定倾斜位移值 δ。再根据公式（9-10）计算倾斜度 α。

拓展训练

方格网土方量计算

场地平整是将现场平整成施工所要求的设计平面。场地平整前，首先要确定场地设计标高，计算挖、填土方工程量，确定土方平衡调配方案，然后根据工程规模、施工期限、土的性质及现有机械设备条件，选择土方机械，拟定施工方案。

1. 场地设计标高的确定

1）确定场地设计标高时应考虑的因素

（1）满足建筑规划和生产工艺及运输的要求。

（2）尽量利用地形，减少挖、填方数量。

（3）场地内的挖、填方量力求平衡，使土方运输费用最少。

（4）有一定的排水坡度，满足排水要求。

如设计文件对场地设计标高无明确规定和特殊要求，可参照下述步骤和方法确定。

初步计算场地设计标高的原则是场地内挖、填方平衡，即场地内挖方总量等于填方总量。

如图 9-37 所示，将场地地形图划分为边长 $a=10\sim20\mathrm{m}$ 的若干个方格。在地形平坦时，每个方格的角点标高，可根据地形图上相邻两条等高线的高程，用插入法求得；当地形起伏较大（用插入法有较大误差）或无地形图时，则可在现场用木桩打好方格网，然后用测量的方法求得。

按照挖填平衡原则，场地设计标高可按下式计算：

$$H_0 na^2 = \sum \left(a^2 \frac{H_{11}+H_{12}+H_{21}+H_{22}}{4} \right)$$

$$H_0 = \frac{\sum (H_{11}+H_{12}+H_{21}+H_{22})}{4n}$$

式中，n——方格数。

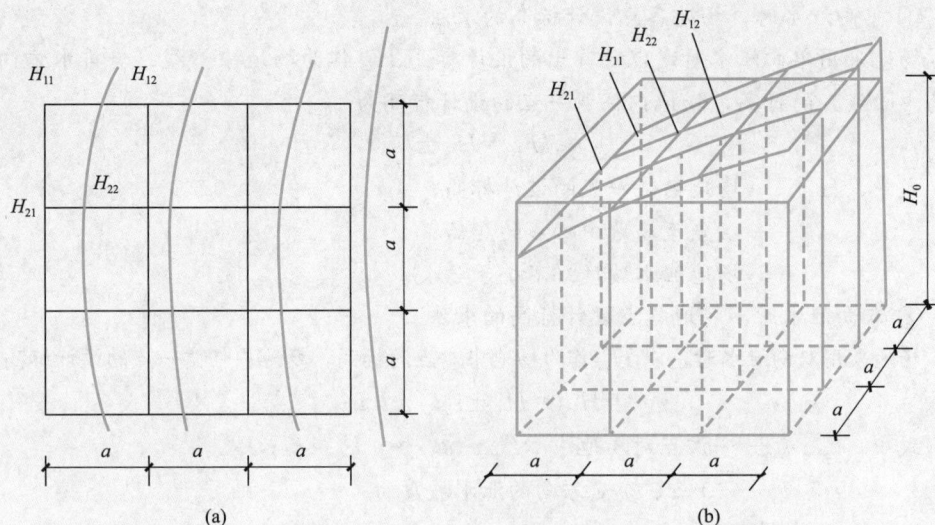

图 9-37　场地设计标高计算简图

由上式可见，H_{11} 是一个方格的角点标高；H_{12}、H_{21} 是相邻两个方格公共角点标高；H_{22} 则是相邻的四个方格的公共角点标高。如果将所有方格的四个角点标高相加，则类似 H_{11} 这样的角点标高加一次，类似 H_{12} 的角点标高加两次，类似 H_{22} 的角点标高要加四次。因此，上式可改写为：

$$H_0 = \frac{\sum H_1 + 2\sum H_2 + 3\sum H_3 + 4\sum H_4}{4n}$$

式中，H_1——一个方格独有的角点标高；

　　　H_2——两个方格共有的角点标高；

　　　H_3——三个方格共有的角点标高；

　　　H_4——四个方格共有的角点标高。

2）场地设计标高的调整

按上式计算的设计标高 H_0 是理论值，实际上还需考虑以下因素进行调整。

（1）由于具有可松性，按 H_0 进行施工，填土将有剩余，必要时可相应地提高设计标高。

（2）由于设计标高以上的填方工程用土量，或设计标高以下的挖方工程挖土量的影响，使设计标高降低或提高。

（3）由于边坡挖填方量不等，或经过经济比较后将部分挖方就近弃于场外、部分填方就近从场外取土而引起挖填土方量的变化，需相应地增减设计标高。

考虑泄水坡度对角点设计标高的影响。

按上述计算及调整后的场地设计标高进行场地平整时，整个场地将处于同一水平面，但实际上由于排水的要求，场地表面均应有一定的泄水坡度。因此，应根据场地泄水坡度的要求（单向泄水或双向泄水），计算出场地内各方格角点实际施工时所采用的设计标高。

① 单向泄水时,场地各点设计标高的求法。

场地采用单向泄水时,以计算出的设计标高 H_0 作为场地中心线(与排水方向垂直的中心线)的标高,场地内任意一点的设计标高为

$$H_{dn}=H_0\pm li$$

式中,H_{dn}——场地内任一点的设计标高;

l——该点至场地中心线的距离;

i——场地泄水坡度(不小于 2‰)。

② 双向泄水时,场地各点设计标高的求法。

场地采用双向泄水时,以 H_0 作为场地中心点的标高,场地内任意一点的设计标高为

$$H_{dn}=H_0\pm i_x l_x \pm l_y i_y$$

式中,l_x、l_y——该点对场地中心线 x-x、y-y 的距离;

i_x、i_y——x-x、y-y 方向的泄水坡度。

2. 场地土方量计算

大面积场地平整的土方量,通常采用方格网法计算,即根据方格网各方格角点的自然地面标高和实际采用的设计标高,算出相应的角点填挖高度(施工高度),然后计算每一方格的土方量,并算出场地边坡的土方量。这样便可求得整个场地的填、挖土方总量,其步骤如下。

1) 划分方格网并计算各方格角点的施工高度

根据已有地形图(一般用 1:500 的地形图)将场地划分成若干个方格网,尽量使方格网与测量的纵、横坐标网对应,方格的边长一般采用 10~40m,将设计标高和自然地面标高分别标注在方格点的左下角和右下角。

各方格角点的施工高度按下式计算:

$$h_n=H_n-H$$

式中,h_n——角点施工高度,即填挖高度。"+"为填,"-"为挖;

H_n——角点的设计标高(若无泄水坡度时,即为场地的设计标高);

H——角点的自然地面标高。

2) 计算零点位置

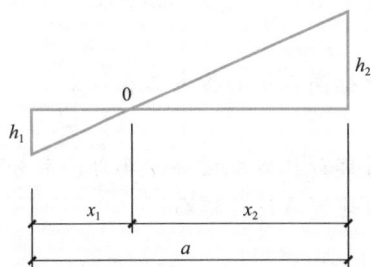

如图 9-38 所示,在一个方格网内同时有填方或挖方时,要先算出方格网边的零点位置,并标注于方格网上,连接零点就得到零线,它是填方区与挖方区的分界线。零点的位置按下式计算:

$$x_1=\frac{h_2}{h_1+h_2}$$

$$x_2=\frac{h_2}{h_1+h_2}\times a$$

图 9-38 零点位置计算示意

式中,x_1、x_2——角点至零点的距离(m);

h_1、h_2——相邻两角点的施工高度(m),均用绝对值;

a——方格网的边长(m)。

在实际工作中，为省略计算，常采用图解法直接求出零点，如图 9-39 所示，用尺在各角上标出相应比例，用尺相连，与方格相交的点即为零点位置。此法甚为方便，同时可避免计算或查表出错。

图 9-39　零点位置图解法

3）计算方格土方工程量

按方格网底面积图形和表 9-6 所列公式，计算每个方格内的挖方或填方量。

4）边坡土方量计算

边坡的土方量计算可以划分为两种近似几何形体计算，一种为三角棱锥体，另一种为三角棱柱体。

三角棱锥体边坡体积

常用方格网计算公式，见表 9-6。

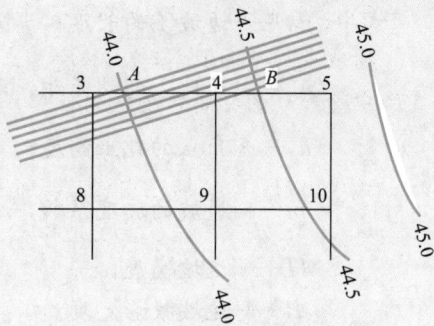

常用方格网计算公式　　　　　　　　　　　　　　表 9-6

项目	图示	计算公式
一点填方或挖方（三角形）		$V=\dfrac{1}{2}bc\dfrac{\sum h}{3}=\dfrac{bch_3}{6}$ 当 $b=c=a$ 时，$V=\dfrac{a^2 h_3}{6}$
二点填方或挖方（梯形）		$V_+=\dfrac{b+c}{2}a\dfrac{\sum h}{4}=\dfrac{a}{8}(b+c)(h_1+h_3)$ $V_-=\dfrac{d+e}{2}a\dfrac{\sum h}{4}=\dfrac{a}{8}(d+e)(h_2+h_4)$
三点填方或挖方（五角形）		$V=\left(a^2-\dfrac{bc}{2}\right)\dfrac{\sum h}{5}$ $=\left(a^2-\dfrac{bc}{2}\right)\dfrac{h_1+h_2+h_4}{5}$
四点填方或挖方（正方形）		$V=\dfrac{a^2}{4}\sum h=\dfrac{a^2}{4}(h_1+h_2+h_3+h_4)$

注：　　　a——方格网的边长（m）；

　　　b、c——零点到一角的边长（m）；

h_1、h_2、h_3、h_4——方格网四角点的施工高程（m），用绝对值代入；

　　　$\sum h$——填方或挖方施工高程的总和（m），用绝对值代入。

三角棱柱体边坡体积的计算公式如下：

$$V_1=\frac{1}{3}A_1 l_1$$

式中，l_1——边坡①的长度；

A_1——边坡①的端面积，即 $A_1 = \dfrac{h_2(mh_2)}{2} = \dfrac{mh_2^2}{2}$；

h_2——角点的挖土高度；

m——边坡的坡度系数，$m = \dfrac{H}{B}$；

H——边坡高度；

B——边坡投影宽度。

三角棱柱体边坡体积的计算公式如下：

$$V_4 = \frac{A_1 + A_2}{2} l_4$$

当两端横断面面积相差很大的情况下，则

$$V_4 = \frac{l_4}{6}(A_1 + 4A_0 + A_2)$$

式中，l_4——边坡④的长度；

A_1、A_2、A_0——边坡两端及中部的横断面面积，算法同上（剖面系近似表示，实际上，地表面不完全是水平的）。

5）计算土方总量

将挖方区（或填方区）的所有方格土方量和边坡土方量汇总后，即得场地平整挖（填）方的工程量。

1+X证书

测绘地理信息数据获取与处理职业技能等级要求（初级）

【测绘地理信息智能应用】（初级）：具备监测及土方计算的基础知识，掌握各类监测传感器的基本认识和使用，并能够熟练完成土方量计算工作（表9-7）。

测绘地理信息智能应用技能等级（初级）　　　　　　　　表9-7

工作领域	工作任务	职业技能要求
1. 建筑物监测	1.1 建筑物结构及监测内容认识	1.1.1 能掌握建筑物的结构及监测内容 1.1.2 能进行建筑物各类设施的布置 1.1.3 能掌握建筑物监测设备选型的要求 1.1.4 能掌握监测平台的功能和各个模块的应用
	1.2 表面位移监测/GNSS接收机安装与使用	1.2.1 能了解目前运行的各大导航卫星系统 1.2.2 能掌握北斗卫星定位原理 1.2.3 能掌握监测主机的性能及各个组成部分 1.2.4 能掌握GNSS表面位移监测的组成 1.2.5 能熟知并掌握GNSS表面位移监测的施工规范及安装步骤 1.2.6 能进行GNSS监测主机的调试 1.2.7 能掌握各类通信方式及应用场景 1.2.8 能掌握监测数据的分析方法

工作领域	工作任务	职业技能要求
1. 建筑物监测	1.3　裂缝监测/裂缝计安装与使用	1.3.1　能掌握裂缝监测原理 1.3.2　能熟知裂缝监测相关规范及要求 1.3.3　能掌握各类裂缝计的应用场景 1.3.4　能掌握裂缝监测的施工规范及安装步骤 1.3.5　能进行裂缝计的调试 1.3.6　能掌握各类通信方式及应用场景 1.3.7　能掌握监测数据的分析方法
	1.4　倾斜监测/倾斜仪安装与使用	1.4.1　能掌握倾斜监测原理 1.4.2　能熟知倾斜监测相关规范及要求 1.4.3　能掌握各类倾斜仪的应用场景 1.4.4　能掌握倾斜监测的施工规范及安装步骤 1.4.5　能进行倾斜仪的调试 1.4.6　能掌握各类通信方式及应用场景 1.4.7　能掌握监测数据的分析方法
2. 土方量计算	2.1　土方量测量原理及设备认识	2.1.1　能掌握土方量计算定义及原理 2.1.2　能掌握不同平台采集数据的应用场景 2.1.3　能使用常规设备、摄影测量、点云测量获取的数据后处理
	2.2　数据采集与数据处理	2.2.1　能应用地面站、车载、无人机载模式对数据进行外业采集 2.2.2　能检查采集的数据 2.2.3　能对数据进行点云分类
	2.3　土方量计算	2.3.1　能掌握三角网法的适用场景 2.3.2　能掌握方格网法的适用场景 2.3.3　能掌握等高线法的适用场景 2.3.4　能应用三角网法，方格网法，等高线法多种计算方式

课后习题

1. 框架结构建筑物比砖混结构建筑物放线精度低。（　　　）
2. 吊线坠法可以进行建筑物轴线投测，但是受风的影响较大。（　　　）
3. 水准仪内控法进行轴线投测是高层建筑施工中常用的方法。（　　　）
4. 施工图纸的熟悉、测量方案的确定等是施工测量准备工作的重要环节之一。（　　　）
5. 建筑红线是规划建筑用地的边界点的连线，是城市规划部门划定的。（　　　）

实训

任务 1　方格网土方量计算

❖ 任务描述

某建筑场地方格网（$a=20\text{m}$），如图 9-40 所示。土质为粉质黏土，场地设计泄水坡度为：$i_x=3‰$，$i_y=2‰$。建筑设计、生产工艺和最高洪水位等方面均无特殊要求。试确定场地设计标高（不考虑土的可松性影响，如有余土，用以加宽边坡），并计算填、挖土方量（不考虑边坡土方量）。

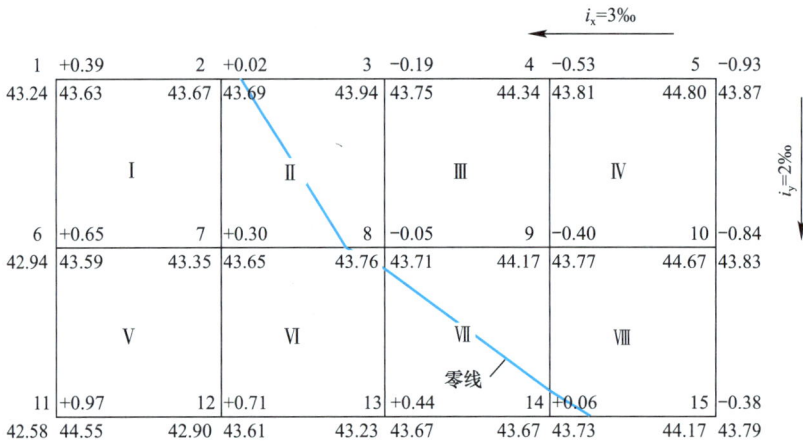

图 9-40　某建筑场地方格网

任务步骤分解

☞ 步骤1：划分方格网并计算各方格角点的施工高度

试计算 1～15 点的施工高度。

☞ 步骤2：计算零点位置

1. 试阐述计算零点位置的方法。

2. 试确定图 9-41 中 4 点的地面标高？

试用图解法确定图 9-42 中 4 点的地面标高？

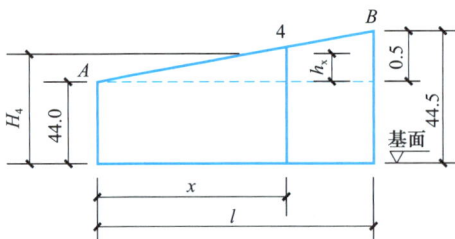

图 9-41　场地示意图

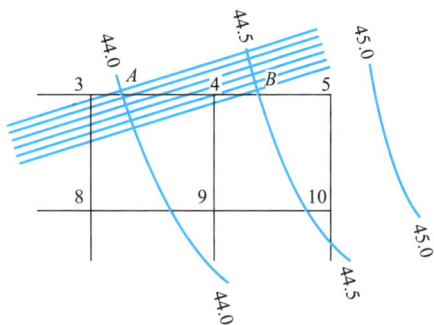

图 9-42　场地方格示意图

☞ 步骤3：计算方格土方工程量

某基坑底长 85m，宽 60m，深 8m，对称放坡，边坡坡度为 1：0.5，试计算土方开挖工程量。

❖ **任务实施（表 9-8～表 9-9）**

仪器检查记录表　　　　　　　　　　　　　　　　　　表 9-8

序号	检查内容	检查结果		备注
		是	否	
1	施工高度计算是否准确			
2	零点位置是否准确找到			
3	方格土方工程量计算是否准确			

方格网土方量计算情况表　　　　　　　　　　　　　　表 9-9

项目	要求	完成情况			备注
		顺利	有些困难	很难	
测前准备	认真审核图纸				
施工高度	准确计算				
零点位置	精准找到				
土方工程量	准确计算				

❖ **任务活动总结（表 9-10）**

方格网土方量计算任务完成清单　　　　　　　　　　表 9-10

序号	实施步骤（简写）	是否完成	是否存在疑问	是否解决
1	计算施工高度			
2	计算零点位置			
3	计算土方工程量			

学生签名：

任务完成情况自评：（A、B、C、D、E）

注：等级评价为 A、B、C、D、E 五级，在评价的等级符号上画圈。

任务 2　施工控制网坐标换算

❖ **任务描述**

如图 9-43 所示，设 P 点在建筑坐标系 $x'o'y'$ 中的坐标为 P（100，50），$\alpha = 30°15''$，试计算其测量坐标。

简述坐标转换的原理。

❖ **任务步骤分解（图 9-44）**

☞ 步骤 1：坐标变换

☞ 步骤 2：施工坐标系与测量坐标系换算

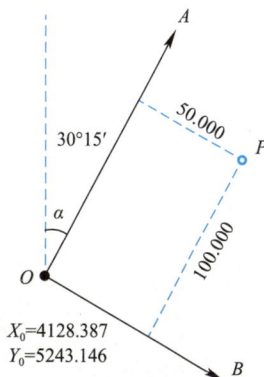

图 9-43　建筑坐标系

（图中标注：A，50.000，P，30°15′，α，100.000，O，$X_0=4128.387$，$Y_0=5243.146$，B）

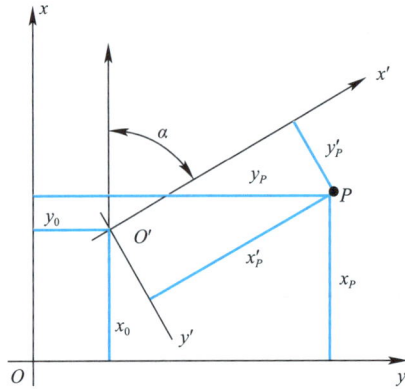

图 9-44　施工坐标系与测量坐标系换算

☞ 步骤 3：计算 P 点测量坐标

❖ **任务实施**

1. 按规定完成规定的计算。

2. 理解坐标换算的原理。

3. 计算上交成果，计时结束。

❖ **任务活动总结（表 9-10）**

施工控制网坐标换算任务完成清单　　　　　　　　　　表 9-10

序号	实施步骤（简写）	是否完成	是否存在疑问	是否解决
1	坐标换算原理			
2	转换坐标计算			

学生签名：

任务完成情况自评：（A、B、C、D、E）

注：等级评价为 A、B、C、D、E 五级，在评价的等级符号上画圈。

Chapter 10

教学单元 **10**

线路施工测量

项目描述

道路中线测量是通过直线和平曲线的测设，将道路中心线的平面位置用木桩具体标定在现场，并测定路线的实际里程。它是公路工程测量中关键性的工作，是测绘纵、横断面图和平面图的基础，公路设计、施工和后续工作的依据。

知识目标

1. 掌握圆曲线主点和细部点的计算和测设方法。
2. 掌握纵、横断面图的测绘。
3. 了解缓和曲线各个点的测设方法。

能力目标

1. 能处理圆曲线的主点测设和详细测设。
2. 能处理缓和曲线的主点测设和详细测设。
3. 能够独立进行数据采集工作。

知识点 **1** 线路初测

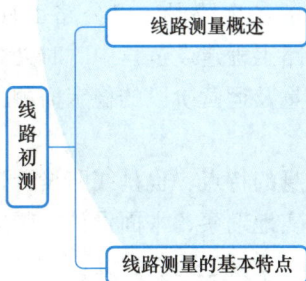

线路初测
├── 线路测量概述
└── 线路测量的基本特点

10.1.1　线路测量概述

　　"线路"是指道路工程以及给水管、排水管、电力线、通信线等管线工程。在这些线路工程的勘测、设计和施工阶段所进行的测量工作，称为线路测量。线路工程是指长宽比很大的工程，包括公路、铁路、运河、供水明渠、输电线路、各种用途的管道工程等。这些工程的主体一般是在地表，但也有在地下或在空中的，如地铁、地下管道、架空索道和架空输电线路等。用发展的眼光看，地下工程会越来越多。在线路工程遇到障碍物时，要采用不同的工程手段来解决，如遇山挖隧道，过江河峡谷架桥梁等。

　　线路测量是为各等级的公路和各种管道设计及施工服务的。它的任务有两方面：一是为线路工程的设计提供地形图和断面图，主要是勘测、设计阶段的测量工作；二是按设计位置要求将线路敷设于实地，其主要是施工放样的测量工作。整个线路测量工作包括下列内容。

　　（1）收集规划设计区域内各种比例尺地形图、平面图和断面图资料，收集沿线水文、地质以及控制点等有关资料。

　　（2）根据工程要求，利用已有地形图，结合现场勘查，在中小比例尺图上确定规划路线走向，编制比较方案等初步设计。

　　（3）根据设计方案在实地标出线路的基本走向，沿着基本走向进行控制测量，包括平面控制测量和高程控制测量。

　　（4）结合线路工程的需要，沿着基本走向测绘带状地形图或平面图，在指定地点测绘工地地形图（例如桥位平面图）。测图比例尺根据不同工程的实际要求，参考相应的设计及施工规范选定。

　　（5）根据设计图纸把线路中心线上的各类点位测设到地面上，称为中线测量。中线测量包括线路起止点、转折点、曲线主点和线路中心里程桩、加桩等。

　　（6）根据工程需要测绘线路纵断面图和横断面图。比例尺则依据不同工程的实际要求选定。

　　（7）根据线路工程的详细设计进行施工测量。

　　（8）工程竣工后，按照工程实际现状测绘竣工平面图和断面图。

10.1.2　线路测量的基本特点

1. 全线性

　　测量工作贯穿线路工程建设的各个阶段。以公路工程为例，测量工作开始于工程之初，深入于施工的各个点位，公路工程建设过程中时时处处离不开测量技术工作，当工程结束后，还要进行工程的竣工测量及运营阶段的稳定监测。

2. 阶段性

　　这种阶段性既是测量技术本身的特点，也是线路设计过程的需要。体现了线路设计和测量之间的阶段性关系。反映了实地勘察、平面设计、竖向设计与初测、定测、放样各阶段的对应关系。阶段性有测量工作反复进行的含义。

3. 渐近性

线路工程从规划设计到施工、竣工，经历了一个由粗到细的过程，线路工程的完美设计是逐步实现的。完美设计需要勘测与设计的完美结合，设计技术人员要懂测量，测量技术人员要懂设计，完美结合在线路工程建设的过程中实现。

工匠故事

红旗渠精神

红旗渠位于河南省安阳市林州市，是 20 世纪 60 年代林县（今林州市）人民在极其艰难的条件下，从太行山山腰修建的引漳入林的水利工程，被人称为"人工天河"。红旗渠工程于 1960 年 2 月动工，至 1969 年 7 月支渠配套工程全面完成，历时近十年。该工程共削平了 1250 座山头，架设 151 座渡槽，开凿 211 个隧洞，修建各种建筑物 12408 座，挖砌土石达 2225 万 m^3，红旗渠总干渠全长 70.6km（山西石城镇—河南任村镇），干渠支渠分布全市乡镇。红旗渠是全长 1500km，参与修建人数近 10 万，耗时近 10 年的伟大工程。

1998 年 10 月 8 日，时任林县县委书记杨贵同志在《人民日报》上发表文章对红旗渠精神进行了集中的概括："为了人民，依靠人民是红旗渠精神的根本；解放思想，实事求是是红旗渠精神的灵魂；自力更生，艰苦创业是红旗渠精神的具体体现；团结协作，无私奉献是红旗渠精神的有力保障。"红旗渠精神是林州人民和河南人民伟大创业精神的真实写照，这种艰苦奋斗的拼搏精神，激励人们战胜各种困难，创造人间奇迹。红旗渠总设计师吴祖太在接到设计红旗渠的任务后，不畏艰险，翻山越岭，进行实地勘测。期间，他遭遇了母亲病故和妻子救人牺牲的巨大变故，仍没有停下手中的工作，坚持奋斗在红旗渠建设的第一线。1960 年 3 月 28 日下午，吴祖太听说王家庄隧洞洞顶裂缝掉土严重，便深入洞内察看险情，却不幸被洞顶坍塌掉下的巨石砸中，夺去了他年仅 27 岁的生命。

红旗渠精神同延安精神是一脉相承的，是中华民族不可磨灭的历史记忆，永远震撼人心。年轻一代要继承和发扬吃苦耐劳、自力更生、艰苦奋斗的精神，摒弃骄娇二气，像我们的父辈一样把青春热血镌刻在历史的丰碑上。

知识点 2　线路中线测量

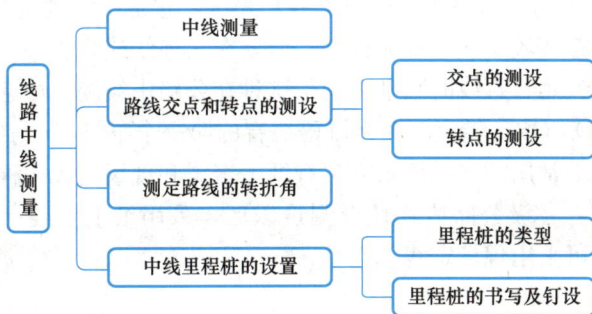

```
                          ┌─ 中线测量
                          │
          线              │                      ┌─ 交点的测设
          路              ├─ 路线交点和转点的测设 ─┤
          中              │                      └─ 转点的测设
          线              │
          测              ├─ 测定路线的转折角
          量              │
                          │                      ┌─ 里程桩的类型
                          └─ 中线里程桩的设置 ────┤
                                                 └─ 里程桩的书写及钉设
```

10.2.1　中线测量

一般来讲，路线以平、直最为理想，但实际上，由于受到地物、地貌、水文、地质及其他因素的限制，路线的平面线形必然有转折，即路线前进的方向发生改变。为了保证行车舒适、安全，并使路线具有合理的线形，在直线转向处必须用曲线连接起来，这种曲线称为平曲线。平曲线包括圆曲线和缓和曲线两种，如图 10-1 所示。圆曲线是具有一定曲率半径的圆的一部分，即一段圆弧。缓和曲线是在直线与圆曲线之间加设的一段特殊的曲线，其曲率半径由无穷大逐渐变化为圆曲线半径。

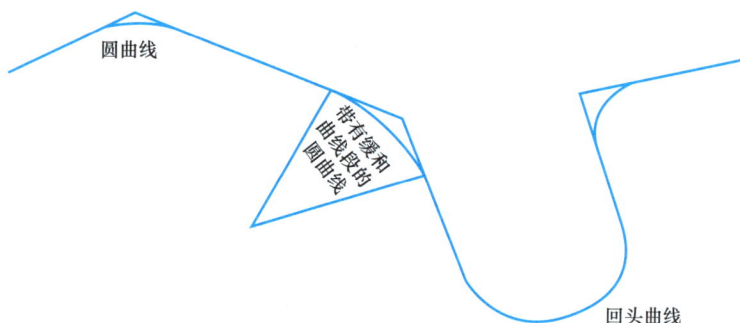

图 10-1　道路中线

由上述分析知，路线中线由直线和平曲线两部分组成。道路中线测量是通过直线和平曲线的测设，将道路中心线的平面位置用木桩具体地标定在现场，并测定路线的实际里程。根据测量的特点，中线测量一般分两组进行：测角组主要测定路线的转角点、转点和转角；中桩组主要通过直线和平曲线的测设，在现场上用木桩标定路线中心线的具体位置，并进行各桩里程的测算。

道路中线测量是公路工程测量中关键性的工作，它是测绘纵、横断面图和平面图的基础。是公路设计、施工和后续工作的依据。

10.2.2　路线交点和转点的测设

要进行道路中线测量，必须先进行定线测量，即在现场上标定转角点和转点。所谓转角点（又称交点）是指路线改变方向时，两相邻直线段延长线的交点，通常以 JD_i（取"交点"两字汉语拼音的第一个字母，i 为编号）表示，它是中线测量的控制点。而转点是指当相邻两交点之间距离较长或互不通视时，需要在其连线或延长线上定出一点或数点以供交点、测角、量距或延长直线时瞄准之用。这种在公路中线测量中起传递方向作用的点称为转点，通常以 ZD_i（取"转点"两字汉语拼音的第一个字母，i 为编号）表示。

目前，公路工程上常用的定线测量方法有纸上定线和现场定线两种。《公路勘测规范》JTG C10—2007 规定：各级公路应在地形测量以后，采用纸上定线；若受条件限制或地形、方案较简单，也可采用现场定线。

1. 交点的测设

（1）放点穿线法。

放点穿线法是纸上定线放样到现场时常用的方法，它是以初测时测绘的带状地形图上就近的导线点为依据，按照地形图上设计的路线与导线之间的角度和距离关系，在实地将路线中线的直线段测设出来，然后将相邻直线延长相交，定出交点桩的位置。具体测设步骤如下。

① 放点。

简单易行的放点方法有支距法和极坐标法两种。在地面上测设路线中线的直线部分，只需定出直线上若干个点，就可确定这一直线的位置。如图 10-2 所示，欲将纸上定出的两段直线 JD_3-JD_4 和 JD_4-JD_5 测设于地面，只需在地面上定 1、2、3、4、5、6 等临时点即可。这些临时点可选择支距点，即垂直于初测导线边、垂足为导线点的直线与纸上所定路线的直线相交的点，如 1、2、4、6 点；亦可选择初测导线边与纸上所定路线的直线相交的点，如 3 点；或选择能够控制中线位置的任意点，如 5 点。为便于检查核对，一条直线应选择三个以上的临时点。这些点一般应选在地势较高、通视良好、距初测导线点较近、便于测设的地方。临时点选定之后，即可在地形图上用比例尺和量角器量取点所用的距离和角度，如图 10-2 中的距离 l_1、l_2、……l_6 和角度 β。然后绘制放点示意图，标明点位和数据以作为放点的依据。

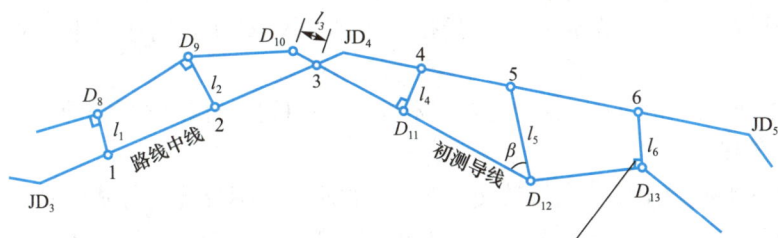

图 10-2　初测导线与纸上所定路线

放点时，在现场找到相应的初测导线点。临时点如果是支距点，可用支距法放点，步骤为：用经纬仪或方向架定出垂线方向，再用皮尺量出支距 l 以定出点位。如果是任意点，则用极坐标法放点，步骤为：将经纬仪安置在相应的导线点上，拨角 β 定出临时点方向，再用皮尺量取 l 定出点位。

上述方法放出的点为临时点，这些点尽可能选在地势较高，通视条件较好的位置，便于测设和后视工作。采用哪种方法测设临时点，既要根据现场地形、地貌等客观情况而定，还要考虑施测方便及为后续工作提供便利。

② 穿线。

由于图解数据和测量误差的影响，在图上同一直线上的各点放测到地面后，一般均不能准确位于同一直线上。图 10-3 为在图纸中某一直线段上选取的 1、2、3、4 点放样到现场的情况，显然所放 4 点是不共线的。这时可根据实地情况，采用目估或经纬仪法穿线，通过比较和选择定出一条尽可能多地穿过或靠近临时点的直线 AB，在 A、B 或其方向线上打下两个或两个以上的方向桩，随即取消临时点，这种确定直线位置的工作称为穿线。

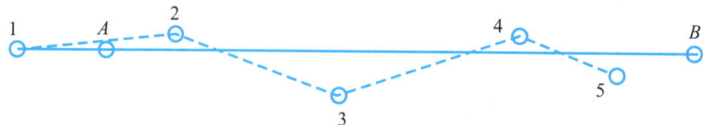

图 10-3　穿线

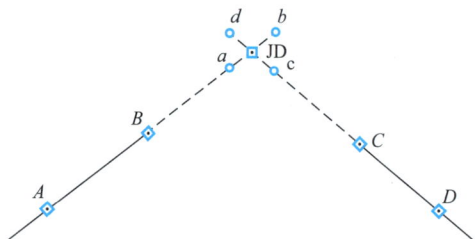

图 10-4　交点

③ 交点。

当相邻两直线 AB、CD 在地面上定出后，即可延长直线进行交会，以定出交点（JD）。如图 10-4 所示，按下述操作步骤进行。

A. 将经纬仪安置于 B 点，盘左瞄准 A 点，倒转望远镜沿视线方向，在交点（JD）的概略前后位置，打下两个木桩，俗称骑马桩，并沿视线方向用铅笔在两桩顶上分别标出 a_1 和 b_1。

B. 盘右仍瞄准 A 点，再倒转望远镜，用与上述同样的方法在两桩顶上标出 a_2 和 b_2 点。

C. 分别取 a_1 与 a_2、b_1 与 b_2 的中点并钉上小钉，得到 a 和 b 两点。

D. 用细线将 a、b 两点连接。

这种以盘左、盘右两个盘位延长直线的方法称为正倒镜分中法。

E. 将仪器置于 C 点，瞄准 D 点，仍按上述 A、B、C 步，同法定出 c 和 d 两点，拉上细线。

F. 在两条细线（ab、cd）相交处打下木桩，并在桩顶钉以小钉，便得到交点（JD）。

（2）拨角放线法。

首先根据地形图量出纸上定线的交点坐标，再根据坐标反算的方式计算相邻交点间的距离和坐标方位角，之后由坐标方位角算出转角。在实地将经纬仪安置于路线中线起点或交点上，拨转角，量距，测设各交点位置。如图 10-5 所示，D_1、D_2……为初测导线点，在 D_1 安置经纬仪（D_1 为路线中线起点），后视并瞄准 D_2，拨角 β_1，量距 S_1，定出 JD_1，再在 JD_1 安置经纬仪，拨角 β_2，量距 S_2，定出 JD_2，用同样的方法依次定出其余交点。

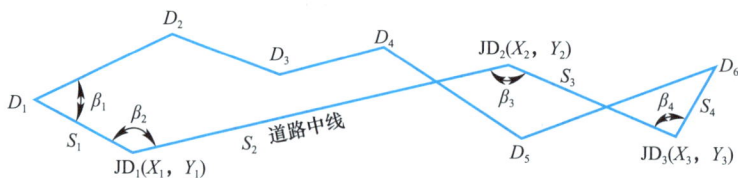

图 10-5　拨角放线法

2. 转点的测设

在路线中线测量时，由于地形起伏或地物阻挡致使相邻交点互不通视时（或者距离较远时），需要在两交点间或其延长线上加一点或数点，供测角、量距延长直线时瞄准之用，这样的点称为转点，一般用 ZD 表示。

（1）在两交点间设置转点。

如图 10-6 所示，JD_5、JD_6 为相邻不通视的两交点，ZD' 为初定转点，为了检核 ZD' 是否在两交点的连线上，安置经纬仪于 ZD'，用正倒镜分中法延长直线 JD_5—ZD' 于 JD_6'，若 JD_6' 与 JD_6 重合或其偏差 f 在容许范围内，则转点位置为 ZD'，可将 JD_6 移至 JD_6'，并在桩顶上钉下小钉表示交点 JD_6 的位置。

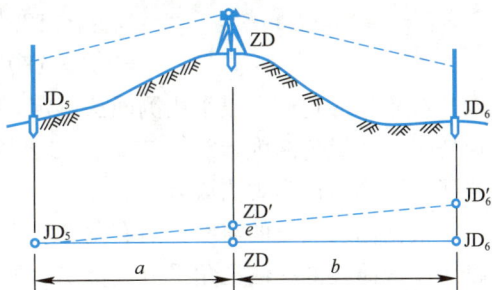

图 10-6　在互不通视的交点间设置转点

当偏差 f 超过容许范围或 JD_6 不允许移动时，只有调整 ZD'。设 e 为 ZD' 应横向移动的距离，a、b 分别为 JD_5—ZD'、ZD'—JD_6 的距离。该距离用视距测量方法测出，则

$$e = \frac{a}{a+b} f \tag{10-1}$$

将 ZD' 沿偏差 f 的相反方向横移 e 至 ZD。将仪器安置于 ZD，延长直线 JD_5—ZD，观察是否通过 JD_6 或偏差值 f 是否小于容许值，否则应重设转点，直至符合要求为止。

（2）在两交点延长线上设置转点。

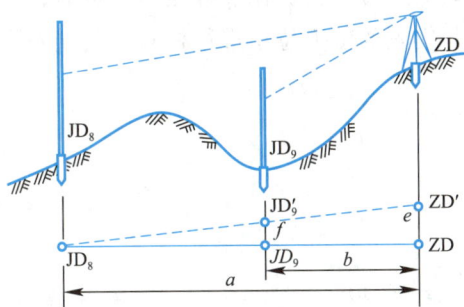

图 10-7　在互不通视的交点的
延长线上设置转点

如图 10-7 所示，JD_8、JD_9 互不通视，ZD' 为延长线上初定的转点，经纬仪安置于 ZD'，盘左瞄准 JD_8，在 JD_9 处定出一点，盘右瞄准 JD_8，在 JD_9 处再定出一点，取两点的中点得 JD_9'。若 JD_9' 与 JD_9 重合或偏差 f 在容许范围内，即可将 JD_9' 作为交点 JD_9，ZD' 作为转点。若 JD_9 不允许移动，应调整 ZD' 的位置，设 e 为 ZD' 需横移的距离，a、b 分别为 JD_8—ZD'、ZD'—JD_9 的距离（用视距法测定），则

$$e = \frac{a}{a-b} \times f \tag{10-2}$$

将 ZD' 沿与 f 相反的方向移动 e，即得到新转点 ZD。在 ZD 安置经纬仪，重复上述方法，直至 f 值小于容许值为止，用木桩将转点 ZD 的位置标定在地面上。

10.2.3　测定路线的转折角

道路中线由一个方向偏转为另一个方向时，偏转后的方向与原方向之间的夹角称为转折角，也称转角或偏角，常以 α 表示。如图 10-8 所示，转角有左、右之分，按路线前进方向，偏转后的方向在原方向的左侧称为左转角，以 $\alpha_左$（α_Z）表示；反之为右转角，以 $\alpha_右$（或 α_Y）表示。在道路中线转弯处，为自置曲线，需要测定转角，通常是观测路线前进方向的右角 $\beta_右$，转角按下式进行计算：

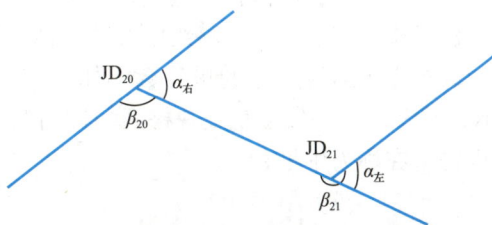

图 10-8　路线的转角和右角

$$当\ \beta < 180° 时，\ \alpha_右 = 180° - \beta$$
$$当\ \beta > 180° 时，\ \alpha_左 = \beta - 180° \tag{10-3}$$

右角 β 的观测一般采用测回法测定，上、下两个半测回角度差根据公路等级而定，高速公路、一级公路为 $\pm 20''$，二级及二级以下的公路为 $\pm 60''$。在容许范围内，可取两个半测回的平均值作为观测成果。

根据曲线测设的需要，当右角 β 测定后，在保持水平度盘位置不变的情况下，需要在路线设置曲线的一侧把角平分线标出。如图 10-9（a）所示，$\beta_右$ 已测定，仪器处于盘左位置，后视读数为 a，前视方向读数为 b，角平分线（分角线）方向度盘读数为 c，则

$$c = b + \frac{\beta}{2} = \frac{a+b}{2} \tag{10-4}$$

测设时，转动仪器的照准部，当水平度盘读数为 $\frac{a+b}{2}$，此时望远镜方向即为分角线方向。在该方向打桩标定，当 $\beta_右$ 大于 $180°$ 时，将 c 加上 $180°$ 作为角平分线的方向，如图 10-9（b）所示。为了保证测角精度，还要进行路线角度闭合差的校核。当路线导线与国家控制点可联测时，可按附合导线的计算方法计算角度闭合差，进行检核和调整。当路线导线与国家控制点无法联测时，以每天测设的距离为一段，每天作业开始与结束时，用罗盘仪测起始边的磁方位角，通过推算的磁方位角与实测的磁方位角进行核对，其误差不超过 $2°$，若超过限度，要查明原因并予以纠正。

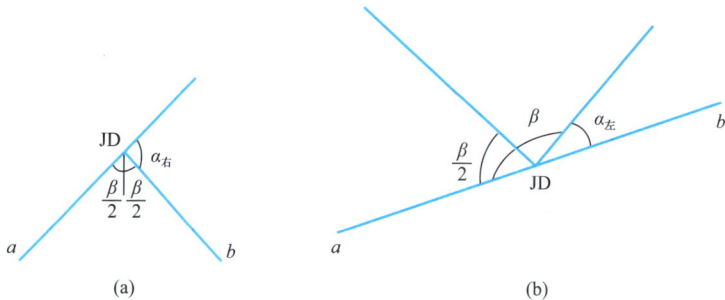

图 10-9　标定角平分线

10.2.4　中线里程桩的设置

为了确定路线中线的具体位置和路线的长度，满足后续纵、横断面测量的需要，以及为以后路线施工放样打下基础，中线测量过程中必须由路线的起点开始每隔一段距离钉设木桩标志，其桩点表示路线中线的具体位置。桩的正面写有桩号，背面写有编号。桩号表示该桩点至路线起点的里程数。如某桩点距路线起点的里程为 2456.257m，则桩号记为 K2+456.257。编号是反映桩间的排列顺序，以 0～9 为一组，循环进行。该桩通常称为里程桩，亦称为中桩。

1. 里程桩的类型
里程桩可分为整桩和加桩两种。

（1）整桩。

在公路中线中的直线段上和曲线段上，其桩距按表 10-1 所列的要求而设的桩称为整

桩。它的里程桩号均为整数，且为要求桩距的整倍数。

整桩间距　　　　　　　　　　　　　　　　表 10-1

直线段			曲线段		
平原微丘区	山岭重丘区	不设超高曲线	$R>60$	$30<R<60$	$R<30$
≤50	≥25	25	20	10	5

在实测过程中，为了测设方便，里程桩号应尽量避免采用破碎桩号，一般宜采用 20m 或 50m 及其倍数。当量距每至一百米及一千米时，要钉设百米桩及公里桩。

（2）加桩。

加桩又分为地形加桩、地物加桩、曲线加桩、地质加桩、断链加桩和行政区域加桩等。

① 地形加桩：沿路线中线在地面起伏突变处、横向坡度变化处以及天然河沟处等均应设置的里程桩。

② 地物加桩：沿路线中线在有人工构造物处（如拟建桥梁、涵洞、隧道、挡土墙等构造物处；路线与其他公路、铁路、渠道、高压线、地下管道等交叉处，拆迁建筑物处，占用耕地及经济林的起、终点处）均应设置的里程桩。

③ 曲线加桩：曲线上设置的起点、中点、终点桩。

④ 地质加桩：沿路线在土质变化处及地质不良地段的起、终点处设置的里程桩。

⑤ 断链加桩：局部改线或事后发现距离错误，或分段测量中假设起点里程等原因，致使路线的里程不连续，桩号与路线的实际里程不一致，这种现象称为"断链"，为说明该情况而设置的桩，称为断链加桩。测量中应尽量避免出现"断链"现象。

⑥ 行政区域加桩：在省、地（市）、县级行政区分界处应设置的里程桩。

⑦ 改建路加桩：在改建公路的变坡点、构造物和路面面层类型变化处应设置的里程桩。加桩应取位至米，特殊情况下可取至 0.1m。

2. 里程桩的书写及钉设

对于中线控制桩，如路线起点桩、终点桩、公里桩、交点桩、转点桩、大中桥位桩以及隧道起终点等重要桩，一般采用尺寸为 5cm×5cm×30cm 的方桩；其余里程桩一般多用 (1.5～2)cm×5cm×25cm 的板桩。

（1）里程桩的书写。

所有中桩均应写明桩号和编号，在桩号书写时，除百米桩、公里桩和桥位桩要写明公里数外，其余桩可不写。另外，对于交点桩、转点桩及曲线基本桩，还应在桩号之前标明桩名（一般标其缩写名称）。目前，我国公路工程中的桩名采用汉语拼音的缩写名称，如表 10-2 所示。

线路主要桩名称表　　　　　　　　　　　　表 10-2

标志桩名称	简称	汉语拼音缩写	英文缩写	标志桩名称	简称	汉语拼音缩写	英文缩写
转角点	交点	JD	IP	公切点	—	GQ	CP
转点	—	ZD	TP	第一缓和曲线起点	直缓点	ZH	TS
圆曲线起点	直圆点	ZY	BC	第一缓和曲线终点	缓圆点	HY	SC
圆曲线中点	曲中点	QZ	MC	第二缓和曲线起点	圆缓点	YH	CS
圆曲线终点	圆直点	YZ	EC	第二缓和曲线终点	缓直点	HZ	ST

为了便于后续工作找桩和避免漏桩，所有中桩都应在桩的背面编写编号，以 0～9 为一组，循环进行排列。

桩志一般用红色油漆或记号笔书写（在干旱地区或即将施工的路线也可用墨汁书写），书写字迹应工整醒目，一般应写在桩顶以下 5cm 范围内并沿路线前进方向，否则标志将被埋于地面以下而无法判别里程桩号。

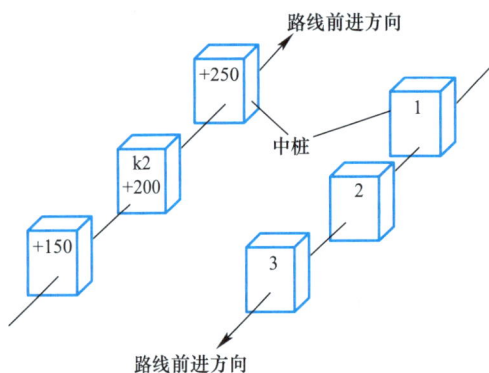

图 10-10　桩号与编号方向

（2）钉桩。

新线桩打桩时，不要露出地面太高，一般以 5cm 左右能露出桩号为宜。钉设时将桩号面向路线起点方向，使编号朝向前进方向，如图 10-10 所示。为便于对点，桩顶需钉入一小铁钉。

改建桩位于旧路上时，由于路面坚硬，不宜采用木桩，此时常采用大帽钢钉。钉桩时一律使打桩路线沿着前进方向并与地面齐平，然后在路旁一侧打上指示桩，桩上注明距中线的横向距离及其桩号，并以箭头指示中桩位置。在直线上，指示桩应钉在路线的同一侧；交点桩的指示桩应钉在圆心和交点连线方向的外侧，字面朝向交点；曲线主点桩的指示桩均应钉在曲线的外侧，字面朝向圆心。遇到岩石地段无法钉桩时，应在岩石上凿刻"⊕"标记，表示桩位并在其旁边写明桩号、编号等。在潮湿或有虫蚀的地区，特别是近期不施工的路线，对重要桩位（如路线起、终点、交点、转点等）可改埋混凝土桩，以利于桩的长期保存。

知识点 3　圆曲线测设

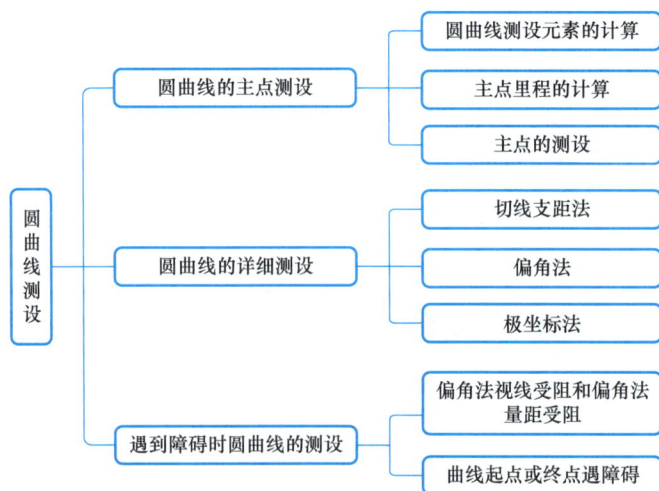

　　圆曲线又称单曲线，是指具有一定半径的圆的一部分（即一段圆弧线），是路线转向常用的一种曲线形式。圆曲线的测设一般分以下两步进行。

　　第一步，先测设曲线的主点，称为圆曲线的主点测设，即测设曲线的起点（又称为直圆点，通常以缩写 ZY 表示）、中点（又称为曲中点，通常以缩写 QZ 表示）和曲线的终点（又称为圆直点，通常以缩写 YZ 表示）。

　　第二步，在已测定的主点之间进行加密，按规定桩距测设曲线上的其他各桩点，称为曲线的详细测设。

10.3.1　圆曲线的主点测设

1. 圆曲线测设元素的计算

　　如图 10-11 所示，设交点（JD）的转角为 α，假定在此所设的圆曲线半径为 R，则曲线的测设元素为：切线长 T、曲线长 L、外距 E 和切曲差 D，可按下列公式计算：

$$\left.\begin{array}{l} T = R \cdot \tan\dfrac{\alpha}{2} \\[2mm] L = R \cdot \alpha \cdot \dfrac{\pi}{180°} \\[2mm] E = \dfrac{R}{\cos\dfrac{\alpha}{2}} - R = R\left(\sec\dfrac{\alpha}{2} - 1\right) \\[2mm] D = 2T - L \end{array}\right\} \quad (10\text{-}5)$$

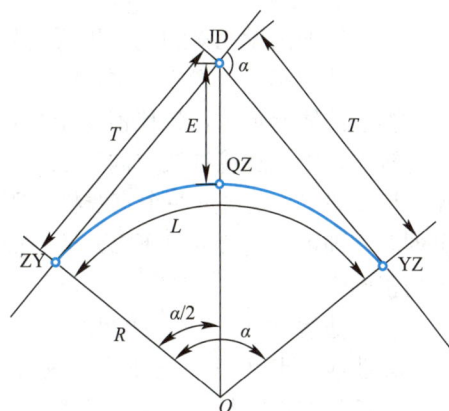

图 10-11　圆曲线的主点测设

2. 主点里程的计算

　　交点（JD）的里程由中线丈量中得到，根据交点的里程和计算的曲线测设元素，即可计算出各主点的里程。由图 10-11 可知：

$$\left\{\begin{array}{l} ZY\text{ 里程} = JD\text{ 里程} - T \\[2mm] YZ\text{ 里程} = ZY\text{ 里程} + L \\[2mm] QZ\text{ 里程} = YZ\text{ 里程} - L/2 \\[2mm] JD\text{ 里程} = QZ\text{ 里程} + D/2（校核） \end{array}\right. \qquad\qquad \begin{array}{r} JD\text{ 里程} \\ -T \\ \hline ZY\text{ 里程} \\ +L \\ \hline YZ\text{ 里程} \\ -L/2 \\ \hline QZ\text{ 里程} \\ +D/2 \\ \hline JD\text{ 里程} \end{array} \qquad (10\text{-}6)$$

　　【例 10-1】　已知某 JD 的里程为 K2＋968.43，测得转角 $\alpha_v = 34°12'$，圆曲线半径 $R = 200$m，求曲线测设元素及主点里程。

　　解：

　　由公式（10-5）代入数据计算得：$T = 61.53$m；$L = 119.38$m；$E = 9.25$m；$D = 3.68$m。主点里程的计算由公式（10-6）得：

JD 里程	K2＋968.43
−T	−61.53
ZY 里程	K2＋906.90
＋L	＋119.38
YZ 里程	K3＋026.28
−L/2	−59.69
QZ 里程	K2＋966.59
＋D/2	＋1.84
JD 里程	K2＋968.43

3. 主点的测设

圆曲线的测设元素和主点里程计算出后，便可按下述步骤进行主点测设。

（1）曲线起点（ZY）的测设。

测设曲线起点时，将仪器置于交点 i（JD_i）上，望远镜照准后一交点 JD_{i-1} 或此方向上的转点，沿望远镜视线方向量取切线长 T，得曲线起点 ZY，暂时插一测钎标志。然后用钢尺丈量 ZY 至最近一个直线桩的距离，如两桩号之差等于所丈量的距离或差值在容许范围内，即可在测钎处打下 ZY 桩。如超出容许范围，应查明原因并重新测设，以确保桩位的正确性。

（2）曲线终点（YZ）的测设。

在曲线起点（ZY）的测设完成后，转动望远镜，照准前一交点 JD_{i+1} 或此方向上的转点，往返量取切线长 T，得曲线终点（YZ），打下 YZ 桩即可。

（3）曲线中点（QZ）的测设。

测设曲线中点时，可自交点 i（JD_i）沿分角线方向量取外距 E，打下 QZ 桩即可。

10.3.2 圆曲线的详细测设

在圆曲线的主点设置后，即可进行详细测设。详细测设所采用的桩距 l_0 与曲线半径 R 有关，一般按表 10-2 的规定取用。

按桩距 l_0 在曲线上设桩，通常有两种方法：

（1）整桩号法。

将曲线上靠近起点（ZY）的第一个桩的桩号凑整成为 l_0 倍数的整桩号，且与 ZY 点的桩距小于 l_0，然后按桩距 l_0 连续向曲线终点 YZ 设桩。这样设置的桩号均为整数。

（2）整桩距法。

从曲线起点 ZY 和终点 YZ 开始，分别以桩距 l_0 连续向曲线中点 QZ 设桩。由于这样设置的桩号一般为破碎桩号，因此，在实测中应注意加设百米桩和公里桩。

目前公路中线测量中一般均采用整桩号法。

圆曲线的详细测设方法很多，下面仅介绍三种常用方法。

1. 切线支距法

切线支距法又称直角坐标法，是以曲线的起点 ZY（对于前半曲线）或终点 YZ（对于后半曲线）为坐标原点，以过曲线的起点 ZY 或终点 YZ 的切线为 x 轴，过原点的半径为 y 轴，按曲线上各点坐标设置曲线上各点的位置。

如图 10-12 所示，设 P_i 为曲线上欲测设的点位，该点至 ZY 点或 YZ 点的弧长为 l_i，ϕ_i 为 l_i 所对的圆心角，R 为圆曲线半径，则 P_i 点的坐标按下式计算：

$$\begin{cases} x_i = R \cdot \sin\phi_i \\ y_i = R \cdot (1 - \cos\phi_i) = x_i \cdot \tan(\phi_i/2) \end{cases}$$

(10-7)

式中，$\phi_i = l_i/R\,(\mathrm{rad})$。　　　　(10-8)

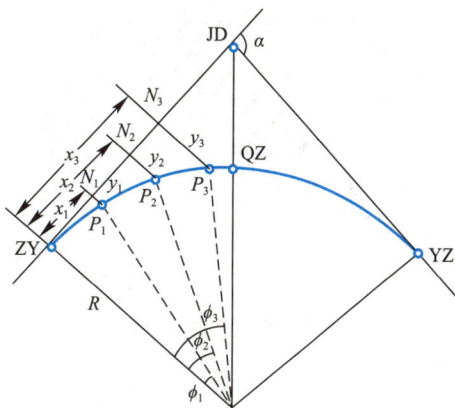

图 10-12　切线支距法详细测设圆曲线

【例 10-2】　若采用切线支距法，并按整桩号设桩，试计算各桩坐标。

解：【例 10-1】中已计算出主点里程（ZY 里程、QZ 里程、YZ 里程），在此基础上按整桩号法列出详细测设的桩号，并计算其坐标。具体计算见表 10-3。

切线支距法坐标计算表　　　　　　　　　　　　表 10-3

桩号	桩点至曲线起（终）点的弧长 l（m）	横坐标 x_i（m）	纵坐标 y_i（m）
ZY 桩：K2+906.90	0	0	0
+920	13.10	13.09	0.43
+940	33.10	32.95	2.73
+960	53.10	52.48	7.01
QZ 桩：K2+966.59	59.69	58.81	8.84
+980	46.28	45.87	5.33
K3+000	26.28	26.20	1.72
+020	6.28	6.28	0.10
YZ 桩：K3+026.28	0	0	0

利用切线支距法详细测设圆曲线时，为了避免支距过长，一般是由 ZY 点和 YZ 点分别向 QZ 点施测，其测设步骤如下。

（1）从 ZY 点（或 YZ 点）用钢尺或皮尺沿切线方向量取 P_i 点的横坐标 x_i，得垂足点 N_i。

（2）在垂足点 N_i 上，用方向架或经纬仪定出切线的垂直方向，沿垂直方向量出 y_i，即得到待测定点 P_i。

（3）曲线上各点测设完毕后，应量取相邻各桩之间的距离，并与相应的桩号之差作比较，若较差均在限差之内，则曲线测设合格；否则应查明原因，予以纠正。

这种方法适用于平坦、开阔的地区，具有测点误差不累积的优点。

2. 偏角法

偏角法是以曲线起点（ZY）或终点（YZ）至曲线上待测设点 P_i 的弦线与切线之间的弦切角（这里称为偏角）Δ_i 和弦长 c_i 来确定 P_i 点的位置。

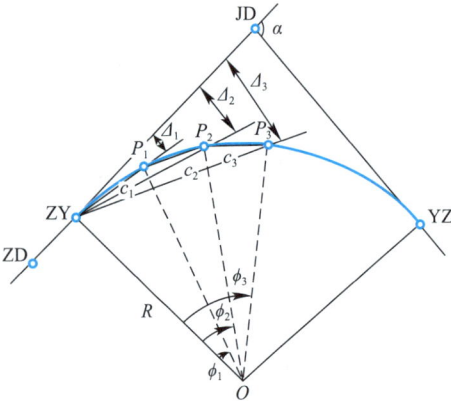

图 10-13　偏角法详细测设圆曲线

如图 10-13 所示，根据几何原理，偏角 Δ_i 等于相应弧长所对的圆心角 ϕ_i 的一半，即 $\Delta_i = \phi_i/2$。结合式（10-8），则

$$\Delta_i = \frac{l_i}{2R}(\text{rad}) = \frac{l_i}{R}\frac{90°}{\pi} \qquad (10-9)$$

式中，l_i——P_i 点至 ZY 点（或 YZ 点）的曲线长度。

弦长 c 可按下式计算。

$$c = 2R\sin\frac{\phi_i}{2} = 2R\sin\Delta_i \qquad (10-10)$$

【例 10-3】　仍以【例 10-1】为例，采用偏角法按整桩号设桩，计算各桩的偏角和弦长。

解：

设曲线由 ZY 点向 YZ 点测设，计算内容及结果见表 10-4。

偏角法详细测设圆曲线测设数据计算表　　　　　　　　　　表 10-4

桩号	桩点至 ZY 点的曲线长 l_i（m）	偏角值 Δ_i（°′″）	长弦 C_i（m）	短弦 c_i（m）
ZY 桩：K2+906.90	0.00	00 00 00	0	0
+920	13.10	1 52 35	13.10	13.10
+940	33.10	4 44 28	33.06	19.99
+960	53.10	7 36 22	52.94	19.99
QZ 桩：K2+966.59	59.69	8 33 00	59.47	6.59
+980	73.10	10 28 15	72.69	13.41
K3+000	93.10	13 20 08	92.26	19.99
+020	113.10	16 12 01	111.60	19.99
YZ 桩：K3+026.28	119.38	17 06 00	117.62	6.28

注：①用公式 $\Delta_i = l_i/(2R)$（rad）计算的偏角单位为弧度，应将其换算为度、分、秒；②表中长弦指桩点至曲线起点（ZY）的弦长；③短弦指相邻两桩点间的弦长。

测设方法如下：用偏角法详细测设圆曲线的细部点，因测设距离的方法不同，分为长弦偏角法和短弦偏角法两种。前者测量测站至细部点的距离（长弦 C_i），适合采用经纬仪加测距仪（或用全站仪）；后者测量相邻细部点之间的距离（短弦 c_i），适合采用经纬仪加钢尺。仍按上例，具体测设步骤如下。

（1）安置经纬仪（或全站仪）于曲线起点（ZY）上，盘左瞄准交点（JD），将水平盘读数设置为 $0°00'00''$。

（2）水平转动照准部，使水平度盘读数为 K2+920 桩的偏角值 $\Delta_1 = 1°52'35''$，然后，从 ZY 点开始，沿望远镜视线方向量测出弦长 $C_1 = 13.10$m，定出 P_1 点，即为 K2+920 的桩位。

（3）再继续水平转动照准部，使水平度盘读数为：K2＋940 桩的偏角值 $\Delta_2 = 4°44'28''$，从 ZY 点开始，沿望远镜视线方向量测长弦 $C_2 = 33.06m$，定出 P_2 点；或从 P_1 点测设短弦 $c_2 = 19.99m$，与水平度盘读数为偏角 Δ_2 时的望远镜视线方向相交而定出 P_2 点。以此类推，测设 P_3，P_4，……直至 YZ 点。

（4）测设至曲线终点（YZ）以检核，继续水平转动照准部，使水平度盘读数为 $\Delta_{YZ} = 17°06'00''$，从 ZY 点开始，沿望远镜视线方向量测出长弦 $C_{YZ} = 117.62m$，或从 K3＋020 桩测设短弦 $c = 6.28m$，定出一点。此点如果与 YZ 不重合，其闭合差应符合表 10-5 所列规定。

曲线测量闭合差　　　　　　　　　　　　　　　表 10-5

公路等级	纵向闭合差		横向闭合差（cm）		曲线偏角闭合差（"）
	平原微丘区	山岭重丘区	平原微丘区	山岭重丘区	
高速公路、一级公路	1/2000	1/1000	10	10	60
二级及二级以下公路	1/1000	1/500	10	15	120

另外，也可按 Δ_{YZ} 和 C_{YZ} 测设曲线中点（QZ）作为检核。

上例路线为右转角，当路线为左转时，由于经纬仪的水平度盘注记为顺时针增加，则偏角增大，而水平度盘的读数是减小的。此时应查表中的数据，采用经纬仪角度反拨的方法，即经纬仪安置于 ZY 点上，瞄准 JD，使水平度盘的读数为 $00°00'00''$（亦可理解为 $360°00'00''$），则瞄准 K2＋920 桩时，需拨偏角 $\Delta_1 = 01°52'35''$，此时水平度盘的读数应为 $358°07'25''$（由 $360°00'00'' - 01°52'35''$ 得到），此拨角法称为角度反拨。依此类推拨出其他桩的偏角进行测设。

偏角法不仅可以在 ZY 点上安置仪器测设曲线，而且还可在 YZ 或 QZ 点上安置仪器进行测设。也可以将仪器安置在曲线任一点上测设。这是一种测设精度较高、适用性较强的常用方法。但在用短弦偏角法时存在测点误差累积的缺点，所以宜采取从曲线两端向中点或自中点向两端测设曲线的方法。

3. 极坐标法

用极坐标法进行圆曲线的详细测设，适合用全站仪进行测设。全站仪可以安置在任何已知点上，如已知坐标的控制点、路线上的交点、转点等，且测设速度快、精度高。由于全站仪在公路工程测量中的普及，目前该方法在公路勘测中已被广泛应用。

用极坐标法测设曲线的测设数据主要是计算圆曲线主点和细部点的坐标，然后根据测站点和主点或细部点之间的坐标，反算出测站至待测点的直线方位角和两点间的平距，依据计算出的方位角和平距进行测设，其操作步骤如下。

（1）圆曲线主点坐标计算。

如图 10-13 所示，若已知 ZD 和 JD 的坐标，则可按公式 $\alpha_{12} = \arctan \dfrac{y_2 - y_1}{x_2 - x_1}$ 计算出第一条切线（图中的 ZY-JD 方向线）的方位角；再由路线的转角（或右角）推算出第二条切线（图中的 JD-YZ 方向线）和分角线的方位角。

根据交点坐标、切线方位角和切线长，计算出圆曲线起点（ZY）和终点（YZ）的坐标；根据交点坐标、分角线方位角和外距计算出曲线中点（QZ）的坐标。

【例 10-4】 在【例 10-1】的条件下，如图 10-13 所示，设 ZD 的坐标为：$x_1=6795.454$m，$y_1=5565.901$m；JD 的坐标为：$x_2=6848.320$m，$y_2=5634.240$m，试计算圆曲线主点的坐标（保留两位小数）。

解：

第一条切线，即 ZY-JD 的方向线的方位角为

$$\alpha_1=\arctan\frac{y_2-y_1}{x_2-x_1}=\arctan\frac{5634.240-5565.901}{6848.320-6795.454}=52°16'30''$$

第二条切线，即 JD-YZ 的方向线的方位角为

$$\alpha_2=\alpha_1+\alpha_Y=52°16'30''+34°12'=86°28'30''$$

分角线方向的方位角计算如下：

首先计算分角线（JD-O）与第一条切线（ZY-JD）的夹角：

$$\beta'=\frac{\beta}{2}=\frac{180°-34°12'}{2}=72°54'$$

据此可由公式求得分角线方向（JD-O 的方向）的方位角为

$$\alpha_3=\alpha_1+180°-72°54'=52°16'30''+180°-72°54'=159°22'30''$$

圆曲线主点坐标计算如下。

当两点连线的方位角和两点间的距离已知时，可根据式 $\begin{cases}\Delta x_{ij}=D_{ij}\cdot\cos\alpha_{ij}\\\Delta y_{ij}=D_{ij}\cdot\sin\alpha_{ij}\end{cases}$ 求得坐标增量，然后根据公式由坐标增量求得点的坐标。主点坐标计算结果如下：

ZY 点：

$$x_{ZY}=x_2+T\cdot\cos(\alpha_1+180°)=6810.67(\text{m})$$

$$y_{ZY}=y_2+T\cdot\sin(\alpha_1+180°)=5585.57(\text{m})$$

YZ 点：

$$x_{YZ}=x_2+T\cdot\cos\alpha_2=6852.10(\text{m})$$

$$y_{YZ}=y_2+T\cdot\sin\alpha_2=5695.65(\text{m})$$

QZ 点：

$$x_{QZ}=x_2+E\cdot\cos\alpha_3=6839.66(\text{m})$$

$$y_{QZ}=y_2+E\cdot\sin\alpha_3=5637.50(\text{m})$$

（2）圆曲线细部点坐标计算。

由已计算出的第一条切线的方位角 α_1 和各待测设桩点的偏角 Δ_i，计算出曲线起点（ZY）至各待测定桩点 P_i，方向线的方位角；再由 ZY 点到各桩点的长弦长，计算出各待测设桩点的坐标。

已知条件如【例 10-4】，按整桩号法设桩计算各桩点的坐标（保留两位小数）。

计算方法类似于【例 10-4】中的主点坐标计算，在计算过程中，首先应计算出各待测设桩点与第一条切线的夹角及其到 ZY 点的距离，即偏角法中该桩点的偏角 Δ_i 及其长弦长。细部点坐标计算结果见表 10-6。

细部点坐标计算　　　　　　　　　表 10-6

桩号	偏角（° ′ ″）	方位角（° ′ ″）	长弦（m）	细部点坐标（m）	
				x	y
ZY桩：K2+906.90	00 00 00	52 16 30	—	6810.67	5587.57
+920	1 52 35	54 09 05	13.10	6818.34	5596.19
+940	4 44 28	57 00 58	33.06	6828.67	5613.30
+960	7 36 22	59 52 52	52.94	6837.24	5631.36
QZ桩：K2+966.59	8 33 00	60 49 30	59.47	6839.66	5637.50
+980	10 28 15	62 44 45	72.69	6843.96	5650.19
K3+000。	13 20 08	65 36 38	92.26	6848.77	5669.60
+020	16 12 01	68 28 31	111.60	6851.62	5689.39
YZ桩：K3+026.28	17 06 00	69 22 30	117.62	6852.10	5695.65

（3）测设数据的计算。

测设细部点时，全站仪可以安置在任意一个已知坐标的点上，根据设置测站的坐标和待测设桩点的坐标，计算测站点到待测设桩点的方位角和平距，用全站仪测设桩点，具体测设方法不再赘述。

10.3.3　遇到障碍时圆曲线的测设

曲线测设时，由于地形条件复杂，受地物或其他条件的限制，使得曲线测设不能按一般方法进行，必须根据现场的具体情况，提出解决方法。

1. 偏角法视线受阻和偏角法量距受阻

（1）偏角法视线受阻。

如图 10-14 所示，从 A 点（ZY）测完 P_3 点后，欲测 P_4 点时视线遇障碍，无法从 A 点测设。这时有两种解决方法。

① 利用同一弧段两端弦切角（偏角）相等的原理，将已测定的 P_3 点作为转点，在 P_3 点安置经纬仪，后视 A 点的度盘读数对准 A 的偏角值为 00°0′00″或 360°−Δ_A。倒转望远镜，将度盘对准 Δ_A，视线为 $P_3 P_4$ 方向，沿视线方向丈量弦 c，即可得 P_4 桩点。此后仍用原偏角累积数，勿需另算，直至最后测完。

② 利用同一弧段的弦切角和圆周角相等的原理，在曲线上将任一点例如曲中点 C 作为转点，在 C 点安置经纬仪，后视 A 点，使度盘读数对 A 点的偏角值为 00°0′00″或 360°−Δ_A。转动准照部，使度盘读数为 Δ_A，从 P_3 点丈量的弦长 c 与视线方向相交定出 P_4 点。同理，度盘对准原计算的各偏角累积值，与

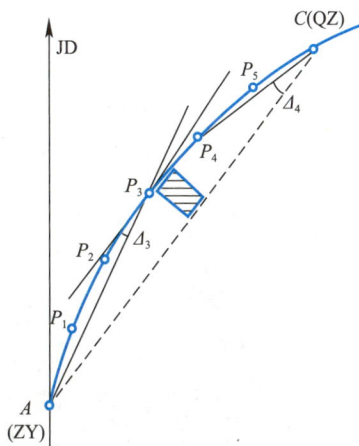

图 10-14　偏角法视线受阻

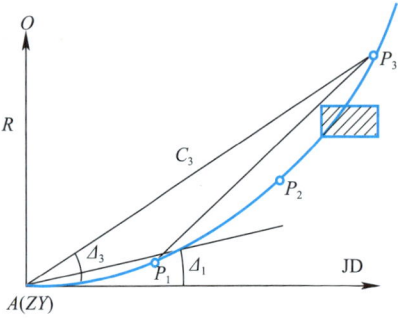

图 10-15 偏角法量距所限

依次各相应点丈量的弦长相交，可测设各桩点。

（2）偏角法量距受阻。

如图 10-15，曲线上 P_2 至 P_3 点间遇到障碍物，P_2P_3 弦长无法丈量，因而 P_3 点不能确定。可在 A 点（或 P_1 点）安置经纬仪，拨出相应的偏角值，弦长可从 A 丈量，满足 $AP_3 = 2R\sin\Delta_B$，也可以从 P_1 丈量，满足 $P_1P_3 = 2R\sin(\Delta_3 - \Delta_1)$，或者从曲线表中直接查得 AP_3、P_1P_3 的弧弦差，换算其弦长并定出 P_3 点。

2. 曲线起点或终点遇障碍

曲线测设时，若其起点或终点因地形、地物限制，里程不能直接测得，也不能在其上安置仪器进行详细测设时，可按下述方法进行。

如图 10-16 所示，曲线起点在建筑物内或落在水中，致使 JD 处无法测转角，交点里程无法确定，遇到此类似情况时，可采用绕过建筑物的方法确定交点里程。

① 如图 10-16（a）所示，在切线方向上选一点 F_3，用经纬仪在 F_3 测 60°角，以任选长度 l 为边长，设置正三角形，交切线于 F_1 点，则 $F_1F_3 = l$。丈量 F_3 至交点距离，当 F_1 里程测定后，加上 F_1、F_3 之距离和，再加上 F_3 至交点的距离，得到交点里程。在交点安置仪器，以 F_3 为后视点测得转角。计算曲线测设元素之后，起点里程随之可得，用切线支距法可测设各辅助点。

② 如图 10-16（b）所示，起点 A 落在河中，通视但里程不能确定。在切线 CA 方向上选一点 D，先从 C 点向 YZ 方向丈量切线长 T 确定 B（YZ）点，在 B 点安置仪器，测出 β_2，则：

$$\beta_1 = \alpha - \beta_2$$
$$CD = \frac{T\sin\beta_2}{\sin\beta_1} \qquad\qquad (10\text{-}11)$$
$$AD = CD - T$$

(a)

(b)

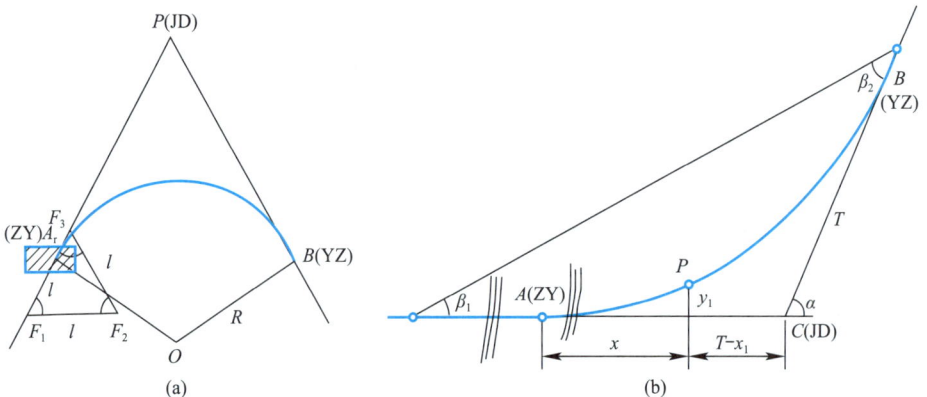

图 10-16 曲线起点或终点遇障碍

当 D 点里程测定后，加上距离 AD 可得 ZY 点的里程。若采用切线测距法测设辅点

P_i 时，从 JD 起丈量 $(T-x_i)$，定出 P_i 点在切线上的垂线方向，再从垂足定出垂线方向，在垂线上丈量 y_i，便可测设各辅点桩。

知识点 4　综合曲线的测设（缓和曲线）

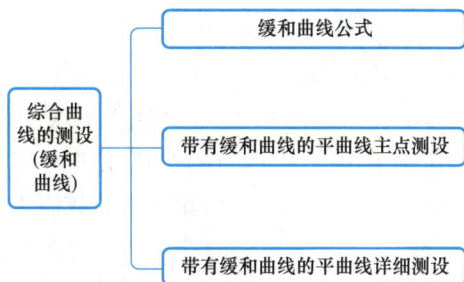

综合曲线的测设（缓和曲线）
- 缓和曲线公式
- 带有缓和曲线的平曲线主点测设
- 带有缓和曲线的平曲线详细测设

车辆在行驶过程中，当从直线驶入圆曲线时，由力学知识可知车辆将产生离心力，由于离心力的作用，车辆有向曲线外侧倾倒的趋势。这使得其安全性和舒适感受到一定的影响。为了减少离心力的影响，曲线段的路面要做成外侧高，内侧低，呈单向横坡形式，即弯道超高。超高不能在直线进入曲线段或曲线进入直线段突然出现或消失，以免使路面出现台阶，引起车辆震动，产生更大的危险。因此，超高必须在一段长度内逐渐增加或减少，在直线段与圆曲线段之间插入一段半径由无穷大逐渐减少至圆曲线半径 R（或在圆曲线段与直线段间插入一段由圆曲线半径 R 逐渐增大至无穷大）的曲线，这种曲线称为缓和曲线。带有缓和曲线的平曲线，其基本形式由三部分组成，如图 10-17 所示，即由直线终点到圆曲线起点的缓和段，称为第一缓和段；由圆曲线起点到圆曲线终点的单曲线段；以及由圆曲线终点到下一段直线起点的缓和段，称为第二缓和段。因此，带有缓和曲线的平曲线的基本线形的主点有直缓点（ZH）、缓圆点（HY）、曲中点（QZ）、圆缓点（YH）和缓直点（HZ）。

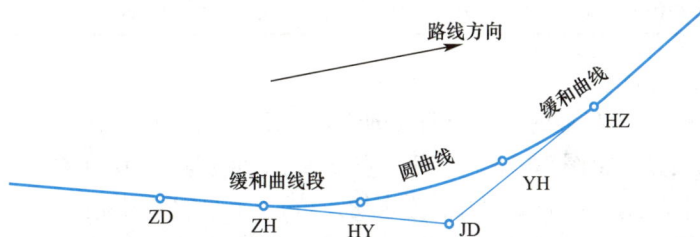

图 10-17　带有缓和曲线的平曲线基本线形

我国交通运输部颁布实施的《公路工程技术标准》JTG B01—2014 中规定：缓和曲线采用回旋曲线，亦称辐射螺旋线。

下面介绍带有缓和曲线的平曲线的基本线形测设数据计算与测设方法。

10.4.1 缓和曲线公式

1. 基本公式

如图 10-18 所示，回旋线是曲率半径 ρ 随曲线长度的增大而成反比地均匀减小的曲线，即在回旋线上，任一点的曲率半径 ρ 为

$$\rho = \frac{c}{l}$$

或

$$c = \rho \cdot l \tag{10-12}$$

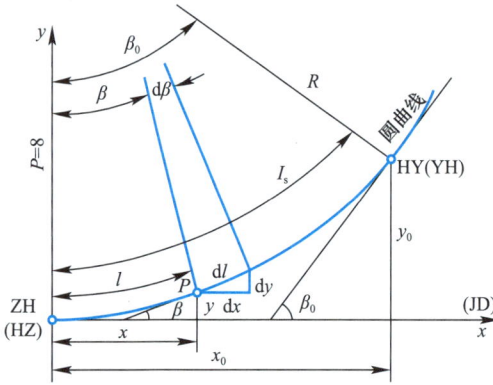

图 10-18　缓和曲线

式中，c 为常数，表示缓和曲线曲率半径 ρ 的变化率，与行车速度有关，目前我国公路采用的数值为：$c = 0.035v^3$（v 为计算行车速度，以 km/h 为单位）。

而在曲线上，c 值又可按以下方法确定。在第一缓和曲线终点即 HY 点（或第二缓和曲线起点 YH 点）的曲率半径等于圆曲线半径 R，即 $\rho = R$，该点的曲线长度即是缓和曲线的全长 l_s，由式（10-12）可得

$$c = R \cdot l_s \tag{10-13}$$

因 $c = 0.035v^3$，故缓和曲线的全长为 $l_s = \dfrac{0.035v^3}{R}$

我国交通运输部颁布实施的《公路工程技术标准》JTG B01—2014 中规定：当公路平曲线半径小于不设超高的最小半径时，应设缓和曲线。缓和曲线采用回旋曲线。缓和曲线的长度应根据其计算行车速度求得，并尽量采用大于表 10-7 所列数值。

各级公路缓和曲线最小长度　　　　　　　表 10-7

公路等级	高速公路				一级		二级		三级		四级	
计算行车速度（km/h）	120	100	80	60	100	60	80	40	60	30	40	20
缓和曲线最小长度（m）	100	85	70	50	85	50	70	35	50	25	35	20

2. 切线角公式

缓和曲线上任一点 P 处的切线与曲线的起点（ZY）或终点（HZ）切线的交角 β，称为缓和曲线的切线角。由图 10-18 知，任一点 P 处的切线角 β 与缓和曲线上该点至曲线起点或终点的曲线长所对的中心角相等。为求切线角 β，可在曲率半径为 ρ 的 P 点处取一微分弧段 $\mathrm{d}l$，其所对应的中心角 $\mathrm{d}\beta$ 为

$$\mathrm{d}\beta = \frac{\mathrm{d}l}{\rho} = \frac{l \cdot \mathrm{d}l}{c} \tag{10-14}$$

积分并根据式（10-13）得

$$\beta = \frac{l^2}{2c} = \frac{l^2}{2Rl_s} (\mathrm{rad}) \tag{10-15}$$

$$\beta = \frac{l_s}{2R}(\text{rad})$$

当 $l = l_s$ 时，则缓和曲线全长 l_s，所对应中心角即为缓和曲线的切线角，亦称为缓和曲线角，用 β_0 表示，此时式（10-15）表示为

$$\beta_0 = \frac{l_s}{2R}(\text{rad}) \tag{10-16}$$

以角度表示为

$$\beta_0 = \frac{l_s}{2R} \times \frac{180°}{\pi} \tag{10-17}$$

如图 10-18 所示，设以缓和曲线的起点（ZH 点）为坐标原点，以过 ZH 点的切线为 x 轴，半径方向为 y 轴，缓和曲线上任一点 P 的坐标为（x，y），仍在 P 点处取一微分弧段 $\mathrm{d}l$，由图可知，微分弧段在坐标轴上的投影为：

$$\begin{cases} \mathrm{d}x = \mathrm{d}l \cdot \cos\beta \\ \mathrm{d}y = \mathrm{d}l \cdot \sin\beta \end{cases} \tag{10-18}$$

将式中 $\cos\beta$、$\sin\beta$ 按级数展开为

$$\cos\beta = 1 - \frac{\beta^2}{2!} + \frac{\beta^4}{4!} - \cdots$$

$$\sin\beta = \beta - \frac{\beta^3}{3!} + \frac{\beta^5}{5!} - \cdots$$

结合式（10-15），则式（10-18）可写成

$$\mathrm{d}x = \left[1 - \frac{1}{2}\left(\frac{l^2}{2Rl_s}\right)^2 + \frac{1}{24}\left(\frac{l^2}{2Rl_s}\right)^4 - \cdots \right]\mathrm{d}l$$

$$\mathrm{d}y = \left[\frac{l^2}{2Rl_s} - \frac{1}{6}\left(\frac{l^2}{2Rl_s}\right)^3 + \frac{1}{1200}\left(\frac{l^2}{2Rl_s}\right)^5 - \cdots \right]\mathrm{d}l$$

积分后略去高次项得

$$\begin{cases} x = l - \dfrac{l^5}{40R^2 l_s^2} \\ y = \dfrac{l^3}{6Rl_s} - \dfrac{l^7}{336R^3 l_s^3} \end{cases} \tag{10-19}$$

式（10-19）称为缓和曲线的参数方程。

当 $l = l_s$ 时，则第一缓和曲线的终点（HY）的直角坐标为

$$\begin{cases} x_0 = l_s - \dfrac{l_s^3}{40R^2} \\ y_0 = \dfrac{l_s^2}{6R} - \dfrac{l_s^4}{336R^3} \end{cases} \tag{10-20}$$

10.4.2　带有缓和曲线的平曲线主点测设

1. 内移值 p 和切线增长值 q 的计算

如图 10-19 所示，当圆曲线加设缓和曲线段后，为使缓和曲线起点与直线段的终点相

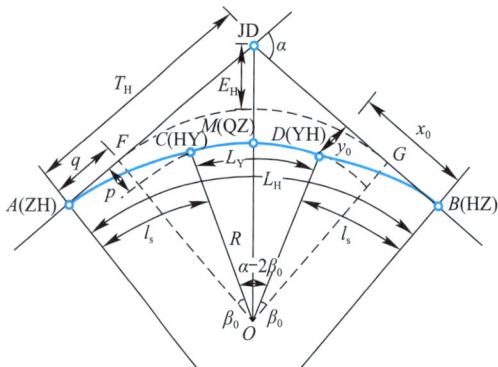

图 10-19 主点测设

衔接，必须将圆曲线向内移动一段距离 p（称为内移值），这时曲线发生变化，使切线增长距离 q（称为切线增长值）。

圆曲线内移有两种方法：一种是圆心不动，半径相应减小；另一种是半径不变，而改变原圆心的位置。目前公路工程中，一般采用圆心不变、半径相应减小的平行移动方法，即未设缓和曲线时的圆曲线为 FG，其半径为 $(R+p)$，插入两段缓和曲线 AC 和 DB 后，圆曲线内移，保留部分为 CDM 段，半径为 R，该段所对的圆心角为 $(\alpha-2\beta_0)$，

在图 10-19 中，由几何关系可知：

$$R+p=y_0+R\cdot\cos\beta_0$$
$$q+R\cdot\sin\beta_0=x_0$$

即：

$$\begin{cases} p=y_0-R(1-\cos\beta_0) \\ q=x_0-R\cdot\sin\beta_0 \end{cases} \tag{10-21}$$

将式（10-21）中的 $\cos\beta_0$、$\sin\beta_0$ 展开为级数，略去高次项并将式（10-17）中 β_0 和式（10-20）中的 x_0、y_0 代入后整理可得

$$\begin{cases} p=\dfrac{l_s^2}{24R} \\ q=\dfrac{l_s}{2}-\dfrac{l_s^3}{240R^2} \end{cases} \tag{10-22}$$

2. 测设元素的计算

在圆曲线上增设缓和曲线后，要将圆曲线与缓和曲线作为一个整体考虑。如图 10-19 所示，当通过测算得到转角 α，并确定圆曲线半径 R 和缓和曲线长 l_s 后，即可按式（10-17）和式（10-22）求得切线角 β_0。内移值 p 和切线增长值 q，此时必须有 $\alpha\geqslant2\beta_0$，否则无法设置缓和曲线，应重新调整 R 或 l_s，直至满足 $\alpha\geqslant2\beta_0$，然后按下式计算测设元素：

$$\begin{cases} \text{切线长：} T_H=(R+p)\cdot\tan\dfrac{\alpha}{2}+q \\ \text{曲线长：} L_H=R(\alpha-2\beta_0)\dfrac{\pi}{180°}+2l_s \\ \text{其中圆曲线长：} L_y=R(\alpha-2\beta_0)\dfrac{\pi}{180°} \\ \text{外距：} E_H=(R+p)\cdot\sec\dfrac{\alpha}{2}-R \\ \text{切曲差：} D_H=2T_H-L_H \end{cases} \tag{10-23}$$

3. 主点里程计算与测设

根据交点已知里程和曲线的测设元素值，即可按下列算式计算各主点里程：

$$\begin{cases} 直缓点：ZH 里程 = JD 里程 - T_H \\ 缓圆点：HY 里程 = ZH 里程 + l_s \\ 圆缓点：YH 里程 = HY 里程 + l_y \\ 缓直点：HZ 里程 = YH 里程 + l_s \\ 曲中点：QZ 里程 = HZ 里程 - L_H/2 \\ 交点：JD 里程 = QZ 里程 + D_H/2 \end{cases} \quad (10\text{-}24)$$

主点 ZH、HZ、QZ 的测设方法与圆曲线主点测设方法相同。HY、YH 点是根据缓和曲线终点坐标（x_0，y_0）用切线支距法测设的。

10.4.3　带有缓和曲线的平曲线详细测设

1. 切线支距法

切线支距法是以 ZH 点（对于前半曲线）或 HZ 点（对于后半曲线）为坐标原点，以过原点的切线为 x 轴，过原点的半径为 y 轴，利用缓和曲线段和圆曲线段上的各点的坐标（x，y）测设曲线。

在缓和曲线段上各点坐标（x，y）可按缓和曲线的参数方程求得，即：

$$\begin{cases} x = l - \dfrac{l^5}{40R^2 l_s^2} \\ y = \dfrac{l^3}{6Rl_s} - 336\dfrac{l^7}{40R^3 l_s^3} \end{cases} \quad (10\text{-}25)$$

在圆曲线段上各点的坐标可由图 10-20 按几何关系求得，即：

$$\begin{cases} x = R \cdot \sin\varphi + q \\ y = R(1 - \cos\varphi) + p \end{cases} \quad (10\text{-}26)$$

式中，$\varphi = \dfrac{l - l_s}{R} \times \dfrac{180}{\pi} + \beta_0$，单位为 Deg；

l——该点至 ZH 点或 HZ 点的曲线长。

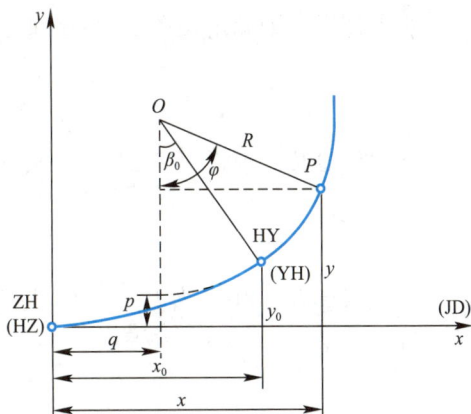
图 10-20　圆曲线段上点的坐标

在计算出缓和曲线段上和圆曲线段上各点的坐标后，即可按用切线支距法测设圆曲线的方法进行测设。

另外，圆曲线上各点也可以缓圆点 HY 或圆缓点 YH 为坐标原点，用切线支距法进行测设。此时只要将 HY 或 YH 点的切线定出。如图 10-21 所示，计算出 T_d 的长度后，HY 或 YH 点的切线即可确定。T_d 可由下式计算：

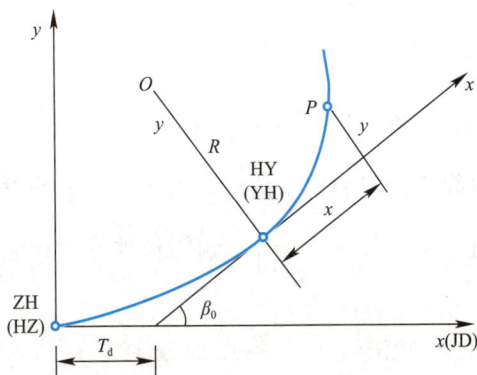
图 10-21　*HY* 或 *YH* 的切线方向

$$T_d = x_0 - \frac{y_0}{\tan\beta_0} = \frac{2}{3}l_s + \frac{l_s^3}{360R^2}$$

$$(10\text{-}27)$$

2. 偏角法

用偏角法详细测设带有缓和曲线的平曲线时，其偏角应分为缓和曲线段上的偏角与圆曲线段上的偏角两部分进行计算。

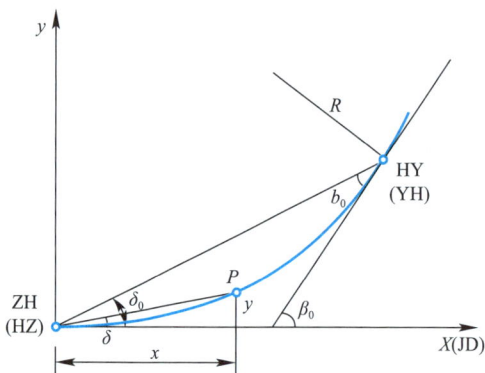

图 10-22　偏角法

（1）缓和段上各点测设。

对于测设缓和曲线段上的各点，可将经纬仪安置于缓和曲线的 ZH 点（或 HZ 点）上进行测设，如图 10-22 所示，设缓和曲线上任一点 p 的偏角值为 δ，由图可知：

$$\tan\delta = \frac{y}{x} \tag{10-28}$$

式中的 x、y 为 P 点的直角坐标，可由曲线参数方程式（10-25）求得，由此得

$$\delta = \arctan\frac{y}{x} \tag{10-29}$$

在实测中，因偏角 δ 较小，一般取：

$$\delta \approx \tan\delta = \frac{y}{x} \tag{10-30}$$

将曲线参数方程式（10-25）中 x、y 代入式（10-30）得（取第一项）

$$\delta = \frac{l^2}{6Rl_\mathrm{s}} \tag{10-31}$$

在式（10-31）中，当 $l=l_\mathrm{s}$ 时，得 HY 点或 YH 点的偏角值 δ，称为缓和曲线的总偏角，即：

$$\delta_0 = \frac{l_\mathrm{s}}{6R} \tag{10-32}$$

由于 $\beta_0 = \dfrac{l_\mathrm{s}}{2R}$，所以得

$$\delta_0 = \frac{1}{3}\beta_0 \tag{10-33}$$

由式（10-31）和式（10-32）并结合式（10-33）可得

$$\delta = \left(\frac{l}{l_\mathrm{s}}\right)^2 \delta_0 = \frac{1}{3}\left(\frac{l}{l_\mathrm{s}}\right)^2 \beta_0 \tag{10-34}$$

在按式（10-33）或式（10-34）计算出缓和曲线上各点的偏角值后，采用与偏法测设同样的步骤进行缓和曲线的测设。由于缓和曲线上弦长 $c\left(c = l - \dfrac{l^5}{90R^2l_\mathrm{s}^2}\right)$ 近似地等于相应的弧长，因而在测设时，弦长一般就取弧长值。

已知 $R=600\mathrm{m}$，$L_0=110\mathrm{m}$，$c=20\mathrm{m}$，按上述方法计算出各点的偏角值并列入表 10-8 中。

偏角法详细测设计算表　　　　　　　　　　　　　　　　　　　　　表 10-8

桩号	曲线点间距	曲线偏角		备注	曲线计算资料
		缓和曲线	圆曲线		
ZH K161+703.86				测站	$R=600\text{m}$
JD100	20　20	0°00′00″			$\alpha_右=48°23′$
1+723.86	20　20	0°03′28″			
2+723.86	16.14　20	0°13′53″			$T=324.91\text{m}$
3+723.86	10	0°31′15″			$L=616.67\text{m}$
4+723.86		0°55′34″			
5+723.86		1°20′27″			
6+723.86		1°26′49″			$L_0=110\text{m}$
HY K161+813.86		1°45′03″			
	06.14　20	360°−(3°30′05″+ 0°17′35″)=356°12′20″	0°00′00″	后视点	$E=58.68\text{m}$
	20　20		0°57′18″		
	20　20		1°54′35″		
ZH	20　20		2°51′53″		
1+723.86	20　20		3°49′11″		$q=33.14\text{m}$
2+723.86	12.20		4°46′29″		ZH: K161+703.86
3+723.86			5°43′46″　6°41′04″		
4+723.86			7°38′22″		
5+723.86			8°35′40″		HY: K161+813.81
6+723.86					QZ: K162+012.20
7+723.86			9°10′37″		YH: K162+210.53
8+723.86					HZ: K162+320.53
9+723.86					
K162+0.00				百米桩	
QZ K162+012.20					
				百米桩	

HY 点切线方向，$b_0\cdot\left(\dfrac{2}{3}\beta_0\right)=\dfrac{2}{3}\cdot(3\delta_0)=2\delta_0=2\times1°45′03″=3°30′06″$，具体测设步骤为：

① 在 ZH 点置镜，照准 JD 方向使水平度盘读数为零；

② 拨偏角 $\delta_1=0°03′28″$，在切线方向自 ZH 起量取 20m 得缓和曲线第一点；

③ 拨偏角 $\delta_2=0°13′53″$，自第一点起以 20m 定出与视线方向相交的点，即得曲线第二点；

④ 继续拨角 δ_3、δ_4，同法可定出缓和曲线点 3、4，拨角 $1°20′27″$，自 4 点起以 16.14m 为定长与视线方向相交，得百米桩号（点号 5）。同法定出点 6，测设点 6 时，应自点 4 量距，检查 6 点对控制桩 HY 点的偏离值；

⑤ 仪器移至 HY 点，以 b_0 配置水平度盘，后视 ZH，再倒转望远镜。当度盘为 0°00′00″时，视线方向即为 HY 点的切线方向。在生产实践中，为了放样和计算方便，在后视 ZH 点时，水平度盘往往配置为 $(b_0+\delta_1)$，倒转望远镜后 HY 点的切线方向读数为 δ_1。本例以 356°12′20″配置水平度盘后，后视 ZH 点，倒转望远镜，当度盘读数为 0°时，沿视线方

向自 IN 点起量取 6.14m，得圆曲线上第 1 点；

⑥ 继续拨取偏角 $\delta_2 = 0°57'18''$，自圆曲线点 1 起，以 $c = 20$m 为定长，与视线相交得圆曲线上第 2 点；同法测设出圆曲线上其余各点，直至 QZ 点。

半条曲线测设完成后，仪器搬至 HZ 点，用上述方法测设曲线的另一半。但需注意，偏角的拨动方向与切线的测设方向与前半部分曲线相反。

同时，自 ZH（HZ）点测设曲线至 HY（YH）点及由 HY（YH）点测设到 QZ 点时，必须检查闭合差，若闭合差在允许范围内，按圆曲线测设方法进行分配。

（2）圆曲线段上各点测设。

对于圆曲线段上各点的测设，应将仪器安置于 HY 或 YH 点上进行。这时只要定出 HY 或 YH 点的切线方向，就可按前面所讲的无缓和曲线的圆曲线的测设方法进行。如图 10-22 所示，关键是计算 b_0，显然有

$$b_0 = \beta_0 - \delta_0 = \beta_0 - \frac{1}{3}\beta_0 = \frac{2}{3}\beta_0 \tag{10-35}$$

求得 b_0 后，将仪器安置于 HY 点上，瞄准 ZH 点，将水平度盘读数配置为 b_0 当曲线右转时，应配置为（$360° - b_0$）后，旋转照准部，使水平度盘的读数为 $00°00'00''$，然后倒镜，此时视线方向即为 HY 点的切线方向，然后按前述偏角法测设圆曲线段上各点。

3. 极坐标法

由于全站仪在公路工程中的广泛使用，极坐标法已成为曲线测设的一种简便、迅速、精确的方法。

用极坐标法测设带有缓和曲线的平曲线时，设定一个直角坐标系，一般以 ZH 或 HZ 点为坐标原点，以其切线方向为 x 轴，并且正向朝向交点 JD，自 x 轴正向顺时针旋转 $90°$ 为 y 轴正向。这时，曲线上任一点 P 的坐标（x_P，y_P）仍可按式（10-28）和式（10-29）计算。但当曲线位于 x 轴正向左侧时，y_P 应为负值。

具体测设按下述方法进行。

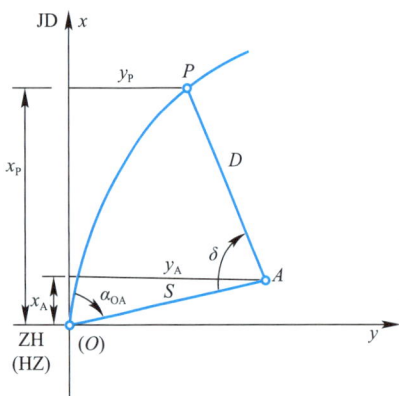

图 10-23　极坐标法

如图 10-23 所示，在待测设曲线附近选择一视野开阔、便于安置仪器的点 A，将仪器安置于坐标原点 O 上，测定 OA 的距离 S 和 x 轴正向顺时针至 A 点的角度 α_{OA}（即直线 OA 在设定坐标系中的方位角），则 A 点的坐标为

$$\begin{cases} x_A = S \cdot \cos\alpha_{OA} \\ y_A = S \cdot \sin\alpha_{OA} \end{cases} \tag{10-36}$$

直线 AO 和 AP 在该设定的坐标系中的方位角为：

$$\begin{cases} \alpha_{AO} = \alpha_{OA} \pm 180° \\ \alpha_{AP} = \arctan\dfrac{y_P - y_A}{x_P - x_A} \end{cases} \tag{10-37}$$

则：

$$\begin{cases} \delta = \alpha_{AP} - \alpha_{AO} \\ D_{AP} = \sqrt{(x_P - x_A)^2 + (y_P - y_A)^2} \end{cases} \tag{10-38}$$

按上述算式计算出曲线上各点应测设的角度和距离后，将仪器安置在 A 点上，后视坐标原点，并将水平度盘配制为 $0°00'00''$，然后转动照准部，拨水平角 δ，便得到 A 点至 P 点的方向线。沿此方向线，测定距离 D_{AP}，即得待测点 P 的地面位置，按此方法便可将曲线上各点的位置测定。

极坐标法除可按上述方法测设外，还可按前述无缓和曲线的圆曲线详细测设中的极坐标法进行。

【例 10-5】 在某高速公路中，路线 JD_2 的坐标为：$X_{JD2} = 2588711.270m$，$Y_{JD2} = 20478702.880m$；路线 JD_3 的坐标 $X_{JD3} = 2591069.056m$，$Y_{JD3} = 20478662.850m$；路线 JD_4 的坐标 $X_{JD4} = 2594145.875m$，$Y_{JD4} = 20481070.75m$；JD_3 的里程桩号为 K6+790.306；圆曲线半径 $R = 2000m$，缓和曲线长度 $L_C = 100m$。试计算该平曲线的主点桩号及桩号 K6+031.619、桩号 K6+100、桩号 K6+500、桩号 K6+500 的坐标。

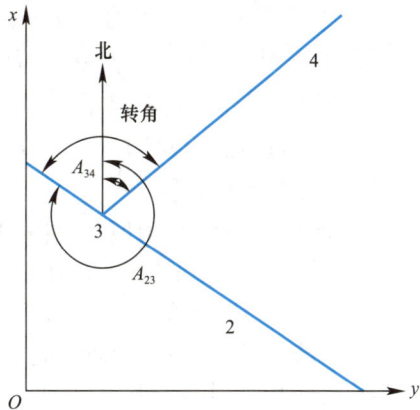

图 10-24 路线转角

(1) 计算路线转角，如图 10-24 所示。

$$\tan A_{23} = \left| \frac{Y_{JD3} - Y_{JD2}}{X_{JD3} - X_{JD2}} \right| = \left| \frac{-40.030}{+2357.786} \right| = 0.016977792$$

$$\theta_{23} = \text{arctg} \, 0.016977792 = 0°58'22''$$

$$A_{23} = 360° - 0°58'22'' = 359°01'38''$$

$$\tan A_{34} = \left| \frac{Y_{JD4} - Y_{JD3}}{X_{JD4} - X_{JD3}} \right| = \left| \frac{+2407.90}{+3076.819} \right| = 0.78259397$$

$$\theta_{34} = \text{arc} \cdot \tan 0.78259397 = 38°02'48''$$

$$A_{34} = \theta_{34} = 38°02'48''$$

$$\alpha = A_{34} - A_{23} = 38°02'48'' - 359°01'48'' = -320°58'50''$$

$$a_3 = 360° - 320°58'50'' = 39°02'10'' (右偏)$$

(2) 计算平曲线要素：

切线角：$\beta = \frac{\pi}{180°} \cdot \frac{L_C}{2R} (弧度) = 28.6479 \frac{L_C}{R} (度) = 28.6479 \times \frac{100}{2000} = 1°25'57''$

内移值：$p = \frac{L_C^2}{24R} = \frac{100^2}{24 \times 2000} = 0.208 (m)$

切线长值：$q = \frac{L_C}{2} - \frac{L_C^3}{240R^2} = \frac{100}{2} - \frac{100^3}{240 \times 2000^2} = 49.999 (m)$

切线长：$T_H = (R+p)\tan \frac{\alpha}{2} + q = (2000+0.208) \times \tan \frac{1°25'57''}{2} + 49.999 = 758.687 (m)$

圆曲线长：$L' = (\alpha + 2\beta)\frac{\pi}{180}R = (39°02'10'' + 2 \times 1°25'57'') \times \frac{\pi}{180} \times 2000 = 1262.027 (m)$

平曲线总长：$L_H = L' + 2L_C = 1262.027 + 2 \times 100 = 1462.027 (m)$

外距：$E_H = (R+p)\sec \frac{\alpha}{2} - R = (2000+0.208) \times \sec \frac{39°02'10''}{2} - 2000 = 122.044 (m)$

切曲差：$D_H = 2T_H - L_H = 2 \times 758.687 - 1462.027 = 55.347(\text{m})$

（3）计算主点里程桩号。

$ZH(桩号) = JD(桩号) - T_H = K6+790.306 - 758.689 = K6+031.619$

$HY(桩号) = ZH(桩号) + L_c = K6+031.619 + 100 = K6+131.619$

$YH(桩号) = HY(桩号) + L' = K6+131.619 + 1262.027 = K7+393.646$

$HZ(桩号) = YH(桩号) + L_c = K7+393.646 + 100 = K7+493.646$

$QZ(桩号) = HZ(桩号) - L_h/2 = K7+493.646 - 713.014 = K6+762.632$

$JD(桩号) = QZ(桩号) + D_h/2 = K6+762.632 + 27.674 = K6+790.306$

（4）中桩坐标计算。

① 起点 ZH 点坐标计算：桩号 K6+031.619。

$x_{ZH} = x_{JD} - T_H \cos A_{23} = 2591069.056 - 758.687 \times \cos 359°01'38'' = 2590310.479(\text{m})$

$y_{ZH} = y_{JD} - T_H \sin A_{23} = 20478662.850 - 758.687 \times \sin 359°01'38'' = 20478657.729(\text{m})$

② ZH~HY 第一缓和曲线上中桩坐标计算：桩号 K6+100。

$$\begin{cases} l = K6+100 - K6+031.619 = 68.381(\text{m}) \\ x' = l - \dfrac{l^5}{40R^2 L_C^2} = 68.381 - \dfrac{68.381^5}{40 \times 2000^2 \times 100^2} = 68.380(\text{m}) \\ y' = \dfrac{l^3}{6RL_C} - \dfrac{l^7}{336R^3 L_C^3} = \dfrac{68.381^3}{6 \times 2000 \times 100} - \dfrac{68.381^7}{336 \times 2000^3 \times 100^3} = 0.266(\text{m}) \\ x = x_{ZH} + x'\cos A_{23} - \xi y' \sin A_{23} = 2590378.854(\text{m}) \\ y = y_{ZH} + x'\sin A_{23} + \xi y' \cos A_{23} = 20478674.834(\text{m}) \end{cases}$$

③ HY 点坐标计算：桩号 K6+131.619。

$$\begin{cases} l = K6+131.619 - K6+031.619 = 100(\text{m}) \\ x' = l - \dfrac{l^5}{40R^2 L_C^2} = 99.994(\text{m}) \\ y' = \dfrac{l^3}{6RL_C} - \dfrac{l^7}{336R^3 L_C^3} = 0.833(\text{m}) \\ x = x_{ZH} + x'\cos A_{23} - \xi y' \sin A_{23} = 2590410.473(\text{m}) \\ y = y_{ZH} + x'\sin A_{23} + \xi y' \cos A_{23} = 20478674.864(\text{m}) \end{cases}$$

④ HY~QZ 圆曲线上中桩坐标计算：桩号 K6+500。

$$\begin{cases} l_m = K6+500 - K6+131.619 = 368.381(\text{m}) \\ \begin{aligned} x' &= q + R\sin\left(\beta + \dfrac{l_m}{R} \cdot \dfrac{180°}{\pi}\right) \\ &= 49.999 + 2000 \times \sin\left(1°25'57'' + \dfrac{368.381}{2000} \times \dfrac{180°}{\pi}\right) = 465.335(\text{m}) \end{aligned} \\ \begin{aligned} y' &= P + R - R\cos\left(\beta + \dfrac{l_m}{R} \cdot \dfrac{180°}{\pi}\right) \\ &= 0.208 + 2000 - 2000 \times \cos\left(1°25'57'' + \dfrac{368.381}{2000} \times \dfrac{180°}{\pi}\right) = 43.809(\text{m}) \end{aligned} \\ x = x_{ZH} + x'\cos A_{23} - \xi y' \sin A_{23} = 2590776.491(\text{m}) \\ y = y_{ZH} + x'\sin A_{23} + \xi y' \cos A_{23} = 20478711.632(\text{m}) \end{cases}$$

各点坐标结果见表 10-9。

坐标表　　　　　　　　表 10-9

桩号	坐标（m）	
	X	Y
ZH 点　　K6+031.619	2590310.479	20478657.729
加桩点　　K6+100	2590378.854	20478674.834
HY 点　　K6+500	2590410.473	20478674.864
加桩点　　K6+500	2590776.491	20478711.632

知识点 5　线路纵断面测量

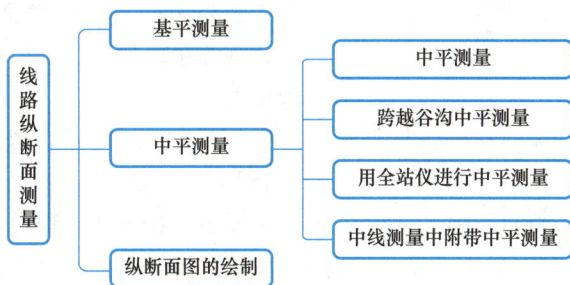

10.5.1　基平测量

顺地面已标定中线进行的水准测量，称为线路水准测量。线路水准测量分两步进行：首先是顺路线方向每隔一定距离设置一水准点，称为基平测量；其次以各水准点为基础，分段进行中桩地面高程的水准测量，称为中平测量。

1. 水准点的布设

水准点是路线高程的控制点，勘测、设计和施工阶段都要使用，有的甚至在竣工后还需要使用。因此，在布设水准点时，根据不同的需要和用途，可布设永久性水准点和临时性水准点。路线的起点和终点、需要长期观测高程的重点工程附近均应设置永久性水准点，一般地区应每隔 25～30km 布设一点。永久性水准点要埋设标识，也可设在永久性建筑物上或用金属标志嵌在基岩上。临时性水准点的布设密度，应根据地形的复杂情况以及工程的需要而定，例如市政线路工程一般每隔 300m 左右设置一个。在大桥两岸、隧道两端以及一般的中小桥附近和工程集中的地段均应设置临时性水准点。水准点应设在施工范围以外，标志应明显、牢固和使用方便。

2. 基平测量方法

基平测量时，首先应将起始水准点与附近国家水准点进行联测，以获得绝对高程。在沿线其他水准点的测量过程中，凡能与附近国家水准点进行联测的均应联测，以便获得更多的检查条件。

10.5.2　中平测量

1. 中平测量

中平测量（又称中桩抄平），一般是以两相邻水准点为一测段，从一个水准点开始，用视线高法，逐个测定中桩处的地面高程，直至附合到下一个水准点上。在每一个测站上，应尽量多地观测中桩，另外，还需在一定距离内设置转点。相邻两转点间所观测的中桩，称为中间点。由于转点起着传递高程的作用，为了削弱高程传递的误差，在测站上应先观测转点，后观测中间点。观测转点时读数至毫米，视线长度一般应不大于 100m。在转点上的水准尺应立于尺垫、稳固的桩顶或岩石上。观测中间点时读数即中视读数可读至厘米，视线也可适当放长，立尺应在紧靠桩边的地面上。

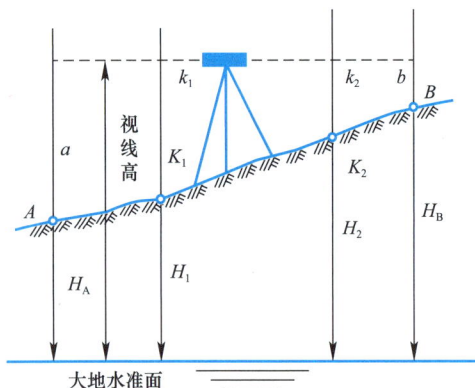

图 10-25　视线高法测高程

如图 10-25 所示，以水准点 A 为后视点（高程 H_A 已知），以 B 点为前视转点，K_i 点为中间点。在施测过程中，将水准仪安置在测站上，首先观测立于 A 点的水准尺读数为 a，然后再观测立于前视转点 B 点的水准尺读数为 b，最后观测立于中间点 K_i 点上的水准尺上的读数为 k，则可用视线高法求得前视转点 B 的高程 H_B 和中桩点的高程 H_K：

$$视线高 = 后视点高程 H_A + 后视读数 a$$
$$前视转点 B 的高程 H_B = 视线高 - 前视读数 b \qquad (10\text{-}39)$$
$$中桩高程 H_{K_1} = 视线高 - 中视读数 k$$

中平测量的实施如图 10-26 所示，水准仪安置于 Ⅰ 站，后视水准点 BM_1，前视转点

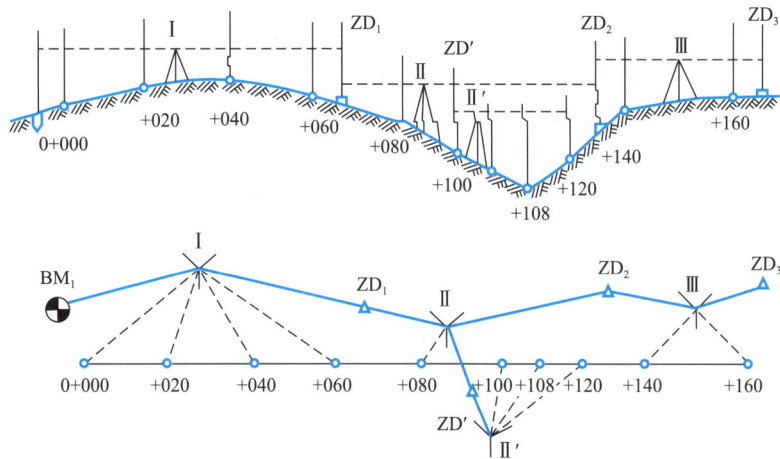

图 10-26　中平测量

ZD_1，将两读数分别记入表 10-10 中相应的后视、前视栏内。然后观测 BM_1 与 ZD_1 间的中间点 K0＋000、K0＋020、K0＋040、K0＋060，并将读数分别记入相应的中视栏，并按公式（10-39）分别计算 ZD_1 和各中桩点的高程，第一个测站的观测与计算完成。再将仪器搬至 II 站，观测后视转点 ZD_1，前视转点 ZD_2，将读数分别记入相应后视、前视栏。然后观测两转点间的各中间点，将读数分别记入相应的中视栏，并计算 ZD_2 和各中桩点的高程，第二个测站的观测与计算完成。按上述方法继续向前观测，直至附合于水准点 BM_2。前视转点高程及中桩处地面高程应用式（10-39），按所属测站的视线高进行计算，参考表 10-10。

中平测量记录表

表 10-10

工程名称：　　　　　日期：　　　　观测员：
仪器型号：　　　　　天气：　　　　记录员：

测点	水准尺读数（m）			视线高（m）	测点高程（m）	备注
	后视读数 a	中视读数 k	前视读数 b			
BM_1	2.317			106.573	104.256	基平测得
K0＋000		2.16			104.41	
＋020		1.83			104.74	
＋040		1.20			104.37	
＋060		1.43			104.14	
ZD_1	0.744		1.762	105.555	104.811	沟内分开测
＋080		1.90			104.66	
ZD_2	2.116		1.405	106.266	104.150	
＋140		1.82			104.45	
＋160		1.79			104.48	
ZD_3					104.432	基平测得
…	…	…	…	…	…	BM_2 点高程
K1＋480		1.26			104.21	为：104.795m
BM_2					104.754	

中平测量只作单程观测。一测段结束后，应先计算中平测量测得的该测段两端水准点高差。并将其与基平测量所得的两端水准点高差进行比较，二者之差，称为测段高差闭合差。测段高差闭合差应满足下列要求：高速公路、一级公路不得大于 $\pm 30\sqrt{L}$ mm；二级及二级以下公路不得大于 $\pm 50\sqrt{L}$ mm。其中，L 为测段长度，以千米为单位。若不满足上述要求，必须重测。

复核过程如下：

$$\Delta h_{测} = 104.754 - 104.256 = 0.498(\text{m})$$
$$\sum a - \sum b = (2.317 + 0.744 + 2.116 + \cdots)$$
$$- (1.762 + 1.405 + 1.834 + \cdots + 0.716) = 0.498(\text{m})$$
$$f_h = 104.754 - 104.795 = -0.041(\text{mm})$$

说明高程计算无误

$$f_{h容} = \pm 50\sqrt{L} = \pm 50\sqrt{1.48} \approx \pm 61(\text{mm})(\text{按二级公路要求})$$

$f_h < f_{h容}$，说明精度满足要求。

2. 跨越沟谷中平测量

中平测量遇到跨越沟谷时，由于沟坡和沟底钉有中桩，且高差较大，按中平测量的一般方法进行，要增加许多测站和转点，以致影响测量的速度和精度。为避免这种情况，可采用以下方法施测。

（1）沟内、沟外分开测。

如图 10-27 所示，当采用一般方法测至沟谷边缘时，仪器置于测站Ⅰ，在此测站，应同时设两个转点：用于沟外测的 ZD_{16} 和用于沟内测的 ZD_A。施测时后视 ZD_{15}，前视 ZD_{16} 和 ZD_A，分别求得 ZD_{16} 和 ZD_A 的高程。此后，以 ZD_A 进行沟内中桩点高程的测量，以 ZD_{16} 继续沟外测量。

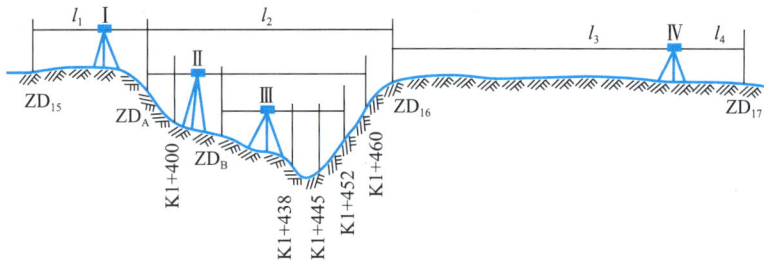

图 10-27　跨越沟谷中平测量

测量沟内中桩时，仪器下沟安置于测站Ⅱ，后视 ZD_A，观测沟谷内两侧的中桩并设置转点 ZD_B。再将仪器迁至测站Ⅲ，后视转点 ZD_B，观测沟底各中桩，至此沟内观测结束。然后仪器置于测站Ⅳ，后视转点 ZD_{16}，继续前测。

这种测法使沟内、沟外高程传递各自独立，互不影响。沟内的测量不会影响整个测段的闭合。但由于沟内的测量为支水准路线，缺少检核条件，故施测时应倍加注意。另外，为了减少Ⅰ站前后视距不等所引起的误差，仪器置于Ⅳ站时，尽可能使 $l_3 = l_2$、$l_4 = l_1$ 或者 $l_1 + l_3 = l_2 + l_4$。

（2）接尺法。

中平测量遇到跨越沟谷的情况时，若沟谷较窄、沟边坡度较大，个别中桩处高程不便

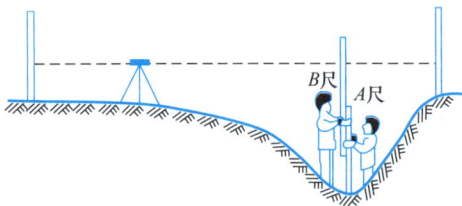

图 10-28　接尺法

测量，可采用接尺的方法进行测量，如图 10-28 所示，用两把水准尺，一人扶 A 尺，另一人扶 B 尺，从而把水准尺接长使用。必须注意此时的读数应为望远镜内的读数加上接尺的数值。

利用上述方法测量时，沟内沟外分开测的记录需断开，另作记录；接尺要加以说明。以利于计算和检查，否则容易发生混乱和误会。

3. 用全站仪进行中平测量

传统的中平测量方法是用水准仪测定中桩处的地面高程，施测过程中测站多，特别是

在地形起伏较大的地区测量，工作量相当繁重。全站仪由于具有三维坐标测量的功能，在中线测量中可以同时测量中桩高程（中平测量）。

4. 中线测量中附带中平测量

全站仪中平测量是在中线测量时进行。而中线测量一般用任意控制点安置全站仪，利用极坐标或切线支距法放样中桩点。在中线测量的同时，利用全站仪本身具有的高程测量功能和控制点的高程，可直接测得中桩点的地面高程。

如图 10-29 所示，设 A 点为已知控制点，B 点为待测高程的中桩点。将全站仪安置在已知高程的 A 点，棱镜立于待测高程的中桩点 B 点上，量出仪器高 i 和棱镜高 l，全站仪照准棱镜测出视线倾角 α。则 B 点高程 H_B 为

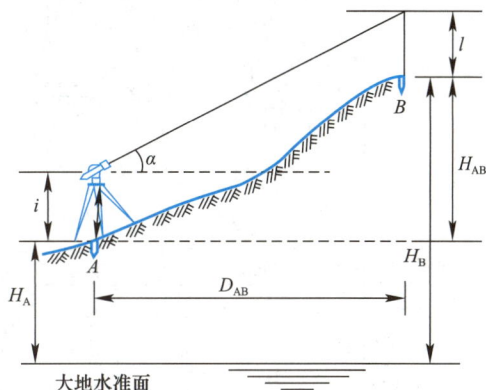

图 10-29　高程测量原理

$$H_B = H_A + S \cdot \cos\alpha + i - l$$

(10-40)

式中，H_A——已知控制点 A 点高程；

　　　H_B——待测高程的中桩点 B 点高程；

　　　i——仪器高；

　　　l——棱镜高度；

　　　S——仪器至棱镜斜距离；

　　　α——视线倾角。

在实际测量中，只需将安置仪器的 A 点高程 H_A、仪器高 i、棱镜高 l 直接输入全站仪，在中桩放样完成的同时，就可直接从仪器的显示屏中读取中桩点 B 点高程 H_B。

该方法的优点是在中桩平面位置测设过程中直接完成中桩高程测量，而不受地形起伏及高差大小的限制，并能进行较远距离的高程测量。高程测量数据可从仪器中直接读取，或存入仪器并在需要时调入计算机处理。

10.5.3　纵断面图的绘制

纵断面图是表示沿路线中线方向的地面起伏状态和设计纵坡的线状图，它反映出各路段纵坡的大小和中线位置处的填挖尺寸，是道路设计和施工中的重要文件资料。

1. 纵断面图

如图 10-30 所示，在图的上半部，从左至右有两条贯穿全图的线。一条是细的折线，表示中线方向的实际地面线，它是以里程为横坐标、高程为纵坐标，根据中平测量的中桩地面高程绘制的。另一条是粗线，是包含竖曲线在内的纵坡设计线，是在设计时绘制的。此外，图上还注有水准点的位置和高程，桥涵的类型、孔径、跨数、长度、里程桩号和设计水位，竖曲线示意图及其曲线元素，同公路、铁路交叉点的位置、里程及有关说明。

图的下部注有有关测量及纵坡设计的资料，主要包括以下内容。

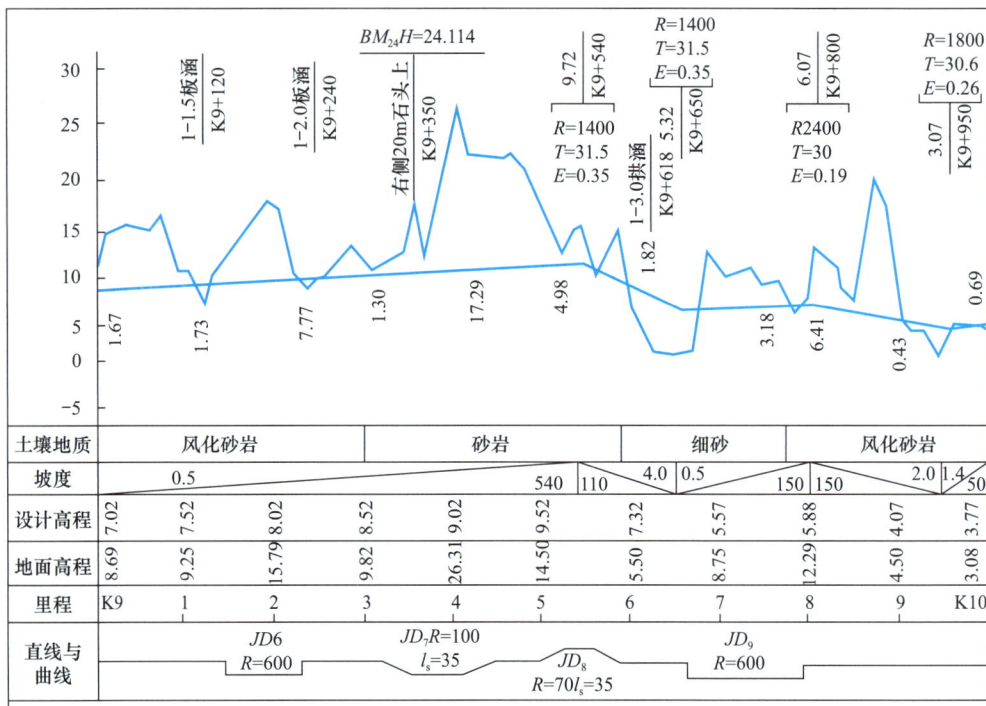

图 10-30　路线设计纵断面图

（1）直线与曲线。

根据中线测量资料绘制的中线示意图，图中路线的直线部分用直线表示；圆曲线部分用折线表示，上凸表示路线右转，下凸表示路线左转，并注明交点编号和圆曲线半径；带有缓和曲线的平曲线还应注明缓和段的长度，在图中用梯形折线表示。

（2）里程。

根据中线测量资料绘制的里程数，为使纵断面图清晰起见，图上按里程比例尺只标注百米桩里程（以数字 1～9 注写）和公里桩的里程（以 Ki 注写，如 K9、K10）。

（3）地面高程。

根据中平测量成果填写相应里程桩的地面高程数值。

（4）设计高程。

设计高程即设计出的各里程桩处的对应高程。

（5）坡度。

从左至右向上倾斜的直线表示上坡（正坡），向下倾斜的表示下坡（负坡），水平的表示平坡。斜线或水平线上面的数字是以百分数表示的坡度的大小，下面的数字表示坡长。

（6）土壤地质说明。

标明路段的土壤地质情况。

2. 纵断面图的绘制步骤

纵断面图的绘制一般可按下列步骤进行。

（1）按照选定的里程比例尺和高程比例尺（一般对于平原微丘区里程比例尺常用 1∶5000 或 1∶2000，相应的高程比例尺为 1∶500 或 1∶200；山岭重丘区里程比例尺常用 1∶2000 或 1∶1000，相应的高程比例尺为 1∶200 或 1∶100），打格制表，填写里程、地面高程、直线与曲线、土壤地质说明等资料。

（2）绘出地面线。首先选定纵坐标的起始高程，使绘出的地面线位于图上适当位置。一般是以 10m 整数倍数的高程定在 5cm 方格的粗线上，便于绘图和阅图。然后根据中桩的里程和高程，在图上按纵、横比例尺依次点出各中桩的地面位置，再用直线将相邻点一个个连接起来，就得到地面线。在高差变化较大的地区，如果纵向受到图幅限制时，可在适当地段变更图上高程起算位置，此时地面线将形成台阶形式。

（3）计算设计高程。当路线的纵坡确定后，即可根据设计纵坡和两点间的水平距离，由一点的高程计算另一点的设计高程。

假设设计坡度为 i，起算点的高程为 H_O，待推算点的高程为 H_P，待推算点至起算点的水平距离为 D，则：

$$H_P = H_O + i \cdot D \tag{10-41}$$

式中，上坡时 i 为正，下坡时 i 为负。

（4）计算各桩的填挖尺寸。同一桩号的设计高程与地面高程之差，即该桩处的填土高度（正号）或挖土深度（负号）。在图上，填土高度应写在相应点纵坡设计线之上，挖土深度则相反。也有在图中专列一栏注明填挖尺寸的。

（5）在图上注记有关资料，如水准点、桥涵、竖曲线等。

需要说明的是，目前在工程设计中，由于计算机应用的普及，路线纵断面图基本采用计算机绘制。

知识点 6　线路横断面测量

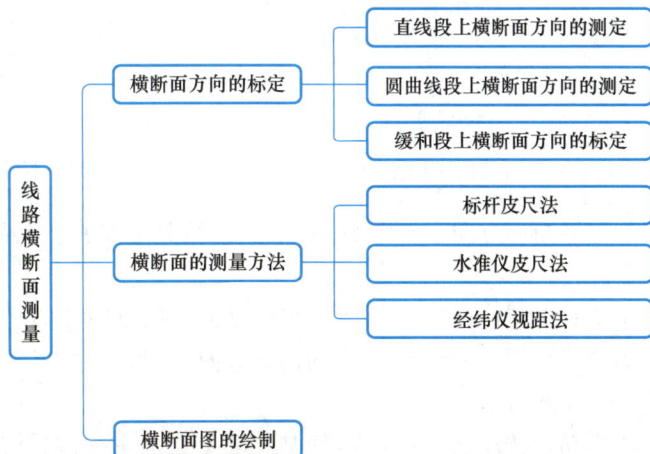

线路横断面测量
- 横断面方向的标定
  - 直线段上横断面方向的测定
  - 圆曲线段上横断面方向的测定
  - 缓和段上横断面方向的标定
- 横断面的测量方法
  - 标杆皮尺法
  - 水准仪皮尺法
  - 经纬仪视距法
- 横断面图的绘制

路线横断面测量是测定各中桩处垂直于中线方向上的地面起伏情况，然后绘制成横断面图，供路基、边坡、特殊构造物的设计、土石方的计算和施工放样之用。横断面测量的宽度由路基宽度和地形情况确定，一般应在公路中线两侧各测 15～50m。进行横断面测量时，首先要确定横断面的方向，然后在此方向上测定中线两侧地面坡度变化点的距离和高差。

10.6.1　横断面方向的标定

由于公路中线是由直线段和曲线段构成的，而直线段和曲线段上的横断面标定方法是不同的，现分述如下。

1. 直线段上横断面方向的测定

直线段横断面方向与路线中线垂直，一般采用方向架测定。如图 10-31 所示，将方向架置于待标定横断面方向的桩点上，方向架上有两个互相垂直的固定片，用其中一个固定片瞄准该直线段上任意一中桩，另一个固定片所指方向即为该桩点的横断面方向。

2. 圆曲线段上横断面方向的测定

圆曲线段上中桩点的横断面方向为垂直于该中桩点切线的方向。由几何知识可知，圆曲线上一点横断面方向必定沿着该点的半径方向。测定时一般采用求心方向架法，即在方向架上安装一个可以转动的活动片，并用一个固定螺旋将其固定，如图 10-32 所示。

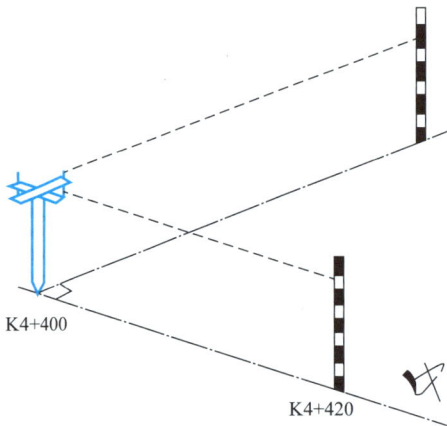

图 10-31　用方向架标定直线段上横断面方向　　图 10-32　有活动片的方向架

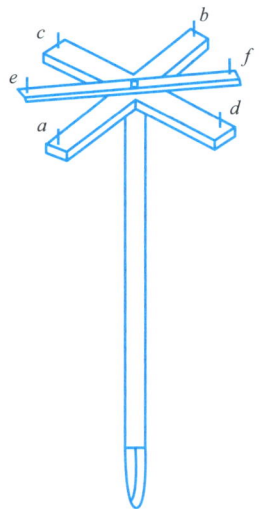

用求心方向架测定横断面方向，如图 10-33 所示。欲测定圆曲线上某桩点 1 的横断面方向，可按下述步骤进行。

（1）将求心方向架置于圆曲线的 ZY（或 YZ）点上，用方向架的一固定片 ab 照准交点（JD）。此时 ab 方向即为 ZY（或 YZ）点的切线方向，则另一固定片 cd 所指方向即为 ZY（或 YZ）点的横断面方向。

（2）保持方向架不动，转动活动片 ef，使其照准 1 点，并将 ef 用固定螺旋固定。

（3）将方向架搬至 1 点，用固定片 cd 照准圆曲线的 ZY（或 YZ）点，则活动片 ef 所指方向即为 1 点的横断面方向，标定完毕。

在测定 2 点的横断面方向时，可在 1 点的横断面方向上插一花杆，以固定片 cd 照准花杆，固定片 ab 的方向即为切线方向。此后的操作与测定 1 点横断面方向时完全相同，保持方向架不动，用活动片 *ef* 瞄准 2 点并使之固定。将方向架搬至 2 点，用固定片 *cd* 瞄准 1 点，活动片 *ef* 的方向即为 2 点的横断面方向。

如果圆曲线上桩距相同，在定出 1 点的横断面方向后，保持活动片 *ef* 原来的位置，将其搬至 2 点上，用固定片 *cd* 瞄准 1 点，活动片 *ef* 的方向即 2 点的横断面方向。圆曲线上其他各点的横断面方向亦可按照上述方法进行标定。

3. 缓和段上横断面方向的标定

缓和曲线段上一中桩点处的横断面方向是通过该点指向曲率半径的方向，即垂直于该点切线的方向。它可采用下述方法进行标定。利用缓和曲线的弦切角 Δ 和偏角 δ 的关系：$\Delta = 2\delta$，定出中桩点处曲率切线的方向，有了切线方向，即可用带度盘的方向架或经纬仪标定出法线（横断面）方向。

具体步骤如下。

如图 10-34 所示，*P* 点为待标定横断面方向的中桩点。

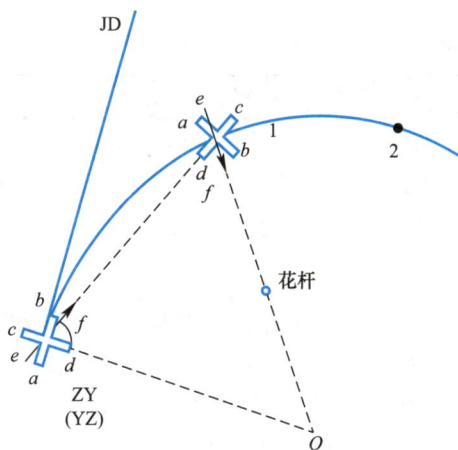

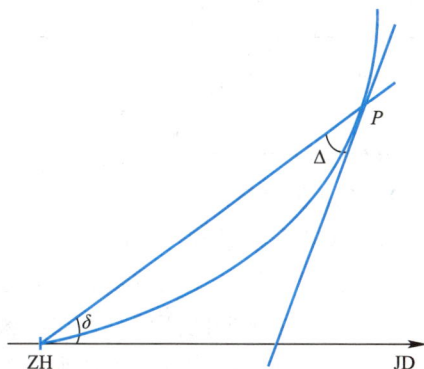

图 10-33　圆曲线段上横断面方向标定　　　　图 10-34　缓和段横断面方向标定

（1）按公式 $\delta = \left(\dfrac{l}{l_s}\right)$ 和 $\delta = \dfrac{1}{3}\left(\dfrac{l}{l_s}\right)^2 \beta_0$ 计算出偏角 δ，并由 $\Delta = 2\delta$ 计算出弦切角 Δ。

（2）将带度盘的方向架（亦称圆盘仪）或经纬仪安置于 *P* 点。

（3）操作方向架的定向杆或经纬仪的望远镜，照准缓和曲线的 ZH 点，同时使度盘读数为 Δ。

（4）顺时针转动方向架的定向杆或经纬仪的望远镜，直至度盘的读数为 90°（或 270°）。此时，定向杆或望远镜所指方向即为横断面方向。

10.6.2　横断面的测量方法

横断面测量中的距离和高差一般精确到 0.1m 即可满足工程的要求。因此横断面测量多采用简易的测量工具和方法，以提高工作效率。下面介绍几种常用的方法。

1. 标杆皮尺法（抬杆法）

标杆皮尺法（抬杆法）是用一根标杆和一卷皮尺测定横断面方向上的两相邻变坡点的

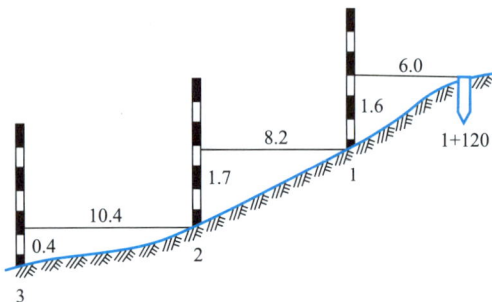

图 10-35 抬杆法测横断面

水平距离和高差的一种简易方法。如图 10-35 所示，进行横断面测量，要根据地面情况选定变坡点 1、2、3、……。将标杆竖立于 1 点上，皮尺靠在中桩地面拉平，量出中桩点至 1 点的水平距离，而皮尺截于标杆的红白格数（通常每格为 0.2m）即为两点间的高差。测量员报出测量结果，以便绘图或记录，报数时通常省去"水平距离"四字，高差用"低"或"高"报出，例如，图 10-35 中的中桩点与 1 点间，报为"6.0m 低 1.6m"，记录如表 10-11 所列。同法可测得 1 点与 2 点、2 点与 3 点……的距离和高差。表中按路线前进方向分左、右侧，以分数形式表示各测段的高差和距离，分子表示高差，正号为升高，负号为降低；分母表示距离。自中桩由近及远逐段测量与记录。

抬杆法横断面测量记录表 　　　　　　表 10-11

左侧	里程桩号	右侧
$\cdots\dfrac{-0.4}{10.4}\ \dfrac{-1.7}{8.2}\ \dfrac{-1.6}{6.0}$	K1+120	$\dfrac{+1.0}{4.8}\ \dfrac{+1.4}{12.5}\ \dfrac{+2.2}{8.6}\cdots$
...	...	...

2. 水准仪皮尺法

水准仪皮尺法是利用水准仪和皮尺，按水准测量的方法测定各变坡点与中桩点间的高差，用皮尺丈量两点的水平距离的方法。如图 10-36 所示，水准仪安置后，以中桩点为后视点，在横断面方向的变坡点上立尺获取前视读数，并用皮尺量出各变坡点至中桩的水平距离。水准尺读数准确到厘米，水平距离准确到分米，记录格式如表 10-12 所列。此法适用于断面较宽的平坦地区，其测量精度较高。

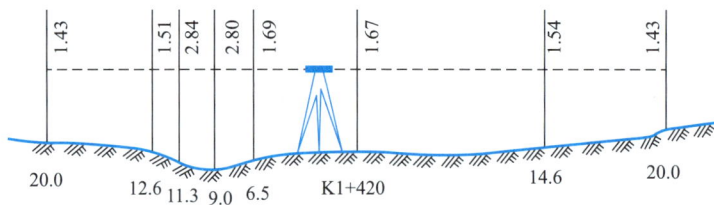

图 10-36 水准仪皮尺法测横断面

水准仪皮尺法横断面测量记录计算表 　　　　　　表 10-12

桩号		各变坡点至中桩点的水平距离（m）	后视读数（m）	前视读数（m）	各变坡点至中桩点的高差（m）	备注
K1+420	左侧	0.00	1.67	—	—	中桩点
		6.5		1.69	−0.02	
		9.0		2.80	−1.13	
		11.3		2.84	−1.17	

续表

桩号		各变坡点至中桩点的水平距离（m）	后视读数（m）	前视读数（m）	各变坡点至中桩点的高差（m）	备注
K1+420	左侧	12.6		1.51	+0.15	
		20.0		1.43	+0.24	
	右侧	14.6		1.54	+0.13	
		20.0		1.43	+0.24	

3. 经纬仪视距法

经纬仪视距法是指在地形复杂、山坡较陡的地段，采用经纬仪按视距测量的方法测得各变坡点与中桩点间的水平距离和高差的一种方法。施测时，将经纬仪安置在中桩点上，用视距法测出横断面方向上各变坡点至中桩的水平距离和高差。

横断面测量中，高速公路、一级公路一般采用水准仪皮尺法、经纬仪视距法，二级及二级以下公路可采用标杆皮尺法。检测限差应符合表 10-13 的规定。

横断面检测限差　　　　　　　　　　　　　　　　表 10-13

路线	距离（m）	高程（m）
高速公路、一级公路	$\pm(0.1+L/100)$	$\pm(0.1+h/100+L/100)$
二级及二级以下公路	$\pm(0.1+L/50)$	$\pm(0.1+h/50+L/100)$

注：表中的 L 为测站点至中桩点的水平距离；h 为测站与中桩的高差。

10.6.3　横断面图的绘制

横断面图一般采取在现场边测边绘，这样既可省略记录工作，也能及时在现场核对，减少差错。如遇不便现场绘图的情况，须做好记录工作，带回室内绘图，再到现场核对。

横断面图的比例尺一般是 1∶200 或 1∶100，横断面图绘在厘米方格纸上，图幅为 350mm×500mm，每厘米有一细线条，每 5cm 有一粗线条，细线间一小格的边长是 1mm。

绘图时以一条纵向粗线为中线，以纵线、横线相交点为中桩位置，向左右两侧绘制。先标注中桩的桩号，再用铅笔根据水平距离和高差，将变坡点标在图纸上，然后用小三角板将这些点连接起来，就可以得到横断面的地面线。显然一幅图上可绘多个断面图，一般规定绘图顺序是：从图纸左下方起，自下而上、由左向右，依次按桩号绘制，如图 10-37 所示。

目前，横断面绘图大多采用计算机，选用合适的软件进行绘制。

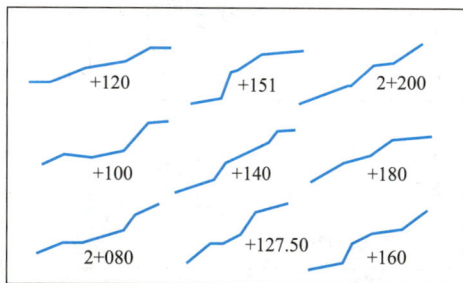

图 10-37　横断面图绘图顺序

知识点 7　　线路施工测量

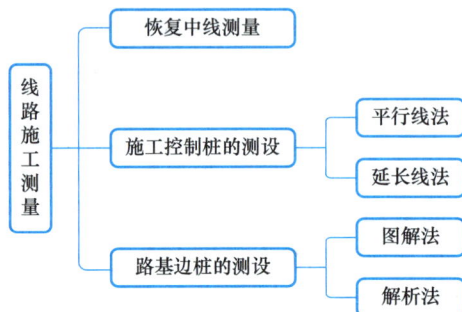

10.7.1　恢复中线测量

　　道路勘测完成到开始施工这一段时间内，有一部分中线桩可能被碰动或丢失，因此施工前应根据原定线路条件进行复核，并将碰动和丢失的交点桩和中线桩校正和恢复好。恢复中线的测量方法与线路中线测量方法基本相同，只不过恢复中线是局部性的工作。在恢复中线时，应将道路附属物，如涵洞、检查井和挡土墙等的位置一并定出。对于部分改线地段，应重新定线，并测绘相应的纵横断面图。

10.7.2　施工控制桩的测设

　　由于中线桩在路基施工中都要被挖掉或堆埋，为了在施工中能控制中线位置，应在不受施工干扰、便于引用、易于保存桩位的地方，测设施工控制桩。测设方法主要有平行线法和延长线法两种，可根据实际情况互相配合使用。

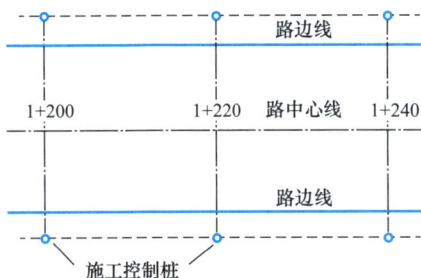

图 10-38　平行线法图

1. 平行线法

平行线法是在设计的路基宽度以外，测设两排平行于中线的施工控制桩，如图 10-38 所示。为了施工方便，控制桩的间距一般取 10～20m。平行线法多用于地势平坦、直线段较长的道路。

2. 延长线法

延长线法是在道路转折处的中线延长线上，以及曲线中点至交点的延长线上测设施工控制桩，如图 10-39 所示。每条延长线上应设置两个以上的控制桩，量出其间距及与交点的距离，做好记录，据此恢复中线交点。延长线法多用于地势起伏较大、直线段较短的道路。

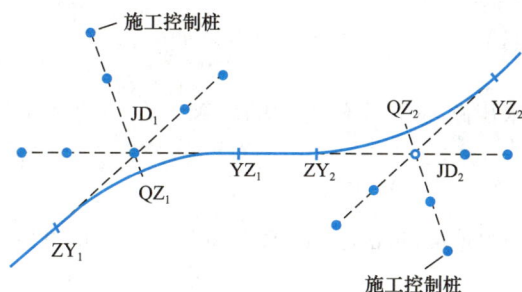

图 10-39 延长线法

10.7.3 路基边桩的测设

路基的形式主要有两种，即填方路基（称为路堤，如图 10-40a 所示）、挖方路基（称为路堑，如图 10-40b 所示）和半填半挖路基。路基边桩测设，就是把设计路基的边坡与原地面相交的点测设出来，在地面上钉设木桩（称为边桩），作为路基施工的依据。

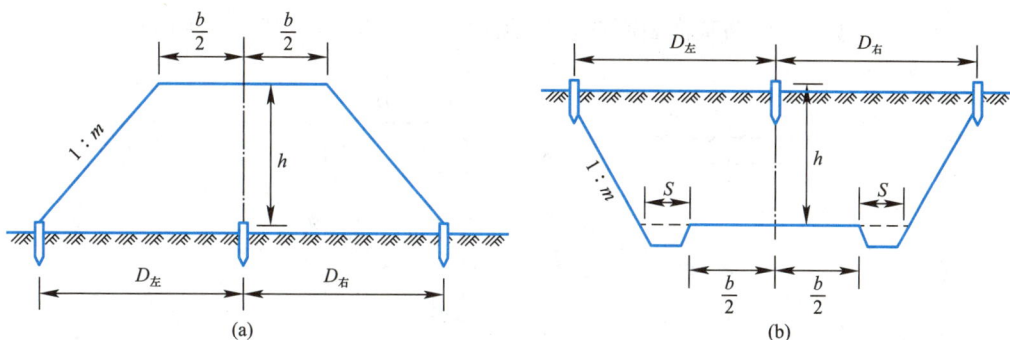

图 10-40 平坦地面的填、挖路基

每个断面上，在中桩的左、右两边各测设一个边桩，边桩距中桩的水平距离取决于设计路基宽度、边坡坡度、填土高度或挖土深度以及横断面的地形情况。边桩的测设方法如下。

1. 图解法

图解法是将地面横断面图和路基设计断面图绘在同一张毫米方格纸上，设计断面高出地面部分采用填方路基，其填土边坡线按设计坡度绘出，与地面相交处即为坡脚；设计断面低于地面部分采用挖方路基，其开挖边坡线按设计坡度绘出，与地面相交处即为坡顶。绘出坡脚或坡顶后，用比例尺直接在横断面图上量取中桩至坡脚点或坡顶点的水平距离，然后到实地，以中桩为起点，用皮尺沿着横断面方向往两边测设相应的水平距离，即可定出边桩。

道路设计图纸上，各桩号的横断面图上一般都标注有图解得到的左、右两个边桩距中桩的水平距离，施工时如经复核设计横断面图上的地面线与实地相符，可直接采用所标注的数据测设边桩。

2. 解析法

解析法是通过计算求出路基中桩至边桩的距离，在平地和山坡，计算和测设方法不同。下面分别介绍。

（1）平坦地面。

如图 10-40 所示，平坦地面的路堤与路堑的路基放线数据可按下列公式计算。

路堤：

$$D_左 = D_右 = b/2 + mh \tag{10-42}$$

路堑：

$$D_左 = D_右 = b/2 + S + mh \tag{10-43}$$

式中，$D_左$、$D_右$——道路中桩至左、右桩的距离；

b——路基的宽度；

$1:m$——路基边坡坡度；

h——填土高度或挖土深度；

S——路堑边沟顶宽。

（2）倾斜地面。

图 10-41 为倾斜地面路基横断面图，设地面为左边低，右边高，则由图可知：

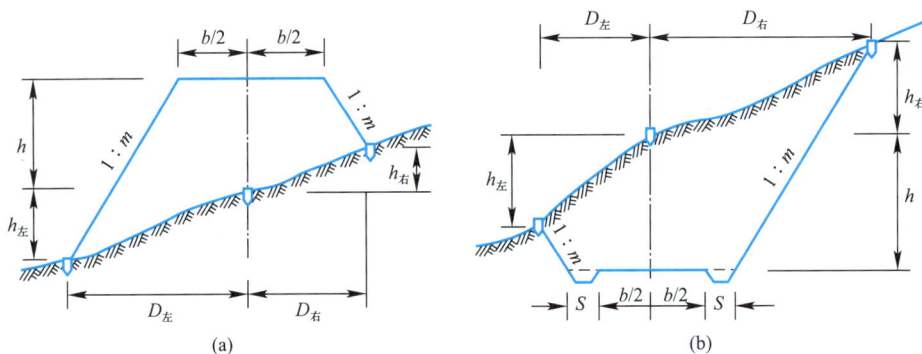

图 10-41　倾斜地面路基横断面图

路堤：

$$D_左 = b/2 + m(h + h_左) \tag{10-44}$$

$$D_右 = b/2 + m(h - h_右) \tag{10-45}$$

路堑：

$$D_左 = b/2 + S + m(h - h_左) \tag{10-46}$$

$$D_右 = b/2 + S + m(h + h_右) \tag{10-47}$$

式中，b、m 和 S 均为设计时已知，因此 $D_左$、$D_右$ 随 $h_左$、$h_右$ 而变，而 $h_左$、$h_右$ 为左右边桩地面与路基设计高程的高差，由于边桩位置是待定的，故 $h_左$、$h_右$ 均不能事先知道。在实际测设工作中，是沿着横断面方向，采用逐渐趋近法测设边桩。现以测设路堑左边桩为例进行说明。如图 10-41（b）所示，设路基宽度为 10m，左侧边沟顶宽度为 2m，中心桩挖深为 5m，边坡坡度为 1：1，测设步骤如下。

① 估计边桩位置根据地形情况，左边桩处地面比中桩地面约低 1m，即 $h_左=1m$，则代入式（10-46）中得左边桩的近似距离为

$$D_左=10/2+2+1×(5-1)=11(m)$$

在实地沿横断面方向往左测量 11m，在地面上定出 1 点。

② 实测高差。用水准仪实测 1 点与中桩之高差为 1.5m，则 1 点距中桩之平距应为

$$D_左=10/2+2+1×(5-1.5)=10.5(m)$$

此值比初次估算值小，故正确的边桩位置应在 1 点的内侧。

③ 重估边桩位置。正确的边桩位置应在距离中桩 10.5～11m 处，重新估计边桩距离为 10.8m，在地面上定出 2 点。

④ 重测高差。测出 2 点与中桩的实际高差为 1.2m，则 2 点与中桩之平距应为

$$D_左=10/2+2+1×(5-1.2)=10.8(m)$$

此值与估计值相符，故 2 点即为左侧边桩位置。

课后习题 🔍

1. 简述中线测量工作的任务和内容。
2. 何谓里程桩？在中线的哪些地方应设置里程桩？
3. 简述路线转角的定义并说明左、右转角的意义。
4. 什么是圆曲线的主点？如何测设圆曲线的主点？
5. 线路纵、横断面测量的任务是什么？包括哪些内容？

实训

任务 1　圆曲线主点测设

❖ 任务描述

在平坦地区找出路线交点 JD 桩号为 K1+182.47，测出右转角 α_Y 为 46°20′，圆曲线半径为 160m，根据曲线计算公式计算出曲线元素和各主点里程，并在地面上找到圆曲线 ZY、YZ、QZ 三个主点的位置。

❖ 任务步骤分解

☞ 步骤 1：在平坦的地区根据转角读数定出路线导线的三个交点，并定出角分线方向

☞ 步骤 2：根据圆曲线半径 $R=160m$，然后计算 L、T、E、D

☞ 步骤 3：计算圆曲线各个主点的里程（假定 JD 的里程为 K1+182.47）

☞ 步骤 4：设置圆曲线主点

❖ 任务实施（表 10-14）

圆曲线主点的测设   表 10-14

日期：   班级：   姓名：   学号：   组别：

转角观测结果	盘位	目标	水平盘读数	半测回右角值	右角	转角
	盘左					
	盘右					
曲线元素						
主点桩号						

主点测设方法	测设草图		测设方法		

❖ 任务活动总结（表 10-15）

圆曲线主点测设   表 10-15

序号	实施步骤（简写）	是否完成	是否存在疑问	是否解决
1				
2				
3				

学生签名：

任务完成情况自评：（A、B、C、D、E）

注：等级评价为 A、B、C、D、E 五级，在评价的等级符号上画圈。

任务 2   缓和曲线测设（全国职业院校技能大赛工程测量赛项）

❖ 任务描述

（竞赛试题）已知某道路曲线第一切线上的控制点 TP_1（500，500）和 JD_1（750，

750)，该曲线设计半径 $R = 1000\text{m}$，缓和曲线长为 100m，JD_1 里程为 DK1+300，转向角 $\alpha = 23°03'38''$。请按要求使用非程序型函数计算器计算道路曲线主点 ZH、HY、QZ 点的坐标，以及第一缓和曲线和圆曲线上指定中桩点（如 K1+100、K1+280）坐标，共计算 5 个点。然后，根据现场已知测站点、定向点、定向检查点，使用全站仪点放样功能进行第一缓和曲线和圆曲线上指定中桩点的放样，共放样 2 个点。控制点和待放样曲线之间关系如图 10-42 所示。

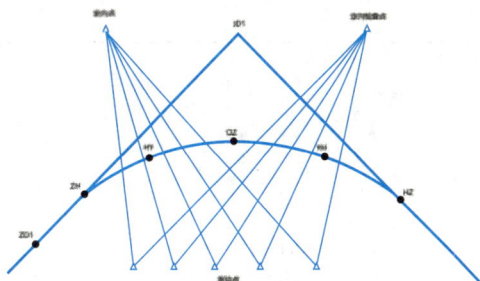

图 10-42　控制点和待放样曲线关系示意图

教师可根据现实情况给出已知测站点、定向点和检核点的坐标，再进行放样。

❖ **任务步骤分解**

步骤 1：计算道路曲线常数、要素、主点里程、主点及若干曲线中桩点的坐标。

步骤 2：通过计算出的数据，根据现场已知测站点、定向点、定向检查点，使用全站仪点放样功能进行第一缓和曲线和圆曲线上指定中桩点的放样。

❖ **任务实施**（表 10-16～表 10-18）

缓和曲线测设　　　　　　　　　　　　　表 10-16

1	曲线测设元素	缓和曲线角 $\beta = \dfrac{l_s}{2R} \times \dfrac{180°}{\pi}$	
		曲线内移值、切线增长值 $\left. \begin{array}{l} p = \dfrac{l_s^2}{24R} \\ q = \dfrac{l_s}{2} - \dfrac{l_s^3}{240R^2} \end{array} \right\}$	
2	缓和曲线要素	切线长：$T_H = (R+p) \cdot \tan\dfrac{\alpha}{2} + q$ 曲线长：$L_H = R(\alpha - 2\beta_0)\dfrac{\pi}{180°} + 2l_s$ 其中圆曲线长：$L_y = R(\alpha - 2\beta_0)\dfrac{\pi}{180°}$ 外距：$E_H = (R+p) \cdot \sec\dfrac{\alpha}{2} - R$ 切曲差：$D_H = 2T_H - L_H$	
3	缓和曲线主点里程	直缓点：ZH 里程＝JD 里程－T_H 缓圆点：HY 里程＝ZH 里程＋l_s 圆缓点：YH 里程＝HY 里程＋l_y 缓直点：HZ 里程＝YH 里程＋l_s 曲中点：QZ 里程＝HZ 里程－$L_H/2$ 交点：JD 里程＝QZ 里程＋$D_H/2$	

续表

4	计算曲线主点及其他中桩坐标	α_{ZH}、X_{ZH}、Y_{ZH}	
		K1+100 坐标	
		$$x=l-\frac{l^5}{40R^2l_s^2}$$ $$y=\frac{l^3}{6Rl_s}-336\frac{l^7}{40R^3l_s^3}$$	
		HY 坐标 $l=l_s$ X_{HY}、Y_{HY}	
		K1+280 坐标	
		$$x=R \cdot \sin\varphi+q$$ $$y=R(1-\cos\varphi)+p$$	
		QZ 坐标 X_{QZ}、Y_{QZ}	

1. 按规定完成相应的计算。

2. 放样开始，在测站点整置仪器、定向，至少用一个检查点检查定向。然后开始放样指定点。

3. 放样完成后，各组请求老师发给测站、定向点和检查点的坐标，进行检核测量，并记录检测数据。

4. 检查结束后应将仪器装箱，脚架收好，上交成果，计时结束。

仪器检查记录表　　　　　　　　　　　　　　　　表 10-17

序号	检查内容	检查结果		备注
		是	否	
1	仪器部件及附件是否齐全			
2	仪器各轴转动是否灵活，无杂声			
3	各螺旋是否正常工作			
4	物镜、目镜有无裂纹或是否清晰			
5	脚架和仪器的连接螺旋是否配套			
6	仪器箱锁、提手是否牢固			
7	棱镜是否有破损			
8	全站仪显示屏是否破损			

缓和曲线测设情况表　　　　　　　　　　　　　　表 10-18

项目	要求	完成情况			备注
		顺利	有些困难	很难	
计算	计算结果正确				
放样	放样正确				

❖ **任务活动总结（表 10-19）**

缓和曲线测设完成清单   表 10-19

序号	实施步骤（简写）	是否完成	是否存在疑问	是否解决
1	计算			
2	放样			

学生签名：

任务完成情况自评：（A、B、C、D、E）

注：等级评价为 A、B、C、D、E 五级，在评价的等级符号上画圈。

任务 3 中平测量

❖ **任务描述**

选择长约 100m 的起伏路段，在路段起终点附近分别选定一个水准点 BM_1、BM_2，假定水准点 BM_1 的高程，用基平测量的方法测定两水准点间的高差并计算 BM_2 的高程（此任务可利用相关实训的成果或在实训前由教师组织部分学生进行）。按 10m 的桩距设置中桩，在桩位处钉木桩或插测钎，并标注桩号，然后进行路线的中平测量。

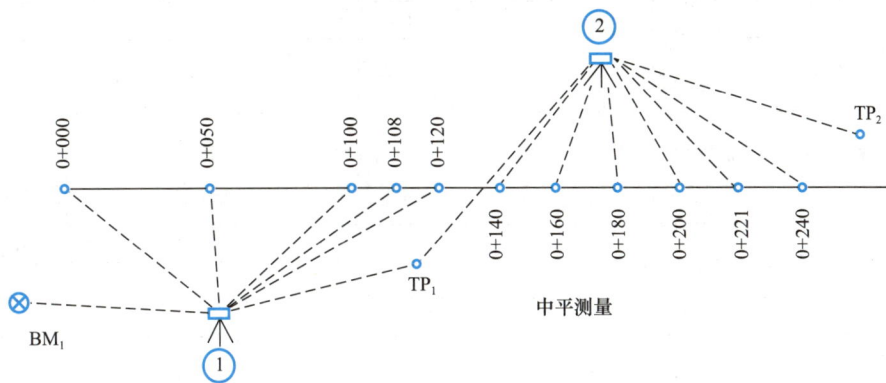

图 10-43 水准路线示意图

❖ **任务步骤分解**

1. 如图 10-43 所示，在测段始点附近的水准点 BM_1 上竖立水准尺，统筹考虑整个测设过程，选定前视 TP_1 并竖立水准尺。

2. 在距 BM_1、TP_1 大致等远的地方安置水准仪，先读取后视点 BM_1 上水准尺的读数并记入后视栏；再读取前视点 TP_1 上水准尺的读数，将此读数暂记入备注栏中适当的位置以防忘记；依次在本站各中桩处的地面上竖立水准尺并读取读数（可读至厘米），将数记入中视栏；最后记录前视点 TP_1 并将 TP_1 的读数记入前视栏。

3. 选定 TP_2 并竖立水准尺，在距 TP_1、TP_2 大致相等远的地方安置水准仪，先读取后视点 TP_1 上水准尺的读数并记入后视栏；再读取前视点 TP_2 上水准尺的读数，将此读数暂记入备注栏中适当的位置以防忘记；依次在本站各中桩处的地面上竖立水准尺并读取读数（一般可读至厘米），将各读数记入中视栏；最后记录前视点 TP$_2$ 并将 TP$_2$ 的读数记入前视栏。

4. 用上述方法观测所有中桩并测至路段终点附近的水准点 BM$_2$。

5. 计算中平测量测出的两水准点间的高差，并与两水准点间的已知高差进行复核，检查是否满足精度要求：$h_{中} = \sum 后视读数 - \sum 前视读数$。

6. 计算各中桩的地面高程。

视线高程＝后视点高程＋后视读数

前视点高程＝视线高程－前视读数

中桩地面高程＝视线高程－中视读数

❖ **任务实施**（表 10-20～表 10-22）

中平测量实训记录表

表 10-20

日期：　　　　班级：　　　　姓名：　　　　学号：　　　　组别：

测点	水准尺读数（M）			视线高程（M）	高程（M）	备注
	后视	中视	前视			
BM$_1$		—	—			给定
K0+000	—		—			
	—		—			
	—		—			
	—		—			
TP$_1$						
	—		—			
	—		—			
	—		—			
TP$_2$		—				
	—		—			
	—		—			
	—		—			
检核						
实训场地布置图						

仪器检查记录表

表 10-21

序号	检查内容	检查结果		备注
		是	否	
1	仪器部件及附件是否齐全			
2	仪器各轴转动是否灵活，无杂声			
3	各螺旋是否正常工作			
4	物镜、目镜有无裂纹或是否清晰			
5	脚架和仪器的连接螺旋是否配套			
6	仪器箱锁、提手是否牢固			
7	标尺无弯曲			
8	标尺刻度是否清晰			

中平测量情况表　　　　　　　　　　　表 10-22

项目	要求	完成情况			备注
		顺利	有些困难	很难	
测量	测量步骤正确				
计算	计算正确				

❖ 任务活动总结（表 10-23）

中平测量完成清单　　　　　　　　　　　表 10-23

序号	实施步骤（简写）	是否完成	是否存在疑问	是否解决
1	测量			
2	计算			

学生签名：

任务完成情况自评：（A、B、C、D、E）

注：等级评价为 A、B、C、D、E 五级，在评价的等级符号上画圈。

参 考 文 献

[1] 苗景荣. 建筑工程测量 [M]. 3 版. 北京：中国建筑工业出版社，2023.

[2] 张晓华. 建筑工程测量技术及应用 [M]. 北京：中国建筑工业出版社，2014.

[3] 中华人民共和国住房和城乡建设部. 工程测量标准：GB 50026—2020 [S]. 北京：中国计划出版社，2020.

[4] 王晓丽. 建筑工程测量实训教程 [M]. 北京：清华大学出版社，2013.

[5] 王龙洋，魏仁国. 建筑工程测量与实训 [M]. 天津：天津科学技术出版社，2013.

[6] 马明舟. 建筑工程测量 [M]. 哈尔滨：哈尔滨工业大学出版社，2020.

[7] 赵艳敏，杨楠，汪华莉. 建筑工程测量及实训指导 [M]. 2 版. 西安：西安交通大学出版社，2015.

[8] 李长成. 工程测量实训指导 [M]. 北京：北京理工大学出版社，2010.

[9] 李仕东. 工程测量 [M]. 4 版. 北京：人民交通出版社，2015.

[10] 李楠，于淑清，张旭光. 工程测量 [M]. 西安：西北工业大学出版社，2012.